HISTOIRE DU GOUVERNEMENT

DE

LOUIS-NAPOLÉON

ET RÉTABLISSEMENT

DE L'EMPIRE FRANÇAIS.

Paris. — Imprimerie de POMMERET et MOREAU, quai des Augustins, 17.

LE PRINCE LOUIS NAPOLÉON

PASSANT UNE REVUE

HISTOIRE DU GOUVERNEMENT

DE

LOUIS-NAPOLÉON

ET RÉTABLISSEMENT

DE L'EMPIRE FRANÇAIS.

Par G. Renault.

PARIS
R. RUEL aîné, LIBRAIRE,
RUE LARREY, 8.

1852.

Londres le 20 Juillet 1846

Monsieur

Je vous envoie les documens que je vous ai promis et qui vous ont paru avoir quelque intérêt. Je vous remercie de vouloir bien rectifier par le simple exposé des faits qui me sont relatifs, les fausses opinions qui existent contre moi. Un récit simple et exact de ce qui m'est arrivé, fuyant toute tendance politique et toute panégyrique, peut ni être très utile; car il peut intéresser en ma faveur même le fluide diplomatique et faire tomber les obstacles qui m'empêchent d'aller fermer les yeux de mon vieux père.

Recevez donc Monsieur d'avance l'expression de ma reconnaissance et l'assurance de mes sentimens d'estime et d'amitié

Napoléon Louis B.

AU LECTEUR.

> Tout à la nation et tout pour la France !
> Voilà ma devise. Moi et ma famille, que
> le grand peuple a élevés sur le trône des
> Français, nous ne voulons, nous ne devons et nous ne pouvons jamais réclamer
> d'autres titres !
>
> Napoléon (1815).
>
> La France ne périra pas dans mes mains.
>
> Louis-Napoléon (1851).
>
> Vive l'Empereur !.. Vive Napoléon III !...
>
> La France (1852).

L'héroïque dévouement de Louis-Napoléon a fermé, le 2 décembre 1851, l'abîme au fond duquel, depuis trois ans, la démagogie s'efforçait d'entraîner la France.

Fidèle héritier du plus grand génie des temps modernes, le neveu de l'Empereur n'a pas seulement sauvé la France ; il a préservé l'Europe tout entière d'un bouleversement social dont les désastres étaient incalculables.

Elu du peuple, il s'est placé à la tête de la civilisation ; il a concentré dans sa main puissante tous les éléments du progrès ; il marche à la conquête pacifique des immenses richesses que la nature accorde au travail humain ; il va compléter l'œuvre que l'Empereur avait commencée par la guerre.

Louis-Napoléon a bien mérité de la France.

Il a bien mérité de l'Europe.

Il a bien mérité de l'humanité.

La France reconnaissante lui décerne l'Empire ; elle se couronne, avec lui, de toutes les splendeurs des temps qu'elle regrettait.

L'Europe assiste à l'inauguration d'une des plus belles pages de l'histoire des nations. Elle a vu, en 1830, en 1848, comment un peuple renverse les pouvoirs qui l'abaissent. Elle voit comment, en 1852, le même peuple sacre un pouvoir qui l'élève. Elle verra, de jour en jour, l'ère napoléonienne enseigner aux générations des deux mondes les chemins d'une gloire nouvelle et les secrets d'une immortelle prospérité.

L'Humanité inscrira dans ses fastes, en caractères impérissables, ce principe de la vraie politique et de l'avenir universel, que tout doit réussir aux souverains investis, comme Louis-Napoléon, du droit que confère un peuple entier, et de la force qui vient de Dieu.

A l'heure où nous écrivons ces lignes, un sénatus-consulte offre le titre d'Empereur à Louis-Napoléon.

Empereur, il l'est déjà de par la Providence ; il l'était par les magnifiques souvenirs que notre histoire attache à son nom ; il le sera par un vote qui est le sacre civil; il le sera sous l'huile sainte que l'Eglise relevée par son épée versera sur son front.

Les prétendants qui se disputaient, dans l'exil, un sceptre deux fois brisé, n'ont plus rien à redemander à la France.

Une dynastie royale nous avait été imposée par l'étranger, après un revers dû à la trahison.

Le peuple a chassé cette dynastie, un jour qu'il se souvenait de l'Empereur.

Une autre dynastie s'était élevée par surprise, les pieds dans le sang de la nation frémissante.

Elle a disparu dans la corruption du pouvoir qu'elle avait usurpé.

Une seule image survivait à ces catastrophes politiques : cette image vénérée du patriotisme français, compagne consolatrice de la plus humble chaumière, c'était celle de Napoléon.

Le peuple s'est souvenu que son Empereur bien-aimé n'était point mort tout entier; qu'un rejeton plein de cœur, de cette souche illustre, proscrit par les factions, au nom de la liberté, réclamait ses droits de citoyen dans la patrie de la gloire.

Ce peuple a brisé, pour la troisième fois, les liens qui enchaînaient son pouvoir souverain ; il a élevé Louis-Napoléon sur le tombeau du martyr de Sainte-Hélène, et le montrant à ceux qui avaient trahi l'Empereur, comme à ceux qui craignaient le retour d'un grand siècle, il leur dit, aujourd'hui, de son immense voix : « Courbez la tête, vous tous qui m'outragiez, naguère, du titre de vile multitude ! Voyez, je ressuscite l'Empereur !!! »

Aux grandes choses, les grands hommes ! Aux grands hommes, l'avenir ! Les partis foudroyés se dispersent dans l'ombre; les ambitieux infimes reconnaissent leur néant; les intrigues cessent, la lumière se fait ; l'histoire marche à la rencontre des événements féconds qui doivent régénérer le dix-neuvième siècle; et Dieu, qui veille aux destinées de ses œuvres, mène, aujourd'hui, par la main, les hommes affranchis de soixante ans d'épreuves.

Au moment où la France décide, non seulement de son sort, mais de l'avenir de ses contemporains, remettre sous ses yeux le tableau de ses souffrances, de ses périls, et de la merveilleuse Providence qui lui a rendu son intelligence, sa liberté, ses nobles aspirations, c'était une bonne pensée.

Résumer, dans un cercle de faits, les hautes qualités civiques, le désintéressement, le courage, l'amour du bien, le sentiment du progrès, l'abnégation dans les luttes, le génie dans les actes, qui distinguent Louis-Napoléon depuis son avènement au pouvoir ; dévoiler l'avenir qu'il entr'ouvre à la France et montrer, dans la prospérité française, le germe des merveilles civilisatrices à la jouissance desquelles l'Europe est fraternellement conviée, c'était concourir, avec une puissance vivifiante, à l'accomplissement de cette volonté populaire qui vient d'éclater, sur tous les points de notre patrie, par des acclamations triomphales.

INTRODUCTION.

LA FRANCE ET L'EMPIRE.

> Empereur, consul, soldat, je tiens tout du peuple. Dans la prospérité, dans l'adversité, sur le champ de bataille, sur le trône, dans l'exil, la France a été l'objet unique de mes pensées et de mes actions.
>
> NAPOLÉON.
>
> Que chacun fasse son devoir. Dieu fera le reste.
>
> LOUIS-NAPOLÉON.

I.

La Révolution de 1789 serait abaissée devant l'histoire, si l'on ne considérait, dans son principe comme dans ses résultats, que l'enfantement isolé des libertés françaises. L'immense éclat qui rayonna sur l'Europe, à cette époque éternellement mémorable, eut pour foyer toutes les lumières créées par le travail de l'esprit humain, dans chaque pays et sous l'influence de chaque siècle, depuis que la civilisation chrétienne était sortie des langes du monde barbare. L'intelligence de tous les peuples avait le pressentiment d'une grande crise politique et sociale, longtemps avant que le signal en fût donné. Les rois seuls, endormis dans leur absolutisme décrépit, niaient les présages de l'avenir, et croyaient encore à l'omnipotence des préjugés ou des abus de la force.

La nature ardente de la race française, la supériorité de

ses penseurs, le caractère chevaleresque et généreux de ce peuple, mêlé, depuis quatorze cents ans, à tous les grands mouvements de la vie universelle, devaient faire lever dans son sein l'avant-garde invincible des légions du progrès. Mais la France ne voulait ni ne pouvait en absorber le triomphe. Agent providentiel du génie qui préside aux destinées humaines, elle élevait le flambeau de la vérité, pour qu'on l'aperçût de toute la terre. En proclamant la liberté, elle replaçait au front des hommes le sceau divin. En décrétant l'égalité, elle ramenait les pouvoirs publics au sentiment de leur mission. En prenant pour devise la fraternité, elle conviait toutes les races à former une même famille.

Ce magnifique essor de la pensée moderne, dont la date de 89 consacre à jamais le dogme impérissable, pouvait-il franchir l'horizon du passé et faire accepter sa foi victorieuse, sans le cortége de catastrophes qui couvrit de sang et de ruines les chemins de sa conquête? Il n'est pas permis de le penser. La civilisation, comme les hommes, ne s'engendre qu'au prix de longues douleurs. Toutes les croyances ont leurs martyrs, toutes les idées font des victimes, avant que de leur épreuve accomplie l'humanité recueille un fruit durable, ou le regret d'une illusion déçue.

Quelle que fût l'évidence de sa légitimité, la Révolution française devait donc épurer ses éléments au creuset de la force, et soutenir des luttes terribles, avant de planter son drapeau sur les sommets du monde affranchi. Comme les comètes embrasent la terre avant de la féconder, elle dévora les obstacles qui barraient sa route; mais sa puissance irrésistible, maniée par des mains imprudentes, dépassa le but et poussa la France au bord d'un abîme. L'intérêt général substitué aux priviléges de caste, le partage, aussi égal que possible, entre les citoyens, des avantages et des charges de l'existence sociale, voilà le but auquel tendait l'esprit rénovateur. Malheureusement les intérêts et les ambitions de quelques individus, des positions critiques, des méfiances et des ressentiments que rien n'excuse assez, et, plus que tout cela, le vertige qui s'empare des peuples violemment entraînés sur des pentes inconnues, produisirent des réactions désastreuses dont les traces funèbres n'ont point encore disparu de nos souvenirs. Pour peindre d'un seul trait, sans les condamner ni les absoudre, les hommes qui prirent une part trop funeste aux orages de ces temps, il faut rapprocher deux mots qui s'excluent : ils avaient le fanatisme du bien. De là leurs erreurs, leurs fautes, et la redoutable célébrité qui s'attache surtout au nom de quelques-uns.

Mais, du conflit des tempêtes qui ravageaient la patrie, on vit se dégager et survivre cette vérité, que les réformes les plus radicales ne peuvent avoir pour base et pour garantie que l'unité et la stabilité du pouvoir. Ce principe, contesté en théorie, reprit par degrés son empire dans les faits.

Après avoir épuisé la terreur contre ses adversaires, la dictature conventionnelle n'avait pu résister aux désastres des réactions qu'en se déchirant elle-même, sans pitié, sur le tombeau des vaincus. Puis, quand un peu de calme se fit autour des hécatombes, et qu'aux fureurs de la place publique succédèrent la lassitude chez les uns, le remords chez les autres, la pitié au cœur du plus grand nombre, cette puissance n'osa se dissoudre qu'en créant un pouvoir exécutif composé de cinq directeurs, et armé de tout ce qui restait de force sociale pour contenir ou détourner ce torrent de passions funestes que l'expérience imprudente d'une liberté sans limites avait déchaîné sur la France

Le Directoire, héritant d'une assemblée dictatoriale, accusait déjà la nécessité, profondément sentie, de réédifier un ordre public sur les débris du trône abattu. Cette magistrature ne put toutefois suffire à toutes les exigences de son rôle. La licence n'était point encore vaincue. Assiégée par des conspirations dont les fauteurs se trouvaient parmi ses propres membres, la pentarchie républicaine descendait dans l'abîme d'une nouvelle anarchie. Il fallut appliquer un remède héroïque à cette situation devenue intolérable : l'épée du général Bonaparte fut jetée pour la première fois dans la balance des partis. La France comprit alors qu'elle avait besoin d'un gouvernement d'initiative et de résistance. Elle accueillit le 18 brumaire comme une victoire de la société sur les menaces des factions renaissantes, et l'avenir encore mal assuré fit un nouveau pas dans son retour à l'unité du pouvoir par l'érection du Consulat.

Le Consulat, c'était l'ombre indécise d'une monarchie constitutionnelle. Le pouvoir s'y trouvait divisé en trois personnes, mais cette division était plus apparente que réelle. En droit, il y avait un Premier-Consul ; en fait, Bonaparte écrasait ses collègues du poids de sa gloire et de sa popularité militaire ; il les réduisait au rôle subalterne de ministres consultants. L'unité du pouvoir se dégageait donc, par la force des choses, des essais de la république ; mais il lui manquait la durée. Bonaparte était fort, il osa. Le Consulat à vie fut décrété sans obstacles. On marchait, dès lors, en pleine voie de restauration monarchique. Néanmoins, les esprits demeuraient inquiets. A la mort du Premier-Consul, il faudrait remonter ce grand ressort de l'ordre et de la sécurité publique ; il faudrait peut-être aussi renouveler la lutte contre des commotions démagogiques. Tous les intérêts de la nation se groupèrent alors dans l'unité, et l'unité du pouvoir eut pour symbole l'Empire héréditaire.

Ainsi, le Directoire après la Convention; le Consulat à temps, puis à vie, après le Directoire; l'Empire après le Consulat; les deux restaurations bourboniennes, séparées par cent jours d'héroïsme impérial, et l'avénement d'une dynastie révolutionnaire en 1830, sont des preuves incontestables de la perpétuité de l'esprit monarchique au sein de l'immense majorité des Français. Notre retour passager à l'essai des théories républicaines, loin d'infirmer la vérité de cette observation, a prouvé, par ses résultats, que notre nation n'est point faite pour se gouverner par elle-même. Elle aime la splendeur du pouvoir, elle se personnifie avec enthousiasme dans l'éclat d'une grande renommée ou d'un nom synonyme de la gloire. Elle n'abdique point sa souveraineté, mais elle en ordonne la représentation sous une forme visible, sympathique, absolue. Les hommes de pensée rêvaient la démocratie; les masses décrètent l'Empire par acclamation. Toute discussion s'efface devant cette majesté du droit public, antérieur et supérieur aux systèmes de transformation politique ébauchés par les idéologues, comme aux adorateurs surannés des fantômes du droit divin.

II.

Jusqu'à l'heure marquée par la Providence, aucun de ces signes inaperçus d'abord, mais que retrouve et constate plus tard le souvenir des contemporains, ne permit de soupçonner les grandes destinées de Napoléon. Sa première jeunesse, appliquée aux études ordinaires qui produisent un bon officier, n'offrait point les prémices du génie exceptionnel que les événements développèrent en lui. Les religieux de Brienne, dont il reçut les leçons, constataient son aptitude aux sciences exactes, et ne voyaient s'ouvrir devant lui que la carrière de marin. Napoléon lui-même, il l'avoua plus tard, ne rêvait rien au-delà du grade de colonel d'artillerie. A l'époque où il quitta les écoles militaires, toutes les routes de l'avenir étaient fermées aux hommes qu'un nom d'antique noblesse ou la faveur d'un haut courtisan ne faisaient point sortir des rangs de la foule. Il faut des circonstances extraordinaires pour que les supériorités politiques se révèlent. Sans la Révolution, Napoléon serait probablement resté inconnu de l'histoire. Il assista dans le silence de la méditation aux premières explosions de la liberté. La plupart des officiers abandonnaient leur drapeau ; cette désertion au moment du péril indignait le jeune patriote qui devait être un jour la suprême espérance de son pays. Nommé capitaine au commencement de 92, et appelé à Paris, il fut témoin des journées du 20 juin et du 10 août, qui laissèrent dans sa pensée une profonde impression. Vers cette époque, la Corse, soulevée par Paoli contre la Révolution, allait tomber au pouvoir des Anglais. Napoléon reçut le commandement temporaire de l'un des bataillons de garde nationale qui volèrent au secours des patriotes corses. Il combattit avec courage ; mais les Anglais avaient des forces supérieures, il fallut céder au nombre. A la perte de la Corse se joignit plus tard celle de Toulon, que les royalistes avaient livré aux Anglais. Napoléon, chef de bataillon d'artillerie, désigné par le comité de salut public pour aller diriger les opérations du siége de cette place, déploya des talents qui éclipsèrent les généraux improvisés par la Révolution. Toulon délivré, Napoléon continua de se distinguer à l'armée d'Italie. Mais sa renommée n'existait encore que parmi ses compagnons d'armes. Après le 9 thermidor, devenu général de brigade, il fut éloigné du commandement et rentra dans la vie privée jusqu'au 13 vendémiaire. La Convention, menacée par une conspiration royaliste, dont une grande partie de la garde nationale était complice, voulait alors frapper un coup de vigueur. Elle cherchait un général énergique. Quelques représentants, qui connaissaient le libérateur de Toulon, proposèrent Napoléon Bonaparte. Il monta à cheval, écrasa les insurgés, et reçut pour prix de ce service le commandement de l'armée d'Italie.

De cette époque date le grand capitaine. Les prodiges d'héroïsme accomplis par nos armées lui avaient révélé tout ce qu'il pouvait tenter avec le drapeau de la liberté. Il comprit que la Révolution, ramenée à son principe, épurée des excès qui l'avaient compromise, allait devenir dans ses mains un levier capable de soulever l'Europe. Un seul général pouvait rivaliser avec lui, c'était Hoche, homme de guerre et homme d'Etat. Hoche mourut. L'horizon napoléonien n'eut, dès lors, plus d'ombre ni de limites. Les inspirations d'Alexandre et son éloquence militaire, avec un cachet oriental dans la pensée comme dans l'expression; l'audace et la rapidité de César, son irrésistible ascendant sur les soldats et sur leurs chefs; son ardeur à marcher sur les traces du succès pour ne pas laisser un moment de repos à la fortune; ses coups de foudre, et enfin le talent de tirer de la victoire tous les fruits qu'elle peut procurer, telles sont les puissances qui se manifestent tout d'abord dans le héros de l'avenir. A vingt-six ans, Napoléon montre déjà cette profonde connaissance des hommes, qui n'est ordinairement qu'une conquête du temps et de l'expérience. Où donc a-t-il appris cette science de l'administration, partie si importante de l'art militaire que sans elle les plus hautes conceptions, les plus miraculeux triomphes peuvent aboutir à la ruine du vainqueur? A quelle école a-t-il étudié la politique, qu'il va bientôt manier avec vigueur, comme il conduit la guerre avec génie? De quel maître avait-il reçu des leçons de gouvernement, lorsque nous le vîmes tout à coup régir si habilement l'Italie presque entière, après l'avoir soumise? D'où venait en lui ce talent de fonder, d'organiser, de constituer des Etats sagement pondérés? Napoléon remplissait alors le plus grand des rôles, celui de libérateur, de douze millions d'hommes.

De retour à Paris, où sa présence devait exciter une immense acclamation, il ne se montra nulle part. A Milan sa demeure était un palais; à Paris, il s'enferma dans une modeste maison de la rue Chantereine, que l'admiration populaire nomma spontanément rue de la Victoire. Le gouvernement directorial sentait le besoin d'éloigner au plus tôt le grand citoyen dont le nom faisait tressaillir tous les cœurs. Lassé du spectacle donné au monde par l'ineptie de ces quelques hommes qu'il appelait naïvement les *pourris* de la Révolution, Napoléon comprenait de son côté que, pour relever la France à la hauteur de son glorieux passé, il fallait lui rendre le génie des races fortes, et couvrir de lauriers les plaies saignantes que lui avaient faites nos catastrophes politiques. Il offrit à l'imagination nationale le brillant mirage de la campagne d'Égypte. Mais sa pensée voyait au-delà des horizons du champ de bataille. L'Égypte, clef de l'Orient, n'était qu'une étape sur la route de la puissance anglaise, qu'il voulait aller frapper au cœur de l'Inde. L'Angleterre abattue, la France vengée de ses malheurs

n'aurait plus d'ennemis qui pussent la regarder face à face.
Napoléon n'eut point de peine à faire approuver ce projet.
Le Directoire ne voulait, au fond, qu'une chose, écarter la
menace d'un nouveau César. L'expédition fut résolue.
Après une traversée presque merveilleuse, au milieu des
flottes anglaises qui pouvaient ruiner en partie notre marine
et détruire la plus belle de nos armées, Napoléon débarque
heureusement sur la côte d'Égypte. La victoire l'y suit; mais
un affreux désastre, la perte de la flotte française à Aboukir,
l'enferme tout à coup dans sa conquête. Quel renversement
d'espérances pour le héros qui promettait à la France
l'empire d'Orient! Et cependant il grandit devant l'énormité du péril. Il résiste au découragement de ses plus intrépides amis, aux murmures de l'armée, et continue sa
marche. On ne sait ce qu'il faut le plus admirer dans cette
fameuse expédition, du général ou du gouvernant. Napoléon était l'âme de l'Égypte, l'âme de l'armée, l'âme de
tous les travaux de la guerre et de la paix. Plus grand que
sur le théâtre de l'Italie, riche de tous les trésors de la civilisation, il déploya en Égypte, où tout était à créer, une
fécondité de ressources sans exemple; mais des progrès
immenses dans l'art de gouverner marquèrent surtout ici
le cours de cette campagne. On eût dit qu'il connaissait à
fond le peuple qu'il avait à régir, au milieu des obstacles de tout genre qu'opposait la différence de mœurs,
de religion et de lois. Nos armes, invincibles jusqu'à l'expédition de Syrie, s'arrêtèrent devant Saint-Jean-d'Acre,
entre le désert, la famine et la peste. Ce revers imposé
par une fatalité surhumaine dévoila le rêve de Napoléon:
« Si j'eusse pris Saint-Jean-d'Acre, s'écria-t-il, j'opérais
une révolution en Orient. Les plus petites circonstances
conduisent les plus grands événements; j'aurais atteint

Constantinople et les Indes ; j'eusse changé la face du monde !.... »

La Providence lui réservait un autre rôle, pour l'accomplissement duquel la France appelait son retour. Le gouvernement périssait sous les intrigues de ses propres membres. Le salut de la patrie était remis en question ; toutes les correspondances d'Europe annonçaient un nouveau cataclysme. Napoléon sentit parler la voix intérieure qui s'était révélée dans son âme. Il quitta l'Égypte, pour accourir au secours du peuple qui l'accueillit comme un sauveur, et le 18 brumaire, condamné par les factions dont il brisait les manœuvres, fut salué par les masses comme l'aurore d'une résurrection nationale.

Consul, il éteignit les torches de la guerre civile qui brûlaient encore dans l'ouest et le midi ; il rétablit le crédit public sur les bases des véritables principes de l'économie. La guerre, de nouveau conduite avec génie, et enfin la paix donnée à l'Europe, sont des bienfaits que le siècle et la postérité regarderont toujours comme des titres immortels de Napoléon à la reconnaissance du monde. Mais ce retour de la prospérité publique, dû au dévouement et à l'énergie d'un seul homme, devait armer contre cet homme toutes les hostilités des vaincus, tous les efforts des partis comprimés sous sa main puissante. Machines infernales, complots, calomnies, tout s'était réuni pour le perdre. La politique étrangère soldait des meurtriers et entretenait des folliculaires, en attendant qu'elle eût tramé une coalition continentale. La France ne voyait de garantie que dans une dictature qui promettrait sécurité à l'intérieur et victoire au-dehors. Elle remit ses pleins pouvoirs au génie guerrier qui portait ses destinées, et l'Empire fut le piédestal de l'ordre appuyé sur la force.

III.

Un préjugé qui existe encore, mais dont la simple étude de l'histoire suffit à faire justice, c'est que l'Empire périt par l'ambition personnelle de l'Empereur et par l'abus qu'il fit de la guerre. Les faits prouvent, au contraire, que Napoléon, depuis le Consulat jusqu'au dernier jour de sa puissance, ne tira l'épée que pour sauvegarder l'honneur et les intérêts de la nation.

Lorsqu'en 1799, couronné des lauriers d'Italie et d'Égypte, il prit possession du Consulat, son premier soin fut d'offrir à l'Angleterre une paix fondée sur les intérêts de la civilisation. Voici en quels termes il écrivait au roi Georges III : « La guerre qui, depuis quinze ans, ravage les quatre parties du monde, doit-elle être éternelle? N'est-il donc aucun moyen de s'entendre? Comment les deux nations les plus éclairées de l'Europe, puissantes et fortes plus que ne l'exigent leur sûreté et leur indépendance, peuvent-elles sacrifier à des idées de vaine grandeur le bien du commerce, la prospérité intérieure, le bonheur des familles? Comment ne sentent-elles pas que *la paix est le premier des besoins comme la première des gloires?* Ces sentiments ne peuvent pas être étrangers au cœur de Votre Majesté qui gouverne une nation libre et dans le but de la rendre heureuse. Ne voyez dans cette ouverture que mon désir sincère de contribuer efficacement, *pour la seconde fois, à la pacification générale*, par une demande prompte, toute de confiance, et dégagée de ces formes qui, nécessaires peut-être pour déguiser la dépendance des Etats faibles, ne décèlent, dans les Etats forts, que le désir mutuel de tromper. La France, l'Angleterre, par l'abus de leurs forces, peuvent longtemps encore, *pour le malheur de tous les peuples, en retarder l'épuisement* ; mais, j'ose le dire, *le sort de toutes les nations est attaché à la fin de la guerre* qui embrase le monde entier. » On sait comment l'Angleterre répondit à ces nobles intentions du chef de la France.

La proclamation de Napoléon à l'armée, la veille de la bataille de Marengo, contenait cette remarquable expression de son amour pour la paix : « Le résultat de tous nos efforts sera gloire sans nuages et *paix solide.* » La paix de Lunéville fut le fruit de la victoire. L'Italie et la Suisse se rangèrent sous la protection de la France ; le Piémont devint une province nationale ; l'Espagne et l'Angleterre signèrent le traité d'Amiens, et l'Angleterre fut la première à en refuser l'exécution. Napoléon pouvait-il subir encore que, bientôt après, cette puissance perfide capturât impunément dans ses ports nos navires de commerce ? L'honneur français devait-il assister, l'arme au bras, à l'incendie de la capitale du Danemarck, bombardée au mépris du droit des gens, et sans déclaration d'hostilité, par une escadre anglaise ? « Nous sommes forcés à faire la guerre, écrivit alors le Premier-Consul ; mais nous laissons à l'Angleterre l'initiative des procédés violents contre la paix et l'indépendance des nations, et elle recevra de nous l'exemple de la modération qui peut seule maintenir l'ordre social. »

A la fin de 1805, cette même Angleterre, fidèle à son système de trouble universel, venait de faire assassiner l'empereur de Russie par des sicaires à ses gages, et d'entraîner la Suède et l'Autriche dans une coalition contre la France qui avait émancipé l'Italie. Un nouveau message, adressé à Georges III, le 2 décembre, reproduit les vœux formés par Napoléon pour la paix, et la douleur qu'il ressent à l'aspect de *tant de sang versé inutilement et sans aucun but.*

La campagne de Prusse, en 1806, fut-elle autre chose qu'une légitime récrimination de la France contre le traité de Potsdam, par lequel la Russie et la Prusse s'engageaient à ne déposer les armes qu'après avoir rayé notre nom de la carte de l'Europe?

Est-ce Napoléon qui déchira le traité de Lunéville, quand, à la fin de 1805, l'Autriche et la Russie envahirent Munich aux frais de l'Angleterre, et chassèrent l'électeur de Bavière, notre allié?

Est-ce le génie de la dévastation qui inspirait au héros d'Austerlitz ces mélancoliques adieux aux morts de cette grande journée : « Mon cœur saigne! puisse tant de sang versé, puissent tant de malheurs retomber enfin sur les perfides insulaires qui en sont la cause! Puissent les lâches de Londres porter la peine de tant de maux! »

Napoléon agissait-il au profit d'une ambition personnelle en détrônant le roi de Naples, après la triple violation des serments de neutralité de ce roi, dans la guerre que les armées anglo-russes nous faisaient à outrance?

On l'a accusé d'avoir envahi l'Espagne pour mettre une couronne de plus au front de ses frères. Mais l'histoire n'a-t-elle pas enregistré la folle croisade provoquée contre la France, à l'instigation des Anglais, par Manuel Godoï, ce stupide favori du vieux Charles IV, et qui, de simple garde-du-corps, avait rampé jusqu'au faîte du pouvoir en souillant le lit royal? Et Napoléon, en arrivant à Bayonne, n'avait-il pas dit aux députés des Cortès : « Disposez du trône comme vous l'entendrez; peu m'importe que le roi d'Espagne se nomme Charles ou Ferdinand, pourvu qu'il soit l'allié de la France et l'ennemi des Anglais, nos éternels ennemis! »

L'humiliation infligée à l'Autriche, en 1809, ne fut-elle

point le légitime châtiment de la violation du traité de Presbourg, et de la nouvelle coalition fomentée par une puissance déloyale? Et lorsque, le 3 mai de la même année, l'aigle française couvrit de ses ailes de feu le palais impérial de Vienne, peut-on oublier ce passage de l'ordre du jour adressé à l'armée par Napoléon : « Soldats, soyez bons pour les pauvres paysans, pour ce bon peuple qui a tant de droit à notre estime et qui ne doit point porter la peine de la perfidie de son souverain. Ne conservez aucun orgueil de tous nos succès ; voyons-y une preuve de cette justice divine qui punit le parjure ! »

La grande guerre de Russie, dont les résultats terminèrent si fatalement la première partie de l'épopée napoléonienne, cette campagne presque fabuleuse, et dans laquelle le ciel seul nous vainquit, fut entreprise au nom de tous nos intérêts nationaux, contre l'empereur Alexandre qui, au mépris du traité de Tilsitt et des serments d'Erfurth, prohibait, par un ukase du 10 janvier 1811, l'admission de notre commerce dans ses immenses Etats, et ordonnait la saisie de nos produits dans tous les ports russes. Jamais donc, il est permis de le proclamer, Napoléon ne tira l'épée de la France pour une cause plus juste, plus nationale, mieux comprise de tous les esprits sincères. Jamais il ne déploya plus de grandeur et d'habileté dans les préparatifs, plus de prévoyances dans les dispositions administratives et militaires, plus de précautions contre l'inconstance de la fortune, plus de génie dans la pensée comme dans la conduite de cette immense expédition. Jamais il ne mérita mieux d'obtenir un triomphe complet ; jamais il n'éprouva de plus affreux malheurs. On ne peut retenir ses larmes en voyant, surtout pendant la retraite, comment les plus sages mesures, échouèrent par l'incapacité ou la désobéissance de certains hommes qu'on peut appeler les fatalités de l'entreprise. La portion de l'immense armée qui resta ensevelie sous les glaces de la Russie, les débris qui survécurent au désastre, les héros qui les ramenèrent dans la patrie après tant de prodiges d'audace, et Napoléon lui-même qui résista, avec une poignée de soldats, à des forces considérables arrêtées par la terreur de son nom, n'opposèrent jamais tant de grandeur à des difficultés inouïes. L'homme en qui se personnifiait la France domina ce revers avec une fermeté sans exemple dans l'histoire. L'Europe coalisée avait saisi ce moment pour tenter un suprême effort contre nos drapeaux tant de fois victorieux. Napoléon soutint ce choc formidable, et la campagne de 1813 fut encore marquée par des triomphes immortels.

Cependant, les événements de 1814 se préparaient sous les plus tristes auspices. Une armée française de 32,000 hommes avait capitulé dans Dresde. Dantzick, occupé par une autre armée, allait subir le même sort. Stettin se rendait après sept mois de blocus. Amsterdam tombait aux mains de Bulow; la Hollande nous échappait. La Suisse, au lieu de faire respecter sa neutralité, livrait passage à nos ennemis. Hambourg gardait inutilement un troisième corps d'armée, aux ordres de Davoust. L'épidémie moissonnait 27,000 Français dans Torgau, et dévorait nos malades dans Mayence. L'armée d'Espagne était forcée de battre en retraite, pour venir défendre la France. L'armée d'Italie était bloquée. Nos alliés nous abandonnaient par faiblesse ou par trahison, et cinq armées actives, montant au chiffre de plus de six cent mille hommes, envahissaient déjà toutes nos frontières. Une armée austro-russe, commandée par le prince de Schwartzenberg, pénétrait par la Suisse. Une armée prussienne, conduite par Blücher, passait le Rhin. Une armée anglo-batave, aux ordres de sir Graham, campait sur l'Escaut, aux portes de nos places. Une armée anglo-espagnole et portugaise, ayant à sa tête le duc de Wellington, franchissait les Pyrénées. Enfin Murat, que l'empereur avait fait son beau-frère et roi de Naples, et Bernadotte roi de Suède par la grâce de Napoléon, s'étaient eux-mêmes déclarés contre leur bienfaiteur et leur ancienne patrie !

La France ne pouvait opposer à cette invasion que cent vingt mille soldats, et la fortune de ses aigles, faibles débris de tant d'héroïques phalanges. Et néanmoins, peu s'en fallut que le génie de l'Empereur, plus admirable que jamais, ne triomphât pour la dernière fois ; peu s'en fallut que toutes les légions de l'Europe coalisée ne fussent contraintes de fuir devant cette poignée de soldats groupés autour d'un chef adoré. Si le succès, qui tint à si peu de chose, nous eût été accordé, la nation, dont une partie s'était associée à la défense du pays, se levait tout entière, et Napoléon dictait encore une paix glorieuse à ses ennemis. La merveilleuse intelligence du grand homme sembla, dans cette campagne, se surpasser elle-même. Il ne succomba que parce qu'il n'avait point décrété à l'avance une insurrection nationale contre l'étranger. Cruellement puni d'avoir douté un instant de ce peuple héroïque dont sa puissance était l'ouvrage, il se vit, après des prodiges de valeur, contraint d'abdiquer à Fontainebleau, et l'île d'Elbe reçut dans son étroite enceinte celui que l'Europe pouvait à peine contenir et qui avait eu la pensée de se déborder sur l'Asie. En quittant le trône et la France, il se sacrifiait à la patrie : « Les puissances alliées, écrivait-il, ayant proclamé que l'Empereur Napoléon était un obstacle au rétablissement de la paix en Europe, l'Empereur Napoléon, fidèle à son serment, déclare qu'il est prêt à descendre du trône et à quitter la France, et même la vie, pour le bien de la patrie. » Il ne voulait réserver que les droits de son fils, et le maintien, par une régence, des institutions dont il nous avait dotés. Mais les alliés exigèrent la déchéance de sa dynastie ; il préféra ce dernier sacrifice aux chances qu'il pouvait tenter encore par la guerre civile.

IV.

L'homme sans égal qui, la veille encore, avait des princes pour courtisans, ce tout-puissant d'hier qui, dans ses haltes à travers le monde, jetait des sceptres à ses soldats, tombe tout à coup sous l'abandon des uns et la trahison des autres. Il tombe, mais sa gloire reste debout, et, du fond de l'exil que lui inflige la destinée, sa dernière pensée est pour ce peuple qu'il a tant aimé, et qu'il avait fait si grand. A l'île d'Elbe comme aux Tuileries, dans sa chute comme sur le trône, il lui reste un ami, c'est le soldat. Neuf cents hommes de toutes armes, compagnons de ses premières batailles, se sont dévoués à son malheur. Ce sont les délégués du peuple, courtisans que l'ingratitude n'a pu atteindre. Ils emportent l'aigle des victoires, avec l'espoir de la ramener un jour.

Louis XVIII et les émigrés réinstallent l'ancien régime ; tout ce qui rappelle les grandeurs de la République et de l'Empire, est outragé ou proscrit. Le peuple murmure ; le nom de Napoléon se mêle à ses plaintes. Napoléon peut reparaître, au cri de la France indignée de son abaissement. C'est alors que les plénipotentiaires des Bourbons, assis au congrès de Vienne avec nos ennemis, obtiennent la violation du traité du 11 avril 1814, qui garantissait à Napoléon deux millions de rentes et six millions de liste civile. Ils croient qu'en lui infligeant l'indigence ils lui ôteront son prestige, et, comme si ce n'était point assez de lâcheté, l'Angleterre se charge d'une dernière perfidie. Elle promet d'expédier l'amiral Sidney-Smith avec une escadre, pour côtoyer l'île d'Elbe, tendre un piége à l'Empereur, l'enlever, et le déporter sur les rochers de Sainte-Lucie ou de Sainte-Hélène.

Lorsque la loyauté de Napoléon fut hors d'état de douter encore de ces infâmes machinations, lorsque sa grande âme pénétra le secret des plans de servitude que la restauration bourbonienne voulait imposer à la France dès qu'elle serait délivrée des terreurs que son nom seul apportait encore dans ses conciliabules, il résolut de reparaître. Son armée, c'était le peuple, et voici ce qu'il dit au peuple : « Elevé au trône par votre choix, tout ce qui a été fait sans vous est illégitime. Depuis vingt-cinq ans, la France a de nouveaux intérêts, de nouvelles institutions, une nouvelle gloire, qui ne peuvent être garantis que par un gouvernement national et par une dynastie née dans ces nouvelles circonstances. Un prince qui régnerait sur vous, qui serait assis sur mon trône par la force des mêmes armées qui ont ravagé notre territoire, chercherait en vain à l'étayer du principe du droit féodal ; il ne pourrait assurer l'honneur et les droits que d'un petit nombre d'individus ennemis du peuple qui, depuis vingt-cinq ans, les a condamnés dans toutes nos assemblées nationales. Votre tranquillité intérieure et votre considération extérieure seraient perdues à jamais. Français, dans mon exil j'ai entendu vos plaintes et vos vœux! Vous réclamiez un gouvernement de votre choix, qui seul est légitime ; vous accusiez mon long sommeil, vous me reprochiez de sacrifier à mon repos les grands intérêts de la patrie. Nous n'avons pas été vaincus ! La défection du duc de Castiglione livra Lyon sans défense à nos ennemis; la trahison du duc de Raguse livra la capitale et désorganisa l'armée. Venez vous ranger sous les drapeaux de votre chef! Son existence ne se compose que de la vôtre; ses droits, son intérêt, son honneur, sa gloire sont les vôtres. La victoire marchera au pas de charge, et l'aigle avec les couleurs nationales volera de clocher en clocher jusqu'aux tours de Notre-Dame! J'ai traversé les mers au milieu de périls de toute espèce; j'arrive parmi vous. Il n'est aucune nation, quelque petite qu'elle soit, qui n'ait le droit de se soustraire au déshonneur d'obéir à un souverain imposé par un ennemi momentanément victorieux. Lorsque Charles VII rentra à Paris et renversa le trône éphémère d'Henri VI, il reconnut tenir son trône de la vaillance du peuple, et non du prince régent d'Angleterre! »

Napoléon ne s'était pas trompé. Les vœux de la France entière réclamaient son retour. Les populations échelonnées sur sa route triomphale, de Grenoble à Paris, saluèrent avec enthousiasme le héros qui rapportait nos grandeurs, tandis que les traîtres décrétaient, en tremblant, dans un coin des Tuileries, sa mise hors la loi. Napoléon reçut, de ville en ville, le sacre d'une popularité désormais impérissable. L'armée se ralliait de toute part autour de lui, et les hommes qui rougissaient de l'avoir trahi venaient eux-mêmes implorer avec le pardon l'honneur d'expier leur faute. Louis XVIII avait fui sans résister, tandis que ses agents couraient implorer l'appui des bayonnettes étrangères.

La guerre était imminente. Elle fut déclarée par le congrès de Vienne. Napoléon s'y attendait. Il ne rentra aux Tuileries que pour décréter l'organisation de la défense. Nos places fortes et nos arsenaux, dépouillés de munitions et d'armes, furent approvisionnés avec une célérité prodigieuse, et huit corps d'armée s'organisèrent pour couvrir Paris, le Nord, le Rhin, la Moselle, le Jura, les Alpes, le Var et les Pyrénées.

En dehors de ses préoccupations militaires, et malgré le peu de temps qui lui restait, Napoléon avait promulgué, coup sur coup, une foule de décrets, pour améliorer le sort des classes laborieuses. Les lois sur les impositions, et principalement celle des droits réunis, la plus onéreuse de toutes pour les prolétaires, recevaient de notables et immédiates améliorations. Les écoles primaires, ces colléges du pauvre, s'enrichissaient des bienfaits de l'enseignement mutuel; l'Université se reconstruisait sur des bases larges et libérales. L'hôtel des Invalides était rendu aux soldats mutilés de la République et de l'Empire, qu'un décret des Bourbons en avait chassés. Enfin, sous le titre d'acte additionnel aux Constitutions de l'Empire, un pacte nouveau tendait à combiner le plus haut point de liberté politique et de sûreté individuelle, avec la force et la centralisation nécessaires pour faire respecter par l'étranger l'indépendance de la nation.

Pendant que ces grandes choses s'accomplissaient, Louis XVIII, réfugié à Gand, datait de la *vingtième année de son règne* des ordonnances aussi ridicules qu'illusoires pour sommer les Français, *ses sujets*, de refuser l'impôt et le service militaire. En même temps, quelques anciens émigrés cherchaient à exciter la guerre civile dans la Vendée et le Poitou. Ces démonstrations furent promptement étouffées. Napoléon avait hâte de joindre des ennemis plus sérieux.

Il voulut porter le premier coup aux forces réunies de Wellington et de Blücher. Les victoires de Fleurus et de Ligny exaltèrent bientôt les espérances de la patrie, mais la fatalité nous attendait à Waterloo. Waterloo, champ du sang, où la gloire des vainqueurs s'ensevelit dans la défaite des vaincus !

Tout pouvait encore se réparer. Notre armée n'était pas anéantie, elle se ralliait. Napoléon, de retour à Paris, pour y créer des ressources, entendit, pour la dernière fois, les acclamations du peuple et le cri de vive l'Empereur. Mais autour de lui tout s'écroulait. Il voulut saisir une dictature temporaire, et commit la faute de soumettre cette nécessité à la sanction du Corps législatif. Le Corps législatif était vendu aux Bourbons ; il répondit aux adjurations du seul homme qui pût sauver le pays de la seconde invasion, par un message de révolte qui déclarait criminel d'Etat quiconque répondrait à sa résistance par une tentative de dissolution.

Navré de tant de bassesse, Napoléon résolut d'abdiquer une seconde fois. Il se retira au château de la Malmaison, et c'est de là qu'il écrivit au gouvernement provisoire des traîtres à la patrie cette sublime déclaration : « En abdiquant le pouvoir, je n'ai point renoncé au plus noble droit du citoyen, au droit de défendre mon pays. L'approche des ennemis de la capitale ne laisse plus de doutes sur leurs intentions. Dans ces graves circonstances, j'offre mes services comme général, me regardant encore comme le premier soldat de la patrie. » En apprenant le refus qui accueillait ses offres magnanimes, l'empereur ordonna son départ pour Rochefort. Dans ce moment suprême, où il ne lui restait que le dénûment, la reine Hortense, dont le cœur était sublime, vint se jeter tout en pleurs dans ses bras, et le força d'accepter ses diamants, avec une insistance tellement filiale, avec une grâce tellement touchante, que Napoléon, vivement ému, ne put résister. Des larmes d'attendrissement, d'amour paternel et de regret, inondèrent ses joues, et, la nature prenant le dessus, le héros redevint homme. Qu'elle soit bénie, celle qui fut deux fois reine : reine par la couronne et reine par le cœur !

Les dernières paroles politiques de l'Empereur, avant de quitter la France qu'il ne devait plus revoir, sont le plus magnifique testament de ce grand martyr de l'honneur, du patriotisme et de l'abnégation personnelle; elles appartiennent à l'histoire. « Il est trop tard, disait-il aux patriotes qui le suppliaient de retarder son départ, et de faire un appel au peuple; le mal est sans remède. Il n'est plus en mon pouvoir de sauver la patrie. Une guerre civile serait aujourd'hui sans objet, sans utilité. A moi, à moi seul elle pourrait devenir avantageuse, en ce qu'elle me procurerait le moyen d'obtenir personnellement des conditions plus favorables. Mais il me faudrait les acheter par la perte inévitable de ce que la France possède de plus généreux et de plus magnanime. Un tel résultat me fait horreur!... »

Nous ne retracerons pas la violation du droit des gens commise par l'Angleterre, lorsque Napoléon, librement embarqué à bord du *Bellérophon*, se trouva prisonnier de la puissance ennemie à la loyauté de laquelle il s'était confié. L'illustre victime de cette forfaiture à l'honneur en a appelé au tribunal de l'histoire, et, depuis 1815, l'histoire impartiale n'a cessé de dire qu'un ennemi qui fit vingt ans la guerre au peuple anglais vint un jour, dans son infortune, chercher un asile sous ses lois; que l'Angleterre feignit de tendre une main hospitalière à cet ennemi, et que, quand il se fut livré de bonne foi, elle l'immola !

V.

Napoléon, trois fois sacré par la gloire, sous le laurier

triomphal des généraux, sous la toge des consuls, sous la pourpre des empereurs;

Napoléon, sacré par le martyre sous le linceul de Sainte-Hélène;

Napoléon, sacré par le pontife de Rome et par le bourreau de Londres, devait avoir aussi sa trinité rayonnante. Son beau soleil des Pyramides devait le saluer trois fois grand au milieu des frimas de décembre : à Notre-Dame, à Austerlitz, aux Invalides!

Et ces ovations, immortelles dans l'histoire, étaient la prophétie des acclamations d'une autre journée de décembre qui rendit, après trente-trois ans, par les mains populaires, à l'héritier de son nom, l'héritage des cœurs français.

De tels événements ne permettent point de nier l'intervention de la Providence dans les destinées de notre patrie. Ce n'est point pour leur propre avantage que les grands hommes apparaissent dans l'humanité; leur rôle est tracé par les nécessités de la nation qui les produit; leur gloire est dans les faits qui leur survivent.

Nous faisons, en ce moment, l'épreuve nouvelle d'un système politique auquel notre société dut son son salut après les grands orages de la première révolution. Ce système ne fut point renversé par le pays; il succomba sous le poids de l'invasion étrangère; sa chute s'est liée à notre abaissement. Il se relève, aujourd'hui, appuyé sur la volonté nationale. De toutes les constitutions qui nous ont régis depuis 1789, celle dont Napoléon fut l'auteur est la seule qui ait reçu le baptême du vote populaire. Ses bienfaits n'avaient pas moins illustré le souvenir impérial que l'éclat de nos victoires. A ce titre, et après l'expérience que nous avons eu à subir des chartes royalistes, elle devait, à l'issue d'une dernière révolution, se représenter comme la garantie d'une rénovation sociale pacifique et féconde. La France en a jugé ainsi.

La guerre semble éloignée pour longtemps. Les esprits, entraînés vers le progrès scientifique et industriel, cherchent des gloires d'un autre genre au sein d'études profitables à l'humanité tout entière. On n'aspire, de toute part, qu'au repos, et à la stabilité d'un régime qui favorise le développement des intérêts matériels. La France veut que son chef ait une autorité réelle, sérieuse, efficace. Elle est lasse des bruyantes comédies d'un faux libéralisme, autant qu'elle redoute le retour des utopies qui l'ont tant de fois poussée à deux doigts de sa perte. En donnant ses suffrages, avec ses pleins pouvoirs, au neveu de l'empereur, elle s'est souvenue que Napoléon avait été sage, prévoyant, pratique dans ses institutions, et qu'il avait seul compris le mode de liberté qui convenait à ses contemporains.

Sans doute, le jeu de ses institutions devra recevoir des perfectionnements commandés par le progrès des temps et les besoins nouveaux d'une société dont les éléments, depuis soixante ans, n'ont cessé de se modifier par l'éducation de la pensée et par l'élargissement du cercle des intérêts généraux. Mais à chaque jour suffit son labeur. Nous avons déjà constaté, par une expérience de quelques mois, que si l'application du système napoléonien a rencontré quelques difficultés de détail, son ensemble est parfaitement adapté aux exigences de notre situation. De bonnes lois se sont faites, et en nombre suffisant pour un temps si court, parce que le nouveau Corps législatif a su résister à ce qu'il y a de plus dangereux pour des hommes réunis, l'esprit de corps, et toute susceptibilité écartée, s'est occupé franchement et uniquement des affaires du pays, comprenant que les joûtes de la tribune n'aboutissent qu'aux stériles satisfactions de quelques amours-propres, et que la vraie grandeur de l'homme d'État s'élève des résultats prospères d'un travail éclairé et fécond. Le pouvoir, ainsi que le disait Louis-Napoléon, dans son message du 28 juillet 1852, n'est plus ce but immobile contre lequel les oppositions de toute nuance dirigeaient impunément leurs attaques. Il peut résister à tous les assauts et désormais suivre un système sans avoir recours à l'arbitraire ni à la ruse. D'un autre côté, le contrôle des Assemblées est sérieux, car la discussion est libre et le vote de l'impôt décisif. Il y a en France un gouvernement animé de la foi et de l'amour du bien, qui repose sur le peuple, source de tout pouvoir; sur l'armée, source de toute force; sur la religion, source de toute justice.

Ainsi, deux fois en cinquante ans, deux hommes de la même famille, l'empereur Napoléon et le prince Louis ont été appelés, par une mystérieuse destinée, à sauver leur pays des abîmes de l'anarchie. Si l'on cherchait à approfondir les desseins de l'éternelle Providence qui conduit les peuples, ne pourrait-on pas dire qu'en acccumulant toutes les gloires sur l'empereur, Dieu n'en a gravé le souvenir dans l'admiration de la France que pour préparer le double vote des 10 et 20 décembre? Qu'en plaçant le même nom dans les mêmes circonstances, il a voulu nous montrer le salut à côté de la chute?

NAPOLÉON! c'est la légende que les vieux soldats racontent aux veillées de la chaumière. Ce nom se retrouve depuis Cherbourg jusqu'aux Pyramides. Les Alpes s'abaissent sous son poids, et, quoique nouveau dans l'histoire, la gloire lui donne le grandiose de la mythologie.

Après l'anarchie des mauvais jours de 93, et les immoralités du Directoire qui remplaça la Convention, le principe de l'autorité, seule base des sociétés durables, avait été si profondément ébranlé, que le nom même en était presque effacé de la mémoire des hommes.

Lorsqu'au 18 brumaire Napoléon arracha la France aux impostures d'une légalité imposée par des mains qui avaient trempé dans tous les excès, qui fut pour lui? toutes les opinions. Qui fut contre lui? tous les partis. C'est qu'une opinion est une règle de conduite proposée par la raison et approuvée par la conscience; émanation de la liberté humaine, elle est respectable jusque dans ses erreurs, parce que l'expérience lui permet de se rectifier sans forfaire à l'honneur; c'est que les diverses nuances que présentent les opinions politiques ayant, au fond, pour but, les véritables intérêts du pays, ne diffèrent que sur les moyens d'exécution, et que, tôt ou tard, elles finissent par s'entendre; tandis que les partis ressemblent à ces plantes parasites qui, ne trouvant point leur place dans un sol soigneusement cultivé, se réfugient dans les vieux murs, s'emparent peu à peu des plus nobles édifices et précipitent leur destruction.

Le génie puissant et organisateur du premier consul renversa de fond en comble l'édifice révolutionnaire qui s'écroulait de toute part, et reconstitua, sur les vieux débris de l'ancienne monarchie mêlés aux débris sanglants de la Terreur, un nouvel édifice social, plein de force et de grandeur. Il n'y avait plus de morale; il rétablit la religion sur ses bases antiques et sacrées. Il n'y avait ni justice ni administration régulière; il réorganisa les corps judiciaires, dans le sentiment le plus élevé du droit. Les degrés de juridiction, nettement et loyalement définis, furent créés par la pensée aussi juste qu'énergique de ce grand législateur. L'unité de pouvoir ressortit, avec tous ses avantages, de l'organisation administrative. Tout ce qui était bon fut conservé; tout ce qui était mauvais fut radicalement détruit; tout ce qui renfermait les germes les plus féconds de prospérité et de sécurité fut donné à la France reconnaissante. La vieille monarchie avait laissé sur le sol des traces trop profondes, trop honorables, pour que le gouvernement du premier consul ne cherchât point à les conserver. Il reconstitua la société possible, et appela au service de l'État tout ce qui s'offrait à lui prêter un concours sincère et utile. A sa voix, les bannis rentrèrent dans leurs foyers, les émigrés virent cesser leur proscription, et recouvrèrent ceux de leurs biens que la confiscation retenait dans les mains de l'État. Personne ne s'avisa de lui reprocher d'avoir remplacé la *légalité* par la *justice*. Les plaies de la Vendée se fermèrent. Tout ce qui, en France, avait nom et talent s'empressa de seconder ce pouvoir réparateur, et les familles qui avaient le plus souffert des excès de la révolution se rangèrent du côté de l'homme que Dieu avait suscité pour les réprimer ou les guérir.

Les partis n'existèrent pas sous l'Empire, parce que le chef de l'État exerçait dans toute sa plénitude le pouvoir qu'il tenait de la nation. Mais à peine eut-il succombé sous des revers inouïs, et sous le poids de l'Europe entière, jalouse de nos grandeurs, que les intrigues politiques ressuscitèrent au cœur de la France avec la charte du droit divin que les Bourbons nous rapportaient à la pointe des baïonnettes étrangères. Profitant du jeu incertain de nos nouvelles institutions, l'oligarchie parlementaire s'organisa sous la garantie de ce qu'elle appelait la *légalité*; et en peu d'années, les partis se trouvèrent placés sous la protection de la loi constitutionnelle, comme autrefois les seigneurs féodaux bravaient la royauté du haut de leurs donjons.

L'autorité, cernée de toute part, tenta un dernier effort et succomba en 1830. Elle se releva toute meurtrie, mais les mains qui l'avaient perdue n'étaient pas assez pures pour fermer ses plaies. Les partis, n'ayant que des appétits égoïstes, ne sont jamais que le fléau du pays qui les tolère; ils deviennent toujours le châtiment de celui qui s'appuie sur eux; formés contre les intérêts des masses, la Providence ne leur accorde qu'une puissance : celle du mal. C'est ainsi qu'en 1830, une autre autorité fut improvisée à Paris, sous la stupeur d'une victoire qui épouvanta ceux mêmes qui devaient en profiter. Une Chambre des Pairs mutilée, quelques députés sans mandat, une foule encore agitée par les émotions de la lutte, se firent les parrains de la nouvelle couronne. Mais le peuple, mais la France? Dans ce grand conflit, on ne daigna pas les consulter.

En 1848, on proclama une république fondée sur le suffrage universel, et le premier acte de son gouvernement fut d'entraver les suffrages des campagnes, de gêner les consciences. Par le scrutin de liste, le vote était concentré dans les villes, qui renferment des éléments si divers, si douteux, qu'il serait trop long d'énumérer les fraudes qui, aux yeux des honnêtes gens, ont vicié tous les mandats à l'aide desquels on a violé, depuis, tous les droits du peuple. Au 10 décembre, la France a enfin protesté contre tous les partis qui se la disputaient.

Le 1er décembre 1851, les choses étaient arrivées à ce point, qu'il fallait trancher la question entre l'oligarchie parlementaire et la nation. Le parlement issu du suffrage universel avait arbitrairement usé de son mandat, pour restreindre son mandant. Entraîné dans les voies de la Convention, il ne lui restait plus qu'à déposer le président, à choisir un dictateur, et à se perpétuer dans les douceurs trompeuses d'un pouvoir usurpé. C'est alors que, le 2, Louis-Napoléon a parlé au nom de la France. Appuyé sur ce principe, que tout pouvoir n'est légitime que quand il découle du consentement universel, il a fait appel à ce juge suprême du droit politique. Il aurait pu, vainqueur des factions, mettre une couronne sur sa tête. Mais, fidèle aux obligations que lui imposaient ses traditions de famille, après avoir restitué à la nation, par un acte de sublime énergie, les droits confisqués par d'infidèles mandataires, fort de sa conscience et des services qu'il venait de rendre à la France et à l'Europe, il a demandé à tous les Français s'il avait bien mérité de la patrie. Dans tous les hameaux, il a trouvé des cœurs sympathiques. Est-il un coin dans le monde où la gloire du nom qu'il porte n'ait point pénétré? une famille où ce nom ne se soit pas associé aux douceurs du foyer domestique?

Ajoutons aujourd'hui que de frappantes analogies existent entre la mission remplie par l'empereur et celle que nous avons confiée à Louis-Napoléon. Nous sommes sortis du provisoire pour entrer dans une ère de stabilité. Tout ce que la situation avait de précaire et d'exceptionnel est fini. Quel est, à présent, le rôle des opinions, l'avenir des partis? La société, le 2 décembre, est sortie victorieuse de tous les périls qui pesaient sur son lendemain. Elle a fait acte de majorité. Que les partis, consternés et honteux de leur défaite, se croient encore quelque chose, parce que l'espérance du mal leur prête encore une apparence de vie, cela se peut concevoir; mais qu'en présence d'un acte sans pareil dans l'histoire, d'une souveraineté deux fois remise dans les mêmes mains par la presque unanimité des votes d'un grand peuple, les opinions hésitent à se rallier autour de l'élu, c'est ce qu'on ne saurait admettre.

VI.

Quel que soit le gouvernement qu'un peuple se donne, l'une de ses premières et fondamentales nécessités, c'est d'avoir de l'esprit de suite. Dans un pays monarchique ou aristocratique, l'esprit de suite résulte de l'existence même de ces grands corps traditionnels qui reçoivent et perpétuent la pensée des administrations antérieures. Dans les pays démocratiques, et quel que soit le nom donné au chef de l'Etat, l'esprit de suite ne saurait venir que de ce chef lui-même, puisque tout est mobile, variable, transitoire autour de lui. Mais pour que le chef de ce gouvernement démocratique puisse mettre dans la direction des affaires publiques de l'unité et de l'ensemble, il faut non seulement qu'il ait un système, mais qu'il soit armé de tous les moyens nécessaires pour le faire prévaloir.

La représentation nationale, avec ses droits immenses, tenant le budget dans sa main, est toujours en situation de modérer, de contenir ce système et de mettre une digue à ses envahissements, s'il devenait contraire aux intérêts réels et évidents du pays; mais si l'on comprend parfaitement que cette opposition aux vues erronées ou excessives du chef de l'État vienne du Corps législatif, le bon sens se refuse à concevoir comment l'opposition pourrait venir raisonnablement des ministres, puisque les ministres sont les agents nécessaires du chef du gouvernement. Dépositaires de sa pensée et organes de sa volonté, il est indispensable qu'ils dépendent de lui et qu'ils lui soient dévoués, sous peine de briser dans ses mains le pouvoir et les attributions que la Constitution lui donne.

Mais, diront des hommes d'Etat plus frappés de l'effet

des mots que de la valeur des idées, — Vous ne voulez donc que des commis? Non, certes, ce ne sont pas des commis que nous voulons. Sous les règnes de Henri IV, de Louis XIII, de Louis XIV, de Napoléon, Sully, Richelieu, Colbert, Louvois, Choiseul, Maret ni Talleyrand n'étaient pas des commis. On peut être grand ministre, même sous un chef d'Etat dont l'autorité absolue domine toutes les autres. Nous laissons au ministre toute l'initiative et toute la liberté de sa pensée, mais à la condition qu'il ne l'impose pas au chef du gouvernement, dont il n'est que l'aide, le collaborateur, le *secrétaire*, ainsi qu'on disait dans l'ancien langage politique; car ce n'est pas au ministre, mais au chef du gouvernement, que la nation a confié ses intérêts.

Surtout, ce que la France ne veut plus, c'est l'instabilité déplorable et perpétuelle qu'amènent des changements de ministères, soumis aux fluctuations de majorités législatives; c'est l'anarchie introduite dans le gouvernement par une combinaison qui, soumettant les ministres au pouvoir législatif, fait que ces ministres, même les mieux intentionnés, même les plus capables, négligent forcément toutes les grandes questions administratives, pour ne travailler qu'à se faire une clientèle dans les assemblées, souvent même au détriment du chef de l'Etat, dont ils sont pourtant censés pratiquer la politique, et qui, en dernier résultat, demeure toujours responsable, devant l'opinion publique, de ses vues, de ses actes, de ses projets, qu'on lui ôte ainsi le moyen de faire prévaloir.

Pour juger sainement des institutions napoléoniennes, il faut, avant tout, faire abstraction de la grande figure historique qui les domine; car, en absorbant à lui seul l'attention du monde, l'Empereur avait, pour ainsi dire, laissé dans l'ombre les grands corps qui formaient la base de son édifice politique. Nous admirons tous, aujourd'hui, les institutions civiles et militaires dont il a doté la France, parce qu'elles subsistent encore. Les institutions politiques, au contraire, en disparaissant avec lui, n'avaient laissé que des souvenirs confus, dont il était facile de dénaturer le caractère. Quelle est la pensée de ces institutions, établies au commencement de ce siècle, et qui reposèrent la France des agitations révolutionnaires? C'est la division et l'indépendance des pouvoirs, que Montesquieu appelle le principe essentiel de la liberté. Et Montesquieu ajoute que si, dans une société quelconque, l'homme, l'assemblée, ou la caste qui fait la loi, a aussi le pouvoir de la faire exécuter, c'est le despotisme, le désordre et l'anarchie. On sait quelles admirables raisons ce philosophe en donne, et comment l'expérience historique a consacré ce principe.

Eh bien, la pensée des institutions de 1799, de 1802 et de 1804, n'est pas autre chose que le principe même de la liberté, car ces institutions séparent complétement le pouvoir exécutif de la puissance législative. Dans le système de l'empereur, le gouvernement propose la loi. Un Conseil d'Etat, composé des capacités législatives les plus éminentes, discute et élabore le projet, en règle les dispositions, et le présente au Corps législatif. Celui-ci ou l'accepte ou le refuse, ou le renvoie au gouvernement, après une discussion contradictoire avec les commissaires du Conseil d'Etat. Le Sénat, qui est chargé de veiller au maintien des institutions et à l'harmonie des pouvoirs, et qui, entre autres attributions, a le droit de consulter le peuple souverain, soit pour modifier la Constitution, soit pour pourvoir à des difficultés imprévues, le Sénat examine à son tour le projet de loi au point de vue constitutionnel, et en propose au chef du gouvernement la promulgation ou la non promulgation. Enfin, le chef de l'Etat promulgue et fait exécuter la loi par des ministres qui ne relèvent que de lui, qui ne paraissent pas aux assemblées, qui n'ont rien à discuter avec le Corps législatif, et qui peuvent ainsi administrer le pays, en dehors de toute préoccupation parlementaire.

Tel est l'esprit de la Constitution de 1852. Louis-Napoléon, responsable devant la nation dont il tient son mandat, a seulement concentré en sa personne le droit de faire appel au peuple dans les circonstances graves. L'unité du pouvoir suprême est ainsi plus complète. Et maintenant, est-il besoin de faire ressortir les avantages d'un système aussi simple? Et d'abord, quant aux libertés véritables, ne sont-elles pas garanties par le vote de l'impôt? Une Assemblée issue du suffrage universel, qui tient, comme on dit vulgairement, les cordons de la bourse, n'est-elle pas maîtresse de régler son gouvernement, de le maintenir et de le diriger dans les voies qui conviennent aux intérêts du pays? Si l'Assemblée n'a point d'initiative, point de rapports directs avec les ministres, ne jouit-elle pas, en réalité, de la plus haute indépendance, puisqu'elle ordonne le budget? D'un côté, le gouvernement, occupé d'agir et non de parler, d'administrer et non de légiférer, peut consacrer tout son temps, toute sa pensée, toutes ses forces au bien public, au lieu de les user dans des agitations et des luttes misérables. De l'autre, le pouvoir législatif, n'ayant qu'à faire les lois, et non plus à faire et défaire les ministres, se trouve enfin dans les conditions de calme, de sagesse et de patriotisme, si nécessaires à l'accomplissement de ses devoirs envers le pays. Les luttes de tribune entre le Corps législatif et le Conseil d'État peuvent bien encore passionner les esprits; mais elles n'entraînent plus de crises ministérielles. Le gouvernement, impassible, assiste au spectacle de ces discussions qui lui signalent les hommes les plus habiles, ceux dont la science pratique est appelée à prendre place dans les conseils du pouvoir, à en rehausser la grandeur, et à rendre au pays des services plus signalés, lorsque l'occasion s'offrira de les investir d'une mission spéciale.

En France, dans notre société éminemment démocratique, toutes les supériorités veulent tenir au pouvoir. Elles demandent à l'État, en rang, en importance, en avantages, ce que la société ne peut leur donner. C'est donc avec une grande connaissance du cœur humain et du caractère français, que l'immortel législateur de l'an 8 et de l'an 12 avait élargi le cercle des hautes fonctions, en y appelant tous les talents au Sénat, au Conseil d'État, au ministère ; ne se bornant point à séparer, dans une complète indépendance, le pouvoir exécutif du pouvoir législatif, il avait encore habilement séparé, dans le gouvernement, les fonctions administratives d'avec les fonctions relatives à la préparation des lois et règlements. Chacun sait que le Conseil d'Etat était un véritable ministère de la *pensée*, comme le ministère proprement dit était celui de l'*action* et de l'exécution.

Quel régime politique, autre que celui que nous avons sanctionné par huit millions de suffrages, pourrait aujourd'hui s'implanter sur le sol français? Légitimistes, orléanistes, ou républicains de la veille, les partis sont, il est vrai, trois grandes fractions, mais aucune, isolément, ne représente la majorité du pays. Quelques esprits chagrins ou tout désorientés par le coup d'État, objectent que le président n'a peut-être agi que par intérêt personnel, en vue d'arriver à l'empire. Certes, Louis-Napoléon avait beau jeu, dès le 10 décembre 1848, s'il avait eu la moindre velléité d'ambition. Lorsqu'il fut requis par le président de l'Assemblée constituante de prêter serment à la Constitution, il lui suffisait de se présenter à la tribune, et là, déchirant une charte non soumise à la sanction nationale, d'arborer la bannière impériale, au nom des six millions d'hommes qui venaient de glorifier en lui la mémoire de l'empereur. Il eut donc l'héroïsme de l'abnégation personnelle. L'empereur nous avait montré les victoires des champs de bataille; Louis-Napoléon nous fit connaître la victoire du désintéressement. L'un fut grand par la splendeur dont il dota sa patrie; l'autre, par la simplicité dont il fit son auréole, a donné au monde l'exemple unique d'un homme qui, maître du pouvoir, a voulu n'être que le premier citoyen de son pays, et ne tenir que du peuple, après Dieu, le titre, quel qu'il fût, de son autorité.

VII.

Un dévouement si fidèle aux promesses de son programme politique ne pouvait rester sans récompense. Aujourd'hui, de toute part, la France reconnaissante, acclame spontanément, dans la personne de Louis-Napoléon, la résurrection de l'ère impériale. Tous ceux qui, de près ou de loin, ont assisté à ce spectacle inouï, sont forcés de s'écrier : Il a le peuple pour lui! Or, la voix du peuple est la voix de Dieu. L'intérêt de la minorité qui se nourrit encore de regrets ou d'espérances hostiles au pouvoir que les masses ont créé, l'intérêt et le devoir de tous les hommes intelligents, c'est donc de sacrifier toute pensée qui tendrait à déranger cette grande harmonie du peuple et du gouvernement de son choix. Louis-Napoléon recommence la dynastie du suffrage universel dans toute sa légitimité, dans toute sa splendeur. Les souvenirs que rappelle le nom de Napoléon ont ravivé l'instinct de l'autorité dans l'esprit des hommes qui n'y croyaient plus; ils l'ont éveillé dans le cœur de ceux qui n'en avaient encore qu'une notion incomplète. En France, le respect du pouvoir, c'est le culte de la grandeur. Où donc est aujourd'hui cette grande voix de la politique militante qui tonnait dans le sein des parlements ou sur le forum de nos villes tourmentées? Nous ne disons pas seulement qu'elle s'est tue, car il a fallu la réduire au silence; mais nous demandons : qui songe à elle? qui s'en souvient? qui voudrait réveiller ces funestes échos et ces délirantes clameurs? Les hommes eux-mêmes qui portaient le drapeau des partis ont disparu, nous ne disons pas oubliés, car il en est, parmi eux, dont la France ne peut perdre le souvenir, mais destitués d'influence, de prestige, de possibilité d'action. Toutes les populations laborieuses de nos campagnes et de nos ateliers, sur lesquelles les factions de toute couleur espéraient s'appuyer pour agiter encore une fois le drapeau sanglant des révolutions, ces masses menaçantes qui formaient au-dessous de la France l'assise d'un volcan, se sont subitement transformées en force conservatrice; leurs bras robustes s'enlacent pour porter haut le pavois sur lequel l'élu national est monté par leur toute-puissante volonté.

On n'enraie plus dans la route du progrès, quand un peuple entier pousse le char de l'avenir; quand ce peuple a pour étoile un nom providentiel, résumant ses gloires, ses malheurs, ses espérances, et qui signifie liberté, force et grandeur : liberté dans l'ordre et par l'ordre; force aux mains de l'autorité légitime, pour la réalisation du bien-être commun; grandeur des destinées nationales, sous la garantie d'un principe dont le représentant n'a plus qu'à remettre en vigueur les fécondes applications.

L'empereur fut le symbole de ce principe, la France se prêta avec orgueil à cette personnification suprême de sa souveraineté tant de fois victorieuse et au nom de laquelle tant de rois pliaient le genou. Elle se voyait couronnée sur la tête du soldat sorti de ses rangs; elle montait avec lui dans le char triomphal sur lequel il parcourait l'Europe. Elle s'élance aujourd'hui, avec le même orgueil, sur l'ardente locomotive qui emporte un autre Napoléon à travers les merveilles de son industrie. Après l'empire du glaive, elle inaugure l'empire du travail. Mais, si d'une main elle porte l'olivier de la paix, l'autre s'appuie toujours sur l'épée des grands siècles.

Le génie de l'Histoire ne cherche point à combattre ce qui est dans l'essence des choses. Il suffit de prêter l'oreille à cet immense cri de « VIVE L'EMPEREUR! » qui éclate partout, à l'aspect de Louis-Napoléon, pour reconnaître que la chaîne de nos immortelles traditions s'est renouée. L'empire est ressuscité dans le sentiment des masses, parce que l'empire c'était le peuple couronné. Aujourd'hui que ce peuple veut de nouveau ceindre son diadème, quelle voix s'éleverait donc, d'un bout du monde à l'autre, pour contester son droit, pour crier à l'Aigle de France : « Tu n'iras plus vers le soleil?.... »

Cependant le bruit a couru, et c'est la presse anglaise qui s'efforçait de l'accréditer, que la Russie, l'Autriche et la Prusse se seraient déjà coalisées par un traité secret, pour imposer des conditions à la France, dans le cas où son gouvernement reprendrait le titre d'empire. Il ne nous serait permis de faire acte de notre droit souverain que moyennant les clauses et restrictions suivantes :

1° Le nouvel empereur s'engagerait formellement à respecter les traités de la sainte alliance;

2° Il s'interdirait la faculté de revendiquer les anciennes limites territoriales de la France;

3° Empereur électif, il renoncerait à toutes prétentions de continuer et de fonder une dynastie;

4° Si d'électif, l'empire devenait héréditaire, ou s'il était immédiatement proclamé sur cette base, les puissances susnommées s'engageraient, dès aujourd'hui, à protester solidairement devant l'Europe, et à réunir leurs forces pour empêcher, au nom de ce qu'elles nomment le droit public des monarchies existantes, le libre exercice de notre volonté nationale.

Nous n'hésitons pas à dire, tout d'abord, qu'un traité de cette nature nous paraît être une pure invention du génie britannique. Les geôliers du martyr de Sainte-Hélène n'ont pas vu sans inquiétude la résurrection de nos aigles. Il y a un remords au fond de leur concience; ils savent que l'histoire ne peut les absoudre, et ils craignent que la France, redevenue napoléonienne, ne leur demande un jour compte de ses malheurs. Mais ce n'est point en secouant sur l'Europe le flambeau de nouvelles discordes, ce n'est point en propageant de perfides agitations, ce n'est point en supposant des traités apocryphes, qu'ils parviendront à faire prendre le change aux nations sur l'immortelle loyauté de notre politique, ou à étouffer la légitime manifestation de nos droits. La France a, depuis longtemps, prouvé au monde sa volonté de maintenir la paix partout où son vieil honneur n'aura pas besoin de tirer l'épée pour se faire respecter. L'intérêt de l'Europe entière n'est pas moins lié que le sien propre à la conservation de l'harmonie universelle; et cette bonne intelligence ne saurait s'affermir que par la reconnaissance réciproque de toutes les libertés internationales. S'il était possible qu'un traité pareil à celui dont les publicistes anglais supposent l'existence vînt à sortir un jour des cartons de la diplomatie, dix millions de Français y répondraient avec l'épée d'Austerlitz et de Marengo, et, très-probablement, les hommes qui persistent encore à se poser en adversaires du régime que la France s'est donné, sacrifieraient, sans hésiter, et leurs passions et leurs systèmes, pour se réunir dans un sentiment commun de patriotisme et de dévouement national.

Quoi que disent ou fassent les puissances, il n'est ni dans leur droit, ni en leur pouvoir, de régir les destinées de notre pays. Elles n'ont empêché ni 1830, ni 1848; elles doivent peut-être à Louis-Napoléon leur propre salut, car Dieu seul connaît les catastrophes qui menaçaient le vieux monde en 1852, et ce n'est pas quand ce nom de Napoléon vient de resplendir comme un symbole d'ordre et de paix, qu'il serait convenable et prudent de discuter les conditions du pouvoir qu'il tient d'un peuple entier.

Louis-Napoléon n'attend point de l'Europe la consécration de son avenir. Il ne représente ni une opinion, ni un parti. Il est l'incarnation du sentiment français. Si ses voyages sont des triomphes; si des provinces enthousiastes font cortége à sa souveraineté; s'il est le chef, l'Empereur des masses, avant d'être l'Empereur des diplomates; si l'acclamation universelle ressuscite en sa personne toute la splendeur du grand homme dont il est le noble héritier, quel rôle viendrait jouer une opposition étrangère devant cette expression vivante du pays? Si la Russie, l'Autriche et la Prusse veulent assurer la paix de l'Europe, qu'elles en cherchent le moyen dans cette fière amitié que nous pouvons leur offrir: la France ne veut pas commander au monde, mais elle n'acceptera jamais la loi de ses voisins.

Si nous ajoutions quelque foi au protocole secret dont la

presse anglaise prétend posséder la confidence, et auquel elle attribue la date du 20 mai 1852, il y aurait d'ailleurs à en tirer cette conclusion que les partis royalistes n'ont plus qu'à abdiquer devant la haute réprobation de tout ce qui porte un nom français. En effet il serait écrit, textuellement, dans cette pièce absurde « que la base de l'ordre
« européen est le droit héréditaire ; qu'il y a, à cet égard,
« solidarité entre tous les Etats européens ; que la maison
« de Bourbon personnifie et représente le droit héréditaire,
« et que le chef actuel de cette maison est le comte de
« Chambord ; que le pouvoir exercé par Louis-Napoléon
« est un pouvoir de fait qui ne peut s'étayer même du pré-
« tendu droit de l'empereur Napoléon, puisque ce dernier
« a, par le premier article du traité de Fontainebleau, re-
« noncé volontairement pour lui, ses successeurs et des-
« cendants, et pour tout membre de sa famille, à tous les
« droits de souveraineté, tant sur la nation française et
« le royaume d'Italie, que sur tout autre pays ; que, con-
« formément aux règles du droit international, la violation
« du traité de Fontainebleau par l'empereur Napoléon, en
« relevant les puissances étrangères des engagements
« qu'elles avaient pris à son égard, ne l'a pas relevé de sa
« renonciation, pour lui et ses descendants, à la couronne
« de France ; qu'en outre, la véritable origine du pouvoir
« actuel du président de la République française est la
« négation du droit héréditaire ; qu'en conséquence, et
« toutes réserves faites pour le cas où le prince Louis-Na-
« poléon se déclarerait empereur héréditaire, les Puis-
« sances, dans le cas où un mouvement populaire ou mi-
« litaire renverserait le gouvernement de Louis-Napoléon,
« ou simplement dans le cas de sa mort, s'engagent et
« s'obligent à aider et à favoriser, par tous les moyens en

« leur pouvoir, le rétablissement du légitime héritier de
« la couronne, et qu'elles ne reconnaîtront, en consé-
« quence, d'autre dynastie que celle des Bourbons, et
« d'autre prétendant que M. le comte de Chambord. »

Il suffit de jeter un regard sur les termes de ce *factum*, pour suspecter son authenticité. Ce serait un acte de la dernière extravagance. On ne peut expliquer le motif qui pourrait engager les puissances étrangères à proclamer les prétentions du comte de Chambord, avant qu'aucun parti, en France, depuis nos dernières révolutions, ait tenté le moindre effort pour obtenir son rappel. Si jamais une puissance européenne s'avisait d'avouer un acte politique aussi contraire au droit des gens, la France, qui ne veut plus des Bourbons d'aucune race, n'aurait qu'une réponse à faire; et cette réponse éclate de toute part sur les pas de Louis-Napoléon. Elle s'écrierait, l'épée nue : « Vive l'Empereur ! » C'est son droit, et ce serait son devoir en face d'une provocation insensée.

Mais le temps des coalitions de Pilnitz est passé. Les peuples sont las de guerre, et les souverains ont vraiment trop à faire chez eux pour conspirer contre nous.

La Russie perd de jour en jour quelque chose de son gigantesque prestige. Quelques peuplades de Circassiens et de Tatars suffisent pour tenir ses armées en échec. Les plans de la grande Catherine, qui rêvait l'empire du Bosphore, sont déchirés par le progrès de la race turque sous un prince ami des lumières.

L'Autriche et la Prusse, profondément travaillées par l'esprit révolutionnaire, craignent à chaque instant de voir se rouvrir dans leur sein le volcan de 1848. Loin de chercher à agiter la France, elles ont toutes deux besoin de voir s'affermir chez nous les conditions d'un gouvernement fort et stable.

L'Angleterre n'est plus inaccessible depuis l'immense développement de la navigation à vapeur; et, d'ailleurs, elle sait, par une expérience déjà longue, que ses plus graves périls ne viennent pas du côté de la France. L'Irlande avec ses huit millions de pauvres, attachés comme un vampire à son flanc, ne lui laisse plus de repos, et, dans sa politique extérieure, elle s'use à force de s'étendre sur les mers les plus lointaines.

Mais, quelles que soient, en définitive, les éventualités qui s'enferment dans l'avenir, n'oublions pas que toute force est dans le bon droit, et que ce droit imprescriptible est l'âme de tout ce qui s'est accompli depuis la révolution de décembre. Nous ne saurions admettre une légitimité supérieure à celle que confère la volonté nationale, librement manifestée. Que cette doctrine choque les vieux représentants de l'absolutisme, c'est un mal que nous déplorons; qu'elle nous attire leurs menaces, c'est un péril dont nous devons avoir peu de souci; qu'elle puisse fléchir devant des exigences plus ou moins avouées, c'est ce que la France entière déclare inadmissible. Notre nation recompose, à l'heure qu'il est, toutes ses forces vives; elle est rentrée en pleine possession de tous les grands principes de liberté que la révolution de 1789 avait fait surgir; elle les a épurés de tout alliage dissolvant, et désormais la vie politique s'ouvre devant elle, large et puissante. Entrons résolument dans les voies fécondes que la Providence semble avoir elle-même tracées devant nos pas. Autrefois, les partis gouvernaient tour à tour; aujourd'hui le peuple règne; il n'abdiquera plus entre les mains d'une poignée d'ambitieux vulgaires ou de quelques chétifs conspirateurs royalistes. Louis-Napoléon ne lui demandait qu'un pouvoir passager ; assez de temps pour consolider les bases d'une société nouvelle. Il avait vu comment on perd un pays, il a montré comment on le sauve. Il a donné une voix à tout ce qui a une raison et une conscience. Il n'a exclu personne de son droit pour cause d'opinion ou de situation passée. Il a appelé tout le monde, sans exception, au secours de tout le monde. Il a convoqué les vieux partis, au lieu de les exclure, effacé les vieux griefs et fondu tous les cœurs au creuset du patriotisme. Voilà le secret de sa puissance et de sa popularité. Sa probité a conquis le peuple, et ce peuple a senti le besoin d'assurer, de perpétuer un triomphe qui est son ouvrage. Ce peuple généreux et fort veut vivre et grandir de la vie et de l'élévation du chef auquel l'identifie si étroitement une communauté de sentiments, d'aspirations et de volontés. Que lui importent les dissidences intéressées de quelques hommes qui le qualifiaient naguère de vile multitude en le dépouillant de ses droits ? Il a fait acte de toute-puissance intelligente et dissipé toutes les oppositions. Marchant au grand jour de l'histoire, dans l'imposante majesté de ses manifestations, il ne souffrira point que son œuvre soit bornée par le temps.

Le 28 septembre 1840, Louis-Napoléon s'exprimait ainsi devant la Chambre des Pairs : « Gardez-vous de croire que, me laissant aller aux mouvemements d'une ambition personnelle, j'aie voulu tenter en France une restauration impériale. J'ai cru que si, au sein du congrès national que je voulais convoquer, quelques prétentions pouvaient se faire entendre, j'aurais le droit d'y réveiller les souvenirs éclatants de l'Empire, et de placer, en face de la France d'aujourd'hui si affaiblie, la France d'alors, si forte au-dedans, au-dehors si puissante et si respectée. Le peuple eût répondu : République ou Monarchie, Empire ou Royauté. De sa libre décision dépend la fin de nos maux, le terme de nos dissensions. »

Eh bien, cet arbitre suprême, librement consulté, a chaque fois rendu le même verdict. Lassé d'une monarchie corruptrice et corrompue, il voulait, en adoptant l'épreuve d'un nouvel essai de république, placer cette épreuve sous les auspices d'un nom supérieur à toutes les ambitions. En choisissant ce nom dans les pages les plus pures de nos traditions nationales, il a prouvé encore une fois qu'il possédait, au plus haut degré, la religion des souvenirs et le culte de la grandeur. Lorsqu'il a reconnu que la République ne convenait plus à ses mœurs, et que ces oscillations du pouvoir troublaient ses intérêts, il a spontanément tourné ses regards vers l'Empire, non vers la Royauté.

Pourquoi l'Empire, plutôt que la Royauté?

C'est que les races royales ont humilié la France;

C'est que la race napoléonienne est restée le symbole de la devise française : Honneur et Patrie !

C'est que, devant le peuple, Louis-Napoléon perpétue l'Empereur.

HISTOIRE DU GOUVERNEMENT
DE
LOUIS-NAPOLÉON

1848 — 1852.

> J'entrevois sans crainte l'avenir du pays, car son salut viendra toujours de la volonté du Peuple librement exprimée, religieusement acceptée.
>
> Louis-Napoléon.

I.

C'est dans le passé des hommes d'élite, comme dans celui des nations, qu'il faut chercher le secret de leur avenir. L'infortune est souvent le sacre du génie. En même temps qu'elle use les âmes vulgaires, elle dresse les fortes natures aux luttes fécondes qui préparent leurs destins. Ainsi, trente-trois années d'exil et de persécutions n'avaient pu énerver, dans Louis-Napoléon Bonaparte, ni le pieux amour de la patrie, ni la ferme confiance de sa mission politique, ni la foi en son étoile, ce rêve sublime d'une volonté persévérante, que les obstacles, partout multipliés, trouvèrent partout supérieure au choc des événements.

Nous avons retracé, dans une autre œuvre (1), les drames de cette longue Odyssée, à laquelle rien ne manqua pour que l'auréole du martyr fût la première couronne du captif de Ham, comme elle avait été la dernière du proscrit de Sainte-Hélène. Une égale providence éclate dans ces deux types. L'empereur tombe au milieu de sa carrière, sous le poids de sa gloire, afin que le monde sache qu'à Dieu seul appartient la suprême puissance. Mais sa pensée survit au fond de ses œuvres, et, par un mystérieux dessein qu'on ne saurait trop admirer, c'est de la proscription même que Dieu relève, aujourd'hui, l'héritier napoléonien, pour fermer l'ère des catastrophes.

Pauvre fleur arrachée du sol français par l'orage de l'invasion, l'enfant-prince dont l'Europe, de Rome à Hambourg, des Pyrénées jusqu'au Danube, salua la naissance, avait grandi entre les pleurs de sa mère et les souvenirs de la famille, soleil éteint sur son berceau..

A vingt-deux ans commençait sa vie active. La vieille indépendance italienne secouait le joug de l'Autriche, en 1830, au bruit d'une révolution française. Elevé au camp de Thun, parmi les glaciers qui abritent la liberté helvétique, Louis-Napoléon courut porter au-delà des Alpes le nom de Bonaparte et son épée. Mais cette généreuse insurrection de la Romagne fut étouffée dès son aurore. Il fallut fuir, de retraite en retraite, les vengeances du vainqueur. Nouvelle Andromaque, la reine Hortense sauva d'Ancône son jeune Astyanax. Bravant tous les périls, elle vint s'asseoir, déguisée, dans l'ombre de la colonne impériale. Mais Louis-Philippe d'Orléans, dont l'empereur, en 1815, avait

---

(1) *Histoire du prince Louis-Napoléon Bonaparte*, sa famille, sa naissance, son exil, ses entreprises, sa captivité, ses ouvrages, son évasion, son retour en France, etc. 1 vol. in-8. (R. Ruel, éditeur, Paris, 1852.)

protégé la mère et la tante, chassa de Paris le neveu de son bienfaiteur, qu'une mère éplorée confiait, mourant, à l'hospitalité nationale.

Ramené en Suisse, Louis-Napoléon renaissait, en 1831, à l'appel de l'héroïque Pologne. Les généraux Kiazewicz et Plater lui offraient un trône à conquérir. Français avant tout, le prince résista au prestige d'une grandeur étrangère. Plus tard, en 1835, il refusa le titre d'époux de la reine du Portugal, veuve de son cousin, Auguste Beauharnais. Simple capitaine d'artillerie au régiment de Berne, il attendait avec calme, dans une solitude protectrice, que la France fût rendue par le peuple à la race des aigles. Il venait quelquefois jusqu'à Genève, aspirer l'air de nos montagnes : « Là du moins, » écrivait sa mère, « il entend parler français ; la langue maternelle, n'est-ce pas déjà la patrie ?.... »

Ses tristes loisirs d'exilé ne restèrent point stériles. Il étudiait sans cesse. L'étude crée des trésors que rien ne peut ravir. Souffrir grandit ; apprendre prédestine.

Le roi de Rome était mort en 1832. La nouvelle dynastie bourbonienne s'humiliait devant l'Europe. La France libérale, reportant ses regards vers les splendeurs qui avaient illuminé le règne du peuple-empereur, écrivait à Louis-Napoléon, avec la plume de Châteaubriand : « Si Dieu, dans ses impénétrables desseins, rejetait la race de saint Louis, si notre patrie devait revenir sur l'élection de Louis-Philippe, qu'elle n'a pas sanctionnée, et si ses mœurs ne lui rendaient pas l'état républicain possible, alors, Prince, il n'y a pas de nom qui aille mieux à la gloire de la France que le vôtre. » Armand Carrel, le chef de l'opinion démocratique, ajoutait vers la même époque : « Le nom de Louis-Napoléon est le seul qui puisse exciter fortement les sympathies du peuple français. Si le prince sait comprendre les intérêts de la France, il peut être appelé un jour à jouer un grand rôle. »

II.

Ce rôle, digne de la plus haute ambition, c'était de rapporter à la France la souveraineté nationale disparue, depuis 1815, dans les bagages de la Sainte-Alliance. Louis-Napoléon le savait; il l'entreprit, sans compter les périls. « Le temps des préjugés est passé, disait-il; le prestige du droit divin s'est évanoui en France avec les vieilles institutions féodales; une ère nouvelle a commencé. Les peuples désormais sont appelés au libre développement de leurs facultés. Mais, dans cette impulsion générale imprimée à la civilisation moderne, qui réglera le mouvement, qui préservera le peuple des dangers de sa propre activité? Quel gouvernement sera assez puissant, assez respecté pour assurer à la nation la jouissance des libertés publiques, sans agitations, sans désordre? Il faut à un peuple libre un gouvernement revêtu d'une immense force morale. Cette force morale, où la trouver, sinon dans *le droit et la volonté de tous?* Tant qu'un *vote général* n'aura pas sanctionné un gouvernement quelconque, n'aura pas appuyé l'édifice sur de solides fondations, les diverses factions agiteront constamment la société, tandis que *des institutions ratifiées par le vœu populaire* amèneraient l'abdication des partis, et annuleraient les résistances individuelles. »

Lumineuse émanation des immortels principes de 89, ce droit national inspira la double tentative de Strasbourg et de Boulogne. Louis-Napoléon se présentait, le testament de l'empereur d'une main, son épée d'Austerlitz de l'autre.

Il aima mieux échouer, la première fois, que de mettre aux prises trois régiments, qui lui étaient dévoués, avec le 46ᵉ de ligne, auquel un déloyal adversaire le signalait comme imposteur. Une défaite si noblement acceptée le grandit dans l'opinion. Le jury d'Alsace déclara ses compagnons non coupables.

Le gouvernement effrayé se hâta de chercher dans le fils du maréchal Lannes un trop docile instrument de calomnies politiques contre Louis-Napoléon. Bientôt, la calomnie ne suffisant point, M. Molé, ministre des affaires étrangères, fit sommer la Suisse d'expulser l'exilé, sous peine d'invasion. La Suisse prenait les armes, pour défendre le droit des gens, mais le prince français ne voulut point que le sang coulât pour sa cause. Il en appelait au vœu du peuple librement consulté, et, sentant que ce peuple lui tiendrait compte un jour de son abnégation, il se retira en Angleterre pour attendre les événements. C'est de là que jaillirent, en 1839, les *Idées napoléoniennes*, pages qui émurent l'Europe. Le prince y développait, sur l'immense domaine du progrès social, toutes les richesses de ses puissantes méditations. La monarchie orléaniste pâlissait, dans sa corruption, devant ces éclairs de l'avenir. L'année suivante, la question d'Orient qui venait d'aboutir à un traité d'alliance entre l'Angleterre et les grandes puissances du Nord, traité dont la France était injurieusement exclue, soulevait d'immenses récriminations. Cet abaissement diplomatique avait lieu au moment où une division française allait recueillir à Sainte-Hélène les cendres de l'empereur. Ce double événement fut le texte de sanglantes satires. L'opinion fermentait. L'esprit de Napoléon semblait devancer en France les pompes dédiées à ses restes par un gouvernement qui ne vivait plus que d'illusions.

Le prince Louis crut le moment favorable. Des sommités du monde politique lui arrivaient sans cesse des sollicitations empressées. On lui disait que la gloire et la liberté devaient seules être debout à côté du cercueil de Napoléon. L'ombre impériale marcherait devant lui, le peuple ferait le reste. Louis revint se présenter à ce peuple; il lui rapportait vivant le nom glorieux dont l'apothéose se préparait : mais, cette fois encore, l'erreur de quelques soldats ignorants et surpris fit reculer sa destinée. Peut-être fallait-il que, malgré les lois de la proscription, le souffle napoléonien restât dans l'air de la patrie, comme une effluve magnétique, pour pénétrer peu à peu la nation tout entière. Le prince, jeté dans la bastille de Ham, y planta son drapeau. « Devant vous, Français, » avait-il dit à ses juges, « je représente un principe, une défaite. Le principe, c'est la souveraineté du peuple; la défaite, c'est Waterloo. » Cette parole retentit jusqu'au fond des chaumières, et, des ténèbres de la captivité, s'éleva bientôt cet avertissement prophétique : « Marchez à la tête des idées de votre siècle, ces idées vous soutiennent. Marchez à leur suite, elles vous entraînent. Marchez contre elles, elles vous renversent. » La monarchie était condamée.

Six années dans les fers, c'étaient six années de popularité pour la cause un moment vaincue. Tandis que les cendres de l'empereur reposaient à Paris, sous les drapeaux de cent victoires, la tour de Ham continuait Sainte-Hélène, avec un raffinement de persécutions qui arrachait au général Montholon ce cruel aveu : « Ce qui m'afflige le plus pour mon pays, est de penser que l'empereur n'a pas été si maltraité par les Anglais, dans une prison anglaise, que ne l'est son neveu par des Français, dans une prison française. » Les rares bulletins de ces tortures, que des mains fidèles parvenaient à jeter dans les fossés de la nouvelle Bastille, indignaient la générosité publique. Le cœur de la France conspirait contre le geôlier couronné.

La Providence rouvrit enfin au proscrit les chemins de la liberté. Son évasion presque miraculeuse couvrit de ridicule la haine de ses ennemis. Cette aventure était le prologue de la révolution prochaine. Mais il fallait que le règne de Louis-Philippe s'achevât dans l'odieux avant de finir par le mépris. Le père de Louis-Napoléon allait mourir. Le cabinet des Tuileries, par ses basses intrigues, fit refuser au fils des passeports étrangers, pour passer de Londres à Florence, et fermer les yeux d'un vieillard. Cette vengeance n'était qu'une lâcheté.

III.

La mesure des iniquités devenait comble. Elle déborda le 24 février 1848. Le peuple fut vainqueur comme en 1789, comme en 1830. Mais les hommes qui se hâtèrent d'exploiter cette révolution n'étaient que des hypocrites de liberté. Au lieu d'appeler la nation à choisir son nouveau gouvernement, ils confisquèrent le premier et le plus légitime de ses droits. En s'imposant au pays, les auteurs de la nouvelle république évoquèrent le fantôme d'une époque dont les excès affligent encore nos souvenirs. Louis-Napoléon était accouru pour réclamer son titre de citoyen. Le gouvernement provisoire eut peur de ce nom comme d'une menace, et prétendit que le triomphe du droit national n'avait point déchiré les tables de proscription bourboniennes. Le neveu de l'empereur pouvait en appeler au peuple, et l'épreuve n'eût pas été douteuse; mais il craignit de rallumer le volcan des partis dont la lave fumait encore.

Sa grandeur d'âme accepta l'ostracisme imposé par l'intrigue des gouvernants provisoires. Le 16 mars, il écrivit de Londres au général Piat : « Je n'ai pas d'autre ambition que d'être utile à mon pays, et je crois en avoir donné une grande preuve en m'éloignant; car je préférerai toujours sacrifier, même le bonheur d'être en France, à l'idée de nuire en quoi que ce soit à l'établissement d'un gouvernement qui doit tirer sa force de la libre élection de toute la nation. »

Les Spartiates de l'époque n'avaient souci que de garder le pouvoir. Autour d'eux, les partisans du droit divin n'osaient encore élever la voix; les orléanistes consternés cachaient leur bannière vaincue; les républicains fanatiques s'épuisaient, dans les clubs, en clameurs impuissantes. Un seul homme faisait ombrage au pouvoir vacillant des barricades, c'était Louis-Napoléon, symbole de l'ordre dans la liberté. Le vrai peuple protesta contre l'autocratie des ambitieux qui régentaient sa conscience et faisaient taire ses légitimes sympathies. A Paris et dans trois départements, le suffrage universel cassa les arrêts de l'Hôtel-de-Ville. Le conclave de février comprit que si l'héritier de l'empereur entrait à la Constituante, la révolution abdiquait dans ses mains. C'est ce qu'il fallait empêcher à tout prix. Les moyens furent odieux. On soudoya des hommes sinistres pour compromettre son nom dans les grossières provocations de groupes tumultueux qui parcouraient le boulevart tous les soirs, entre les portes Saint-Martin et Saint Denis, en criant : « Vive Napoléon! Nous l'aurons, ou *du plomb!...* » Quand les premiers actes de cette ignoble comédie eurent suffisamment agité les esprits, la mise en scène du dénoûment vint s'étaler sur la tribune de l'Assemblée nationale. Le 12 juin, des cris de vive Napoléon éclatent tout à coup autour du palais législatif. On entend battre le rappel. Des messagers effarés colportent des bruits alarmants. Les représentants se livrent à une panique, et M. de Lamartine, membre du pouvoir exécutif, triste éditeur responsable des projets de ses collègues, vient réclamer la parole au nom du *salut public*, ce prétexte invoqué par tous les sycophantes politiques pour masquer leurs complots et absoudre leurs usurpations.

« Citoyens (s'écrie-t-il, avec une émotion de théâtre), un coup de feu a été tiré sur un garde national, un autre sur M. Clément Thomas, général en chef de la garde nationale, un autre sur un officier de l'armée !... Ces coups de fusil ont été tirés aux cris de *vive Napoléon !*... Ces malheurs, il n'a pas dépendu du gouvernement provisoire de les prévenir. Ce matin, nous avons tous (les membres de la commission exécutive) signé d'une main unanime le présent décret que les circonstances m'obligent à vous communiquer à l'instant même :

« Vu l'art. 4 de la loi du 12 janvier 1816, et les art. 12 et 6 de la loi du 16 avril 1832 ;

« Considérant que Charles-Louis-Napoléon Bonaparte est compris dans la loi du 16 avril 1832 qui exile du territoire français les membres de la famille Bonaparte ;

« Considérant que, s'il a été dérogé de fait à cette loi, par un vote de l'Assemblée nationale qui a admis trois membres de la famille Napoléon à faire partie de l'Assemblée, cette dérogation toute individuelle ne s'étend ni *de droit* ni *de fait* aux autres membres de la famille ;

« Considérant que la France veut fonder en paix et avec ordre le gouvernement républicain, sans être traversée dans cette œuvre par des prétentions dynastiques de nature à susciter des factions et à fomenter, même involontairement, la guerre civile ;

« Considérant que Charles-Louis-Napoléon a fait deux fois acte de prétendant, en rêvant une république avec un empereur, c'est-à-dire une république dérisoire, dans les termes du sénatus-consulte de l'an 13 ;

« Considérant que des agitations attentatoires à la république populaire que nous voulons fonder, compromettantes pour la sûreté des institutions et pour la paix publique, se sont déjà révélées au nom de Charles-Louis-Napoléon Bonaparte ;

« Considérant que ces agitations, symptômes de menées coupables, pourraient acquérir de la gravité si, par négligence, imprudence ou faiblesse, le gouvernement abandonnait ses droits ;

Considérant que le gouvernement ne peut accepter la responsabilité des dangers que courrait la tranquillité publique et la forme républicaine de nos institutions s'il manquait au premier de ses devoirs et n'exécutait pas une loi existante, justifiée plus que jamais par la raison d'Etat et par *le salut public ;*

« La commission du pouvoir exécutif déclare qu'elle fera exécuter, en ce qui concerne Charles-Louis-Napoléon Bonaparte, les lois de 1816 et de 1832, jusqu'au jour où l'Assemblée nationale aura prononcé leur abrogation. »

Ainsi les dictateurs Lamartine, Ledru Rollin, François Arago, Garnier Pagès, et Marie, violant, au nom des lois de Louis XVIII, de Charles X et de Louis-Philippe, la souveraineté nationale reconquise par la révolution de 1848, cassaient l'élection faite par le suffrage universel dans quatre départements. Ils déclaraient un citoyen français coupable d'avoir attaqué cette monarchie qu'ils venaient de renverser. Membres d'un gouvernement sans mandat, ils ne reconnaissaient à la nation le droit d'élire que sous les réserves de leur *bon plaisir*, et à la calomnie contre un absent ils ajoutaient l'impudeur du mensonge ; car le 13 juin, M. Clément Thomas fut contraint d'opposer un démenti public aux coups de fusil inventés par M. de Lamartine, et M. Buchez livra le secret du complot dictatorial dans cette naïve exclamation : « Si vous admettez Louis-Napoléon dans cette enceinte, il entrera ici accompagné de l'acclamation populaire qui le grandira tous les jours. » M. Buchez prophétisait.

Les journaux portèrent à Londres cette scandaleuse histoire. Louis-Napoléon répondit aux proscripteurs républicains par une sommation de formuler leurs griefs. Il demandait à la justice du peuple pourquoi on le frappait en son nom ? Etait-ce pour avoir toujours publiquement déclaré que, dans ses opinions, la France n'était l'apanage ni d'*un homme*, ni d'*une famille*, ni d'*un parti* ?.... Etait-ce parce que, désirant faire triompher, sans anarchie ni licence, le principe de la souveraineté nationale, qui seul pouvait mettre un terme à nos dissensions, il avait été deux fois victime de son hostilité contre le gouvernement que la France venait de chasser? Etait-ce pour avoir consenti, par déférence pour le gouvernement provisoire, à retourner à l'étranger, après être accouru à Paris au premier bruit de la révolution?.... Etait-ce pour avoir refusé, par désintéressement, les candidatures à l'Assemblée qui lui étaient proposées, résolu de ne retourner en France que lorsque la Constitution serait établie et *la République affermie?*.... En présence d'un roi élu par deux cents députés, ne pouvait-il se souvenir qu'il était l'héritier d'un empire fondé par quatre millions de Français? Et devait-il reconnaître d'autres juges que le peuple entier?

Le ministre de l'intérieur avait expédié à tous les fonctionnaires la dépêche suivante : « Par ordre de la commission du pouvoir exécutif, faites arrêter Charles-Louis-Napoléon Bonaparte, s'il est signalé dans votre localité. Transmettez partout les ordres nécessaires. » Le prince ne releva un tel outrage que par cette démission pleine de dignité, adressée de Londres à M. Sénard, président de l'Assemblée nationale :

« J'apprends que mon élection sert de prétexte à des troubles déplorables et à des erreurs funestes. *Je n'ai pas cherché l'honneur d'être représentant du peuple*, parce que je savais les soupçons injurieux dont j'étais l'objet. Je rechercherais encore moins le pouvoir. *Si le peuple m'imposait des devoirs, je saurais les remplir*. Mais je désavoue tous ceux qui me prêtent des intentions ambitieuses que je n'ai pas. Mon nom est un symbole d'ordre, de nationalité, de gloire, et ce serait avec la plus vive douleur que je le verrais servir à augmenter les déchirements de ma patrie. Pour éviter un tel malheur, je resterais plutôt en exil. Je suis prêt à tous les sacrifices pour le bonheur de la France.

« J'étais fier d'avoir été élu représentant à Paris et dans trois autres départements. C'était, à mes yeux, une ample réparation pour trente ans d'exil et six ans de captivité. Mais les soupçons injurieux qu'a fait naître mon élection, mais les troubles dont elle a été le prétexte, mais l'hostilité du pouvoir exécutif, m'imposent le devoir de refuser un honneur qu'on croit avoir été obtenu par l'intrigue. Je désire l'ordre, et, puisque involontairement je favorise le désordre, je dépose, non sans de vifs regrets, ma démission entre vos mains. »

Une si noble abnégation, vainement calomniée dans les régions politiques, produisit dans toute la France un long murmure de sympathie. Les gouvernants de la république naissante semblaient prendre à tâche de la faire détester. L'impopularité de leurs actes, fruit de l'ignorance des uns et des perfides projets que nourrissaient les autres, provoqua, le 23 juin, une sanglante bataille, dont les plans secrets n'appartiennent pas encore à l'histoire. Ceux qui avaient mission et pouvoir de prévenir ou d'étouffer cette catastrophe rendront à la postérité un compte sévère de leur imprudence ou de leurs coupables calculs. Du sang versé en juin s'éleva la dictature du général Cavaignac, impérieuse nécessité qui fit pressentir à la France en émoi que l'avenir de cette révolution, aux promesses de laquelle manquait déjà sa confiance, ne pourrait de longtemps s'appuyer que sur le principe d'une rigueur voisine du despotisme. Un état de siège prolongé fatigua les meilleurs esprits. Le vœu général aspirait à voir bientôt finir cette épreuve redoutée. De toute part, on cherchait un nom qui pût offrir les garanties d'un pouvoir stable, et les partis se livraient, à la tribune et dans la presse, aux plus violentes récriminations.

IV.

Le 17 septembre, l'urne populaire s'ouvrit enfin, pour de nouvelles élections. Louis-Napoléon, qui se croyait oublié, fut acclamé pour la seconde fois. Cinq départements le choisirent; Paris lui donna une imposante majorité. L'Assemblée constituante n'osa résister à cette expression solennelle de la volonté publique; Dieu parlait par les voix de la nation. Le prince, en venant s'asseoir dans son sein, lui imposa un respect mêlé de surprise. Une seule hostilité se fit jour. Le 10 octobre, le principe de la présidence était voté pour couronnement à la Constitution. M. Antony Thouret proposa un article ainsi conçu : « Aucun membre des familles qui ont régné sur la France ne pourra être élu président ou vice-président de la République. » La personnalité était flagrante. Tous les regards se portèrent sur l'homme qu'elle atteignait. Louis-Napoléon ne s'émut point, mais il se crut obligé de répondre : « Messieurs, dit-il, je ne viens pas combattre. Je ne viens pas non plus réclamer pour ma conscience contre les calomnies qu'on se plaît à répandre contre ce nom de *prétendant* qu'on s'obstine à me donner. Mais c'est au nom des trois cent mille électeurs qui m'ont donné itérativement leurs suffrages, que je viens désavouer ce nom qu'on me jette toujours à la face. » La proposition Thouret fut repoussée. Il n'appartenait plus à personne d'enrayer les événements.

Des comités populaires surgirent bientôt de toute part, pour organiser et soutenir la candidature du prince à la présidence. Cette manifestation des libertés publiques d'un grand peuple alluma la fureur des partis. L'Assemblée nationale elle-même oublia un jour sa dignité jusqu'au scandale. Plusieurs membres descendirent à des trivialités sans exemple, que protégea de tout son pouvoir le président Marrast. Le prince en fit justice le lendemain, 25 octobre, avec ce calme impassible qui exerce sur les âmes les plus passionnées un magnétisme tout-puissant.

« Messieurs (dit-il au milieu d'un silence profond), il me répugne de vous entretenir encore de questions personnelles, alors que nous n'avons pas un moment à perdre pour nous occuper des graves intérêts de la patrie. Je ne parle pas ici de mes sentiments et de mes opinions. Je les ai déjà manifestés, et personne n'a pu encore douter de ma parole.

« Quant à ma conduite parlementaire, de même que je ne me permettrai jamais de demander compte à aucun de mes collègues de celle qu'il aura choisie, de même je ne reconnais à personne le droit de m'interpeller sur la mienne. Ce compte, je ne le dois qu'à mes commettants.

« De quoi m'accuse-t-on ? D'accepter du sentiment populaire une candidature que je n'ai pas recherchée. Eh bien, oui! je l'accepte, cette candidature qui m'honore. Je l'accepte, parce que des élections successives m'autorisent à croire que la France regarde mon nom comme pouvant servir à la consolidation de la société. Ceux qui m'accusent d'ambition connaissent peu mon cœur. Si un devoir impérieux ne me retenait pas ici, si les sympathies de mes concitoyens ne me consolaient pas de l'animosité de quelques attaques et de l'impétuosité même de quelques défenses, il y a longtemps que j'aurais regretté l'exil.

« On veut, je le sais, semer mon chemin d'écueils et d'embûches. Je n'y tomberai pas. Je suivrai la voie que je me suis tracée, sans m'inquiéter, sans m'irriter. Je saurai montrer toujours le calme d'un homme résolu à faire son devoir. Je ne veux que mériter l'estime de tous les hommes de bien, et la confiance de ce peuple magnifique qu'on a si légèrement traité hier.

« Je déclare donc à ceux qui voudraient organiser contre moi un système de provocations, que, dorénavant, je ne répondrai à aucune interpellation. Je ne répondrai pas à ceux qui voudraient me faire parler lorsque je veux me taire. Je resterai inébranlable contre toutes les attaques, impassible devant toutes les calomnies. »

Cette réplique, pleine d'autorité, brisa l'audace des meneurs ; mais en affirmant au grand jour la candidature du prince, elle rallia contre lui tous les partis parlementaires. Le général Cavaignac se rapprocha des orléanistes, et se fit recommander aux électeurs par les circulaires de ses ministres. Quant à Louis-Napoléon, il borna son rôle à la simple publication du manifeste que voici :

« A mes concitoyens.

« Pour me rappeler de l'exil, vous m'avez nommé représentant du peuple. A la veille d'élire le premier magistrat de la République, mon nom se présente à vous comme un symbole d'ordre et de sécurité. Ces témoignages d'une confiance si honorable s'adressent, je le sais, bien plus à ce nom qu'à moi-même qui n'ai rien fait encore pour mon pays. Mais, plus la mémoire de l'empereur me protége et inspire vos suffrages, plus je me sens obligé de vous faire connaître mes sentiments et mes principes. Il ne faut pas qu'il y ait d'équivoque entre vous et moi.

« Je ne suis pas un ambitieux qui rêve tantôt l'empire et la guerre, tantôt l'application de théories subversives. Elevé dans des pays libres, à l'école du malheur, je resterai toujours fidèle aux devoirs que m'imposeront vos suffrages.

« Si j'étais président, je me dévouerais tout entier à l'affermissement d'une république sage par ses lois, honnête par ses intentions, grande et forte par ses actes. Je mettrais mon honneur à laisser, au bout de quatre ans, à mon successeur, le pouvoir affermi, la liberté intacte, un progrès réel accompli.

« Quel que soit le résultat de l'élection, je m'inclinerai devant la volonté du peuple, et mon concours est acquis d'avance à tout gouvernement juste et ferme qui rétablisse l'ordre dans les esprits comme dans les choses ; qui protége efficacement la religion, la famille, la propriété, bases éternelles de tout état social ; qui provoque les réformes possibles, calme les haines, réconcilie les partis, et permette ainsi à la patrie inquiète de compter sur un lendemain.

« Rétablir l'ordre, c'est ramener la confiance, pourvoir par le crédit à l'insuffisance passagère des ressources, restaurer les finances, ranimer le commerce.

« Protéger la religion et la famille, c'est assurer la liberté des cultes et la liberté e l'enseignement.

Protéger la propriété, c'est maintenir l'inviolabilité des produits de tous les travaux ; c'est garantir l'indépendance et la sécurité de la possession, fondements indispensables de la liberté civile.

« Quant aux réformes possibles, voici celles qui me paraissent les plus urgentes.

« Admettre toutes les économies qui, sans désorganiser les services publics, permettent la diminution des impôts les plus onéreux au peuple. Encourager les entreprises qui, en développant les richesses de l'agriculture, peuvent, en France et en Algérie, donner du travail aux bras inoccupés. Pourvoir à la vieillesse des travailleurs par des institutions de prévoyance. Introduire dans nos lois industrielles les modifications qui tendent non à ruiner le riche au profit du pauvre, mais à fonder le bien-être de chacun sur la prospérité de tous.

« Restreindre, dans de justes limites, le nombre des emplois qui dépendent du pouvoir, et qui, souvent, font d'un peuple libre un peuple de solliciteurs. Eviter cette tendance funeste qui entraîne l'Etat à exécuter lui-même ce que les particuliers peuvent faire aussi bien et mieux que lui. La centralisation des intérêts est dans la nature du despotisme. La nature de la république repousse le monopole.

« Enfin, préserver la liberté de la presse des deux excès qui la compromettent toujours : l'arbitraire, et sa propre licence.

« Avec la guerre, point de soulagement à nos maux. La paix serait donc le plus cher de mes vœux. La France, lors de sa première révolution, a été guerrière parce qu'on l'a forcée de l'être. A l'invasion, elle répondit par la conquête. Aujourd'hui qu'elle n'est pas provoquée, elle peut consacrer ses ressources aux améliorations pacifiques, sans renoncer à une politique loyale et résolue. Une grande nation doit se taire ou ne jamais parler en vain.

« Songer à la dignité nationale, c'est songer à l'armée dont le patriotisme si noble et si désintéressé a été souvent méconnu. Il faut, tout en maintenant les lois fondamentales qui font la force de notre organisation militaire, alléger et non aggraver le fardeau de la conscription. Il faut veiller au présent et à l'avenir non seulement des officiers, mais aussi des sous-officiers et des soldats, et préparer aux hommes qui ont servi longtemps sous les drapeaux une existence assurée.

« La République doit être généreuse et avoir foi dans son avenir. Aussi, moi qui ai connu l'exil et la captivité, j'appelle de tous mes vœux le jour où la patrie pourra, sans danger, faire cesser toutes les proscriptions et effacer les dernières traces de nos guerres civiles.

« La tâche est difficile, la mission immense, je le sais ; mais je ne désespérerais pas de l'accomplir en conviant à l'œuvre, sans distinction de parti, les hommes que recommandent à l'opinion publique leur haute intelligence et leur probité. D'ailleurs, quand on a l'honneur d'être à la tête du peuple français, il y a un moyen infaillible de faire le bien, c'est de le vouloir. »

Ce programme résumait un gouvernement national. Louis-Napoléon devait avoir derrière lui les masses, la population des campagnes, c'est-à-dire l'élément d'ordre et de fécondité ; la population ouvrière, c'est-à-dire le travail et la force ; les soldats, c'est-à-dire la nation vigilante et armée. Il devait monter au pouvoir, salué par l'enthousiasme qu'inspirent de grands souvenirs ; il attirait à lui cette puissance irrésistible qu'on appelle *popularité*, puissance qui, depuis trente ans, avait manqué à tous les gouvernements. Les fautes et les menaces accumulées depuis le 24 février, les désastres de la veille et les craintes légitimes du lendemain faisaient la fortune de sa candidature.

La France couvrit cette politique de 5,562,834 suffrages.

Cependant, il faut le dire, malgré le respect qui devait entourer les opérations électorales, le pouvoir exécutif avait dirigé contre la candidature de Louis-Napoléon les plus misérables manœuvres. L'administration des postes suspendit même le départ des dépêches, pour donner le temps aux meneurs d'expédier à profusion des caricatures et des pamphlets que soldait la caisse des fonds secrets. Mais, en dépit de ces déloyales intrigues, la masse des hommes d'ordre se rangea du côté des intérêts publics. L'illustre maréchal Bugeaud annonça ouvertement qu'il votait pour Louis-Napoléon. Un grand nombre de généraux et d'officiers supérieurs, réunis rue de Rivoli, chez le général baron Sourd, publièrent, au nom de l'armée, un manifeste écrasant contre les hommes de Février. On y remarquait ces passages :

« Vu le régime exceptionnel, en dehors du droit en général et de toute règle administrative, comme aussi de l'art militaire ; régime dans lequel les citoyens Cavaignac, Lamoricière et Charras notamment ont été élevés en Afrique et y ont obtenu un avancement *plus que rapide;*

« Vu le mépris qu'ils ont fait, dès qu'ils ont été appelés au pouvoir, de toutes les lois et règlements militaires sur lesquels reposent la constitution, la confiance, la discipline et l'avenir de l'armée ;

« Vu leur ingratitude envers tant d'illustres chefs dont la France s'honore ;

« Vu la forme acerbe, dure, dédaigneuse, etc. employée par eux lorsqu'il leur a plu de correspondre ou d'avoir quelques rapports avec des camarades ou des citoyens ;

« Vu leur *conduite militaire* au 24 février, au 15 mai, au 25 juin, *leur incapacité ou leur mauvais vouloir,* attestés par tant de sang *inutilement* répandu ;

« Vu l'abus qu'ils ont fait de leur pouvoir et de tous les moyens administratifs dont ils disposent pour *propager et soutenir la candidature de l'un d'eux, dans l'espoir de conserver les hautes fonctions qu'ils occupent;*

« Ensemble *l'alliance de leur triumvirat avec une coterie ignorante, envieuse, égoïste, calomniatrice et dépourvue de tout patriotisme;*

« D'autre part,

« Vu les glorieux souvenirs de l'empire et le sacrifice que l'empereur fit deux fois de sa couronne, de sa famille, de sa fortune et de sa personne à la France qu'il a tant aimée;

« Vu les malheurs, la *probité*, l'exil, le *courage*, les vastes connaissances dans les codes, les lois, les sciences et l'art militaire, l'administration, les mœurs de la France, les intentions *pures* et *honnêtes*, le manifeste si éminemment *français*, les nobles engagements de Louis-Napoléon Bonaparte, neveu de l'empereur, envers le peuple et l'armée;

« Ensemble la situation de la France et de l'Europe;

« Nous sommes d'avis, devant Dieu et devant les hommes, que l'armée, officiers, sous-officiers et soldats, appelés à faire un acte de citoyen et non d'obéissance à un ordre militaire, doivent repousser la candidature d'Eugène Cavaignac à la présidence de la République, et voter pour Louis-Napoléon Bonaparte. »

Cette leçon militaire faisait rudement justice des ambitions qui espéraient se faire de l'armée un piédestal ou un levier. Le général Cavaignac tomba du pouvoir avec 1,469,166 partisans, chiffre dont il fallait défalquer cinq cent mille fonctionnaires ou employés, votant par discipline, sous l'œil du maître, pour la conservation des places qu'ils tenaient de sa munificence. Ledru-Rollin s'isolait derrière 377,236 voix, et Raspail, concurrent jeté sur sa route par des dissidences du parti révolutionnaire, restait sur le champ de bataille électoral avec 37,106 transfuges du camp socialiste. Ce résultat foudroyait le système des républicains de la veille et de l'avant-veille. En plaçant un prince à la tête de ses intérêts, le pays cassait aux gages les Washington des clubs. A la dictature des surprises allait enfin succéder la seule autorité légitime, celle qui émane de la volonté nationale librement exprimée, religieusement acceptée.

V.

Par une modestie pleine de dignité, Louis-Napoléon, qui, depuis son retour à Paris, habitait l'hôtel du Rhin, place

Vendôme, voulut se dérober aux ovations populaires dont le mouvement électoral lui apportait les premiers bruits. Retiré chez le comte Clary, son parent, rue d'Anjou-Saint-Honoré, il ne recevait plus que quelques amis, messagers officieux des nouvelles du dehors. Les dix jours qui s'écoulèrent entre son élection et son installation officielle, furent consacrés au choix d'un ministère. Fidèle à son programme de conciliation, il appela au cabinet des hommes d'un mérite connu, sans se laisser arrêter par leurs nuances d'opinion. Il espérait qu'à son exemple, chacun ferait, sur l'autel de la patrie, le sacrifice de sa personnalité. En montant au pouvoir, il avait dit à l'Assemblée nationale : « Soyons les hommes du pays et non les hommes d'un parti, et, Dieu aidant, nous ferons du moins le bien, si nous ne pouvons faire de grandes choses. » Nous verrons bientôt comment répondirent à ses magnanimes intentions les hommes qu'il conviait à l'unité de dévouement.

M. Odilon Barrot fut nommé garde des sceaux et président du conseil; le ministère de l'intérieur fut confié à M. Léon de Malleville; celui de la guerre au général Rulhières; celui de la marine à M. de Tracy; celui des finances à M. Hippolyte Passy; celui des travaux publics à M. Léon Faucher; celui de l'agriculture et du commerce à M. Bixio; celui de l'instruction publique à M. de Falloux; et celui des affaires étrangères à M. Drouyn de Lhuys. Le général Changarnier fut investi du commandement de la première division militaire, joint à celui des gardes nationales de la Seine.

Le palais de l'Élysée était assigné pour demeure au président de la République. Ce séjour, autrefois habité par Murat, par la reine Hortense, par l'empereur après Waterloo, et par la duchesse de Berry, avait été dévasté par le passage de la commission dite des *offrandes nationales*. Le prince fit exécuter les réparations les plus indispensables aux appartements du rez-de-chaussée. Le luxe n'occupait point sa pensée. Ce qu'il voulait du pouvoir, ce n'était point son prestige, mais sa force; ce n'étaient point ses jouissances, mais ses moyens d'opérer vite et sûrement les grandes réformes que réclamait la situation de tous les services publics. Il s'attendait à rencontrer, dès ses premiers pas, des symptômes d'opposition, et sa fermeté se tenait prête, pour les éclairer ou les contenir. Mais il ne croyait guère que les obstacles pussent s'élever au sein même de son conseil. Cependant, peu de jours après la formation du ministère, un essai de lutte fut engagé par M. de Malleville, qui prétendait ne contresigner les décrets du président qu'après leur discussion en conseil des ministres. D'un autre côté, la gravité croissante des affaires d'Italie réclamait une sérieuse attention. Louis-Napoléon découvrit que certaines intrigues empêchaient la vérité d'arriver jusqu'à lui. Il écrivit à M. de Malleville, en ces termes, le 27 décembre :

« J'ai demandé à M. le préfet de police s'il ne recevait pas quelquefois des rapports sur la diplomatie; il m'a répondu affirmativement, et il a ajouté qu'il vous avait remis hier les copies d'une dépêche sur l'Italie. Ces dépêches, vous le comprendrez, doivent m'être remises directement, et je dois vous exprimer tout mon mécontentement du retard que vous mettez à me les communiquer.

« Je n'entends pas que le ministre de l'intérieur veuille rédiger les articles qui me sont personnels. Cela ne se faisait pas sous Louis-Philippe, et cela ne doit pas être.

« Depuis quelques jours, je n'ai point reçu de dépêches télégraphiques. En résumé, je m'aperçois que les ministres que j'ai *nommés* veulent me traiter comme si la fameuse constitution de Sieyès était en vigueur; mais *je ne le souffrirai pas.* »

M. de Malleville comprit que si, sous la monarchie constitutionnelle, le roi règne et ne gouverne pas, sous un chef élu par la nation, les ministres ne règnent ni ne gouvernent. Il fut remplacé par M. Léon Faucher. M. Lacrosse reçut le portefeuille des travaux publics, et M. Buffet succéda à M. Bixio qui, s'étant coalisé avec M. de Malleville, le suivait dans sa retraite.

L'irritation fut grande au sein de l'Assemblée, dès qu'elle put reconnaître que Louis-Napoléon prenait au sérieux ses droits et ses devoirs, écrits dans la Constitution. Elle sentait que la chute du général Cavaignac était pour elle-même un arrêt de mort, et qu'il y avait au pouvoir une politique vivante, personnelle, et armée du concours de six millions d'hommes qui ne la laisseraient point entraver. Ne pouvant attaquer de front l'élu du peuple, elle eut recours à l'astuce, et résolut de l'enfermer dans un cercle d'embûches.

VI.

L'année 1849 s'annonça pleine d'orages. Dès les premiers jours de janvier, de nombreuses pétitions réclamaient la dissolution de l'Assemblée constituante et de nouvelles élections. « Vous avez, » lui disait-on de toute part, « proclamé et fait prévaloir la souveraineté nationale. Vous avez donné un chef à l'Etat. Mais la patrie demande encore une preuve éclatante de votre respect pour sa souveraineté ; c'est d'abandonner un pouvoir né de circonstances qui ont disparu pour toujours. Ce pouvoir fut le salut du pays ; aujourd'hui, il ne serait plus qu'une menace. Le pays craint de voir surgir un désaccord trop possible, trop probable même, entre les deux pouvoirs chargés de ses destinées. Dans ce cas, que deviendrait l'autorité? Dans ce conflit entre deux pouvoirs immenses, qu'adviendrait-il? Qui jugerait? qui céderait?... »

Le 12 janvier, le député Rateau résuma ces vœux en une proposition qui avait pour but de fixer la fin des travaux de l'Assemblée. Deux mois entiers d'agitations parlementaires précédèrent l'acceptation de cette retraite. Les républicains de la veille devinaient que les élections futures leur seraient défavorables. Les partis royalistes craignaient de se voir effacés par une assemblée nouvelle où viendrait dominer l'élément napoléonien. Ils formèrent une ligue générale contre le gouvernement que la France s'était donné malgré leurs efforts. Leurs journaux furent déchaînés, et, derrière cette guerre de tirailleurs, la faction démagogique prépara un assaut révolutionnaire. Les clubs, qui, depuis la loi du 28 juillet 1848, s'étaient transformés en comités électoraux pour soustraire leurs manœuvres à la surveillance de la police, avaient organisé, sous le titre de *Solidarité républicaine*, une immense société secrète dont les ramifications embrassaient tous les départements, et reliaient au foyer central de Paris les agents de guerre civile disséminés à la surface du pays. Les plans étaient prêts ; les chefs n'attendaient plus qu'un signal ou l'occasion d'agir.

Un décret de l'Assemblée, du 25 janvier, qui dissolvait treize bataillons de la garde nationale mobile, produisit parmi ces volontaires soldés une effervescence menaçante. Ils se livrèrent à des mouvements hostiles. Le bataillon caserné rue de Chartres se porta aux Tuileries, en l'absence du général Changarnier, et enleva son drapeau, déposé à l'état-major. M. Changarnier, informé de ce fait, accourt à cheval à la caserne, avec ses aides-de-camp, parlemente, menace, et obtient la soumission des mutins. Cet échec n'imposa point aux meneurs de la *Solidarité républicaine*. Le 28, ils se mirent en permanence, expédièrent leurs agents parmi les gardes mobiles, et les entraînèrent, entre 10 et

11 heures du soir, au journal la *Réforme*, où les attendaient M. Flocon, ancien membre du gouvernement provisoire, et M. Baune, représentant de la Montagne, l'un des chefs les plus ardents du complot. Celui-ci harangua les jeunes insurgés et leur fit prêter, avec acclamations, le serment de ne point se séparer qu'ils n'eussent sauvé la République des mains du président que le général Changarnier, disait-il, voulait faire empereur. De la *Réforme*, les mobiles se portèrent au *National* et au *Peuple*, où les mêmes excitations leur furent prodiguées. Dans ce moment, les 5e et 6e arrondissements, quartier général de toutes les émeutes parisiennes, s'emplissaient de rumeurs et de groupes redoutables. Une explosion semblait imminente pour le lendemain. La préfecture de police elle-même était tenue en échec par un bataillon de cette garde mobile devenue si remuante. Les représentants montagnards, réunis rue Neuve-des-Bons-Enfants, reçurent dans la nuit, de 11 heures à 2 heures, des députations de la presse rouge, du comité *des Droits de l'Homme*, et de nombreux officiers de la mobile qui venaient offrir leur concours pour un coup de main. M. Ledru-Rollin, chef de la montagne, hésitait ; M. Mathieu (de la Drôme) conseilla de ne rien risquer contre la légalité : cet avis prévalut.

Mais déjà le colonel de gendarmerie Rébillot, préfet de police, avait pris d'énergiques mesures. Quoique gardé à vue dans son hôtel par sa propre garnison, il était parvenu, à l'aide de M. Carlier, chef de la police municipale, à faire saisir, dans la nuit, les principaux membres de la *Solidarité républicaine*, MM. Baune, Greppo, Delescluze, d'Alton-Shée, ex-pair de France, etc. Au point du jour, les troupes campaient sur tous les points de Paris. Un seul homme, le colonel Forestier, à la tête de la 6e légion de la garde nationale, et entouré des officiers supérieurs des 5ᵉ et 7ᵉ, publiait encore, à grands cris, la prétendue *conspiration du pouvoir*, et faisait demander au général Changarnier 30,000 cartouches. Le général en chef, averti des troubles qui se fomentaient à la mairie du 6ᵉ arrondissement, lança un bataillon du 73ᵉ de ligne en observation sur ce point. M. Forestier déploya aussitôt un bataillon de sa légion pour faire face à la troupe; il écrivit à M. Armand Marrast, président de l'Assemblée, que, d'après les dispositions prises par le général Changarnier, il devenait *évident* que la République allait être confisquée par l'Empire; mais qu'il offrait pour asile aux représentants du peuple les bâtiments du Conservatoire des Arts-et-Métiers, où les 5ᵉ, 6ᵉ et 7ᵉ légions les entoureraient de baïonnettes. Il se mit ensuite à courir les postes, en attisant sur son passage les feux de la guerre civile. C'est alors que, pressé d'agir par des rapports qui ne lui permettaient plus de se dissimuler le péril, le préfet de police obtint du ministre de l'intérieur l'autorisation d'arrêter immédiatement le colonel Forestier. Cette mission fut confiée à M. Bertoglio, commissaire de police d'une rare énergie, qui, suivi d'un peloton de cavalerie, se présenta, en pleine mairie, devant M. Forestier, et lui signifia son mandat. Le colonel mit le pistolet à la main, en s'écriant : « Officiers, *au nom de la République*, arrêtez cet homme! » M. Bertoglio, opposant à cette colère le calme de la loi dont il était l'organe, fendit cette résistance, et amena son prisonnier à la Conciergerie. Cet acte de vigueur étouffa l'insurrection dans son germe.

Les membres du bureau de l'Assemblée nationale, et surtout le président Marrast, avaient une part secrète dans les opérations des conjurés, et se tenaient prêts à en profiter. En apprenant que de nombreux bataillons appuyés d'artillerie couvraient, dès le point du jour, les abords du Palais-Bourbon, ces messieurs déclarèrent que le pouvoir exécutif voulait s'emparer de l'Assemblée. Ils convinrent d'exploiter ce prétexte pour interpeller le général Changarnier, les ministres, citer même le président à la barre, et faire voter un décret d'accusation. M. Odilon Barrot, averti à temps, se rendit chez M. Marrast, et lui démontra que cette intrigue n'aboutirait qu'au ridicule ou à d'incalculables périls. L'ex-rédacteur en chef du *National* n'eut pas de peine à se résigner à la prudence. C'était le parti le plus sûr, à tout événement.

La journée s'acheva par le désarmement de deux forts qu'occupaient, près Saint-Denis, des détachements considérables de la garde mobile. Le général de Courtigis s'y présenta résolument, donna dix minutes pour obéir, déclarant que tout rebelle serait passé par les armes. La soumission fut entière. Les bataillons mobiles conservés furent éloignés de Paris; le licenciement des autres s'opéra sans obstacle. L'autorité restait maîtresse de la situation de Paris. Quelques troubles partiels apparurent à Dijon, à Strasbourg, à Marseille, à Lyon, à Mâcon, à Châlons-sur-Saône, à Limoges, à Troyes. Partout ces tentatives échouèrent devant une rapide, mais pacifique répression. Le parti montagnard prétendit que le gouvernement avait voulu provoquer le peuple à l'émeute pour s'emparer de la dictature, comme si un gouvernement qui a besoin d'une émeute ne la laissait point éclater. Les hommes d'ordre rappelèrent les événements de juin 1848; ce souvenir fermait la bouche aux politiques de février. Vaincus dans la rue, avant d'avoir eu le temps de tirer l'épée, ceux-ci cherchèrent une revanche sur le terrain des révolutions extérieures.

VII.

Nous avons rappelé, dans les prolégomènes de ce récit (1), les débuts de la révolution romaine. Le vrai, l'unique rôle de la France consistait à allier la réintégration du chef spirituel de la chrétienté avec l'avénement d'un gouvernement libéral. Placée entre deux puissances redoutables, Naples et l'Autriche, la république romaine ne pouvait être abandonnée à elle-même sans succomber sous un absolutisme qui détruirait en Italie l'influence française. Notre intervention avait donc pour but naturel le maintien de l'équilibre international.

L'Assemblée vota, le 10 avril, un crédit de 1,200,000 fr. pour l'entretien d'un corps expéditionnaire sur les côtes de l'Italie centrale. Le général Oudinot débarquait, le 26, à Civita-Vecchia, et marchait sur Rome, précédé d'une proclamation qui annonçait aux habitants que sa mission se bornait à faciliter l'établissement d'un régime également éloigné des abus détruits par Pie IX et de l'anarchie des derniers temps. L'Assemblée constituante romaine récusa l'intervention française, et commença les hostilités. Nos premiers pas furent des revers. Les révolutionnaires de Paris en profitèrent pour accuser le ministère. Les tribuns de la Montagne lui reprochaient, au nom de la Constitution, d'employer les armes de la France à l'oppression d'une république. Les autres factions parlementaires feignirent d'entrer dans ce système qui leur fournissait l'occasion de décocher une flèche à la tête du pouvoir exécutif. Ils s'unirent dans un vote provocateur. Mais le président, plus

---

(1) oVyez 1re *partie*, § XXXVIII, p. 98 et suivantes.

soucieux que ses adversaires du véritable honneur de nos armes, soutint sa politique par cette dépêche énergique, adressée au général Oudinot :

« La nouvelle télégraphique qui annonce la résistance inattendue que vous avez rencontrée sous les murs de Rome, m'a vivement peiné. J'espérais, vous le savez, que les habitants de Rome, ouvrant les yeux à l'évidence, recevraient avec empressement une armée qui venait remplir chez eux une mission bienveillante et désintéressée. Il en a été autrement. Nos soldats ont été reçus en ennemis. Notre honneur militaire est engagé. Je ne souffrirai pas qu'il reçoive aucune atteinte. Les renforts ne vous manqueront pas. »

Un plénipotentiaire, M. Ferdinand de Lesseps, fut envoyé à l'armée d'Italie, avec mission de tenter les dernières voies pacifiques. Pendant ces négociations, l'Assemblée nationale achevait son agonie. Elle expira, le 28 mai, dans les bras d'une Législative qui héritait de ses fautes, de ses passions, de ses complots. Les élections générales du 13 mai 1849 avaient introduit dans le nouveau parlement 182 représentants du parti qu'on appelait la *République rouge*. C'était une tête de colonne redoutable, toute prête à s'ouvrir une route à travers les divisions monarchiques, pour entraîner le pays dans l'abîme révolutionnaire. En présence de cette menace, le président, fidèle au rôle de conciliateur qu'il voulait suivre jusqu'à la dernière extrémité, résolut d'appeler au ministère quelques hommes de l'opposition modérée. Par décret du 2 juin, M. Dufaure remplaça M. Léon Faucher à l'intérieur ; MM. de Tocqueville et Lanjuinais succédèrent à MM. Drouyn de Lhuys et Buffet. Un message très-net ne dissimula aucune des difficultés qui allaient surgir. Il annonça l'intention de séparer les idées fausses des vraies, et de ne reculer devant la rigueur d'aucun devoir. Ce n'était point un défi, c'était l'avertissement d'une politique invariable.

Les négociations de M. Lesseps ayant échoué, l'armée

française avait reçu, le 1ᵉʳ juin, l'ordre d'entrer dans Rome. A cette nouvelle, la Montagne ne se posséda plus. Ledru-Rollin, son tribun, qui, dans les derniers jours de mai, disait ouvertement à ses séides : Avant un mois, je serai *dictateur* ou *fusillé*, monta le 11 juin à la tribune, pour déclarer que la Constitution était violée par l'expédition romaine, et, invoquant l'art. 110, il ajouta au milieu d'un tumulte effroyable : « Nous défendrons cette Constitution par tous les moyens possibles, même par les armes ! » Les journaux démagogiques publièrent, le lendemain, un manifeste signé de cent membres de la Montagne qui, déclarant le mandat de la majorité de l'Assemblée et du pouvoir exécutif déchiré par l'expédition romaine, appelait à l'insurrection la garde nationale, l'armée, le peuple. « Le président, les ministres, « disait cette proclamation, » et la partie de la représentation nationale qui s'est rendue leur complice, sont hors la loi. Que les ateliers se ferment ; que la garde nationale se lève ; que nos frères de l'armée se souviennent qu'ils sont citoyens ; que le peuple entier soit debout ! »

Voilà le gant jeté. Une grande crise se prépare. Mais, cette fois encore, le pouvoir veille au salut de la cité. La garnison de Paris est consignée ; le télégraphe appelle des troupes de Versailles, d'Evreux, de Fontainebleau, de Melun, d'Orléans. Ces mesures prises, on attend.

Le 13 juin, à midi, une longue colonne, conduite par M. Etienne Arago, et dans laquelle se trouvent de nombreux gardes nationaux, part du boulevart du Temple, en recrutant, sur sa route, de nouveaux conjurés, et se dirige vers l'Assemblée nationale. Mais, au-delà de la rue de la Paix, elle est coupée en deux par le général Changarnier à la tête des 2ᵉ et 3ᵉ dragons, d'un bataillon de gendarmerie mobile, et des 6ᵉ, 7ᵉ et 10ᵉ bataillons de chasseurs à pied.

Cette rapide manœuvre disperse les factieux dans toutes les directions. La plupart s'enfuient pour ne plus reparaître; quelques-uns crient aux armes et ne trouvent point d'écho.

Pendant ce temps, Ledru-Rollin, escorté des sergents Boichot et Rattier, et de Victor Considérant, ses collègues, passait en revue, dans le jardin du Palais-Royal cent cinquante artilleurs de la garde nationale, entraînés par Guinard, leur colonel. Il se rend, avec cette poignée d'hommes, rue Saint-Martin, au Conservatoire des Arts-et-Métiers, ne recueillant sur son passage que l'indifférence du peuple. Il excite à faire des barricades : quelques pavés se lèvent lentement. Il s'enferme aux Arts-et-Métiers avec ses compagnons, et proclame à huis clos une Convention. Mais avant que ce conclave ait pu communiquer avec le dehors, le 21ᵉ et le 62ᵉ de ligne accourent, balaient un essai de résistance, enveloppent les conventionnels éperdus, et laissent à peine à Ledru-Rollin et à quelques-uns de ses amis le temps de fuir par un vasistas.

Cette échauffourée couvrit la Montagne de ridicule. Quelques heures après, Louis-Napoléon s'était montré sur les boulevarts, depuis la Madeleine jusqu'au faubourg Saint-Antoine. Revenu par la ligne des quais, partout acclamé par le peuple, il dicta sur-le-champ l'adresse suivante :

« Français, quelques factieux osent encore lever l'étendard de la révolte contre un gouvernement légitime, produit du suffrage universel. Ils m'accusent d'avoir violé la Constitution, moi qui ai supporté depuis six mois leurs injures, leurs calomnies, leurs provocations.

« L'accusation dont je suis l'objet n'est qu'un prétexte, et la preuve, c'est que ceux qui m'attaquent me poursuivaient déjà avec la même haine, avec la même injustice, alors que le peuple de Paris me nommait représentant, et le peuple de la France, président de la République.

« Ce système d'agitation entretient dans le pays le malaise et la méfiance, qui engendrent la misère. Il faut qu'il cesse. Il est temps que les bons se rassurent et que les méchants tremblent. La République n'a pas d'ennemis plus implacables que ces hommes qui, perpétuant le désordre, nous forcent à changer la France en un camp, nos idées d'amélioration et de progrès en préparatifs de lutte et de défense.

« Elu par la nation, la cause que je défends est la vôtre. C'est celle de vos familles, de vos propriétés, celle du pauvre comme du riche, celle de la civisation tout entière. Je ne reculerai devant rien pour la faire triompher. »

Le général Changarnier rendant compte au prince du succès de son expédition, lui avait dit, en présence de M. Odilon Barrot : « Voilà le moment opportun ; saisissez-le, finissez-en avec la République, et proclamez la dictature. » Mais Louis-Napoléon se sentait trop fort pour abuser des événements. Il ne voulait rien être que par la volonté nationale. Gardien de l'ordre, il refusa noblement de s'abaisser au rôle d'un homme de parti. Il resta l'homme de la France.

Paris fut mis en état de siége, afin d'assurer l'action de la justice contre les conspirateurs. La légion d'artillerie fut dissoute pour avoir prêté ses bras à une tentative qui pouvait ensanglanter le pays. Le gouvernement poursuivit sa route.

Le choléra désolait la capitale. Après avoir pourvu à la sûreté publique, Louis-Napoléon voulut porter des consolations aux victimes du fléau. Il parcourut les hospices et y laissa des preuves de sa sollicitude. Le peuple voyait que rien de ce qui le touche ne restait étranger au cœur de son chef. Il s'y attachait davantage.

VIII.

Le 3 juillet, arriva la nouvelle de la prise de Rome par l'armée française. Le pape était rétabli ; mais il hésitait encore à rentrer au Vatican, et trois cardinaux, délégués par lui, réorganisaient son pouvoir. Malheureusement ces trois prélats déployèrent des rigueurs regrettables, et publièrent une proclamation politique dans laquelle nos services paraissaient systématiquement oubliés. Louis-Napoléon ne pouvait fermer les yeux sur cette injustice, ni renoncer aux droits de la France. Il envoya sur les lieux le colonel Edgar Ney, son officier d'ordonnance, pour vérifier la situation des choses. Les rapports qui lui parvinrent exigeaient la manifestation d'une volonté persévérante. Louis-Napoléon n'hésita point. Le 18 août, il adressa au colonel Ney la dépêche que voici :

« La République française n'a pas envoyé une armée à Rome pour y étouffer la liberté italienne, mais, au contraire, pour la régler en la préservant de ses propres excès, et pour lui donner une base solide en remettant sur le trône pontifical un prince qui s'était placé hardiment à la tête de toutes les réformes utiles. J'apprends avec peine que les intentions bienveillantes du Saint-Père, comme notre propre action, restent stériles en présence des passions et d'influences hostiles. On voudrait donner comme base à la rentrée du pape la proscription et la tyrannie. Je ne permettrai pas qu'à l'ombre du drapeau tricolore on commette aucun acte qui puisse dénaturer le caractère de notre intervention.

« Je résume ainsi le rétablissement du pouvoir temporel du pape : Amnistie générale, sécularisation de l'administration, code Napoléon, et gouvernement libéral.

« J'ai été personnellement blessé, en lisant la proclamation des trois cardinaux, de voir qu'il n'était pas même fait mention du nom de la France, ni des souffrances de nos braves soldats. Toute insulte faite à notre drapeau me va droit au cœur, et je vous prie de bien faire savoir que si la France ne vend pas ses services, elle exige au moins qu'on lui sache gré de ses sacrifices et de son abnégation. Lorsque nos armées firent le tour de l'Europe, elles laissèrent partout, comme trace de leur passage, la destruction des abus de la féodalité, et des germes de liberté. Il ne sera pas dit qu'en 1849 une armée française ait pu agir dans un autre sens, ni amener d'autres résultats. »

Cette lettre, en autorisant le général en chef à maintenir l'exercice de nos droits, mit un terme aux excès de la réaction, et si les nobles intentions de Louis-Napoléon ne furent pas entièrement satisfaites, il est du moins permis d'espérer que Pie IX ne rétrogradera point dans la voie des progrès dont l'initiative lui est due.

Cette affaire terminée, l'opposition parlementaire, chassée du terrain de la grande politique, changea ses plans d'agression en lutte souterraine. Le prince entendit murmurer autour de lui des conciliabules au sein desquels s'ourdissait un chimérique projet de fusion entre les partis royalistes, dans le but d'arriver, en 1852, à une restauration monarchique. Les moyens à employer étaient la résistance systématique à toutes les améliorations qui seraient présentées à l'Assemblée législative par le pouvoir exécutif. On espérait ainsi fatiguer l'opinion en annulant le président, et, s'il faisait acte d'énergie, le saisir en flagrant délit d'hostilité contre la représentation nationale.

Louis-Napoléon sentait, de son côté, que ses ministres vacillaient entre les deux pouvoirs, et que leur concours à ses vues n'était point assuré. Il les changea, le 31 octobre, après avoir adressé à l'Assemblée un message dans lequel sa politique personnelle ne craignait point de paraître à découvert.

« Depuis bientôt un an (disait-il), j'ai donné assez de preuves d'abnégation pour qu'on ne se méprenne pas sur mes intentions véritables. Sans rancune contre aucune individualité, contre aucun parti, j'ai laissé arriver aux affaires les hommes d'opinions les plus diverses, mais sans obtenir les heureux résultats que j'attendais de ce rapprochement. Au lieu d'opérer une fusion de nuances, je n'ai obtenu qu'une neutralisation de forces. L'unité de vues et d'intentions a été entravée, l'esprit de conciliation pris pour de la faiblesse. A peine les dangers de la rue étaient-ils passés, qu'on a vu les partis relever leur drapeau, réveiller leurs rivalités, et alarmer le pays en semant l'inquiétude. Au milieu de cette confusion, la France, inquiète parce qu'elle ne voit pas de direction, cherche la main, la volonté, le drapeau de l'élu du 10 décembre. Or, cette volonté ne peut être sentie que s'il y a communauté entière d'idées, de vues, de convictions, entre le président et ses ministres, et si l'Assemblée elle-même s'associe à la pensée nationale dont l'élection du pouvoir exécutif a été l'expression.

« Tout un système a triomphé au 10 décembre, car le nom de Napoléon est à lui seul tout un programme. Il veut dire : à l'intérieur, *ordre, autorité, religion, bien-être du peuple;* à l'extérieur, *dignité nationale.* C'est cette politique, inaugurée par mon élection, que je veux faire triompher avec l'appui de l'Assemblée et celui du peuple. Je veux inspirer au pays, par ma loyauté, ma persévérance et ma fermeté, une confiance telle, que les affaires reprennent et qu'on ait foi dans l'avenir. Le plus ou moins de durée du pouvoir contribue, certes, puissamment à la stabilité des choses; mais c'est aussi par les idées et les principes que le gouvernement sait faire prévaloir que la société se rassure. Relevons donc l'autorité sans inquiéter la vraie liberté. Calmons les craintes en domptant hardiment les mauvaises passions et en donnant à tous les nobles instincts une direction utile. Affermissons le principe religieux, sans rien abandonner des conquêtes de la révolution, et nous sauverons le pays malgré les partis, les ambitions, et même les imperfections que nos institutions pourraient renfermer. »

Le nouveau cabinet destiné à soutenir cette vigoureuse politique se composait de MM. Ferdinand Barrot à l'intérieur; le général d'Hautpoul à la guerre; Desfossés à la marine; Achille Fould aux finances; Dumas au commerce; Bineau aux travaux publics; de Parieu à l'instruction publique; Rouher à la justice, et le général de La Hitte aux affaires étrangères.

Les rouages du système qui réclamait, au grand jour de la France, la responsabilité de tous ses actes, fonctionnèrent immédiatement sous l'impulsion de la pensée présidentielle. Le personnel administratif et judiciaire fut épuré; l'enseignement public se délivra des instituteurs signalés par l'émission de principes subversifs, et la presse, dont les licences avaient déjà fait tant de mal, fut soumise à une augmentation de cautionnement et au rétablissement de l'impôt du timbre : double frein, qui devait arrêter dans leur carrière les organes démagogiques, ou du moins rendre leur propagande plus coûteuse et dès lors moins facile.

Mais ces mesures ne satisfaisaient point l'Assemblée. Plus soucieuse de ses conspirations monarchiques que de ce qui touchait au maintien de l'ordre, elle spécula sur les craintes que le parti montagnard inspirait à Paris, pour détruire le suffrage universel.

Au mois de mars 1850, les représentants de Paris, Considérant, Boichot et Rattier, condamnés par la haute cour de justice pour complicité dans l'affaire du 13 juin 1849, avaient été remplacés par MM. Carnot, ancien ministre du gouvernement provisoire, Vidal, ancien secrétaire de Louis Blanc, de Flotte, ancien transporté de juin. Une quatrième élection avait enfin ouvert l'Assemblée à M. Eugène Sue, romancier socialiste. Cette dernière victoire du parti radical servit de prétexte aux parlementaires. Mais leur véritable motif, celui qu'on n'avouait point dans les régions royalistes de l'Assemblée, c'était l'espoir d'écarter du scrutin tous les électeurs populaires dont le vote pourrait, en 1852, prolonger, malgré l'art. 45 de la Constitution, le mandat confié à Louis-Napoléon.

Le président, consulté par ses ministres, répondit : « Je veux bien qu'on suspende *temporairement* l'exercice du suffrage universel. La loi, dans les temps de crise, peut, au nom du salut public, *suspendre* un droit; mais l'*abroger*, l'*anéantir*, elle ne le peut pas. Le vote universel devra être rétabli aussitôt que les circonstances le permettront. » M. Baroche, qui avait pris, au mois de mars, le ministère de l'intérieur, en remplacement de M. Ferdinand Barrot, devenu ambassadeur à Turin, rédigea un projet de loi qui proposait de n'inscrire sur les listes électorales que les citoyens domiciliés depuis trois ans dans la même commune. Le domicile était constaté par la preuve fiscale de la cote personnelle. Le fils domicilié chez le père, le salarié domicilié chez le patron, étaient électeurs sur simple certificat de leur position. Ce projet de loi fut adopté le 31 mai 1850, après de longs et ardents débats, sauf deux modifications : le domicile fut étendu de la commune au canton, et la prestation en nature acceptée comme preuve supplémentaire de ce domicile.

Trois millions de citoyens se trouvaient ainsi déchus de leurs droits politiques. Les partis royalistes avaient enfin décimé cette armée pacifique d'intelligences simples et droites, qui avait élu Louis-Napoléon le 10 décembre, et M. Thiers s'écriait dans sa joie insolente : « L'histoire nous apprend que c'est *la vile, la misérable* multitude qui a livré aux Césars la liberté romaine, aux Médicis la liberté de Florence! C'est elle qui a égorgé tour à tour Bailly, les Girondins et Robespierre! Il faut tout faire pour le pauvre, tout, excepté de lui laisser décider les grandes questions du pays. Oui, tout pour le pauvre, *mais rien avec le gouvernement du pauvre!..* » Cette ignominieuse calomnie, jetée à la face de tout le peuple ouvrier, ne tendait à rien moins que d'en faire l'ennemi du président, à qui les journaux révolutionnaires affectaient d'attribuer l'initiative de cette loi grosse de tempêtes. Mais le vrai peuple ne se laissa point prendre à cette grossière amorce; fort de son droit, il attendit.

Persuadée de son triomphe, l'Assemblée jeta le masque, et reprit contre Louis-Napoléon l'attitude d'une guerre à outrance, avec des armes indignes des représentants de la première puissance de l'Europe.

IX.

Charles X recevait de la nation une liste civile de trente millions. Louis-Philippe joignait, au même titre, quatorze millions à une immense fortune personnelle. Louis-Napoléon n'avait obtenu que cent mille francs par mois, vingt mille francs de plus que les ministres de la monarchie de juillet, pour faire face aux nécessités de représentation et aux charges de munificence et de charité qui incombaient à sa haute position. Le ministre des finances demanda, le 4 juin, que le traitement présidentiel fût élevé au chiffre de 250,000 fr. par mois. L'Assemblée, à la majorité de 354 voix contre 308, vota l'ouverture d'un crédit extraordinaire de 2,160,000 fr. sur l'exercice de 1850, *pour frais de la présidence*, et écarta la question de dotation régulière. Cette tactique, fardée du titre d'économie, outrageait la nation dans la personne de son chef. Mais qu'importait aux parlementaires la dignité nationale, l'équité, la convenance? Ils ne poursuivaient tous qu'un seul but, celui de déconsidérer le pouvoir dont ils s'obstinaient à nier l'irrécusable légitimité.

Le 20 juillet, fatigués de stériles agitations, ils songèrent à se donner des vacances. Une commission de permanence fut nommée, avec mission de *surveiller les circonstances*, et de convoquer immédiatement l'Assemblée *si quelque danger imprévu, si quelque symptôme grave*, leur paraissait de nature à menacer la République. Ces inquisiteurs d'État, dont presque tous les noms appartenaient aux partis légitimiste ou orléaniste, furent MM. Odilon Barrot, Jules de Lasteyrie, Monet, général de Saint-Priest, général Changarnier, d'Olivier, Berryer, Nettement, Molé, général Lauriston, général de la Moricière, Beugnot, de Mornay, de Montebello, de l'Espinasse, Creton, Rulhières, Vesin, Léo de Laborde, Casimir Périer, de Crouseilhes, Druet-Desvaux, Combarel de Leyval, Garnon et Chambolle.

Pendant qu'ils préparaient leurs batteries, Louis-Napoléon profita du calme pour visiter deux cités importantes, Lyon et Cherbourg. Il voulait sentir les battements du cœur de la France.

« Le but de mon voyage (dit-il à Lyon, le 15 août) est, par ma présence, d'encourager les bons, de rassurer les esprits égarés, de juger par moi-même des sentiments et des besoins du pays. Je suis, non pas le représentant d'un parti, mais le représentant de deux grandes manifestations nationales qui, en 1804 comme en 1848, ont voulu sauver par l'ordre les grands principes de la révolution française. Je serai tout entier au pays, quelque chose qu'il exige de moi, abnégation ou persévérance. L'élu de six millions de suffrages exécute les volontés du peuple, il ne les trahit pas. Si des prétentions coupables se ranimaient et menaçaient de compromettre le repos de la France, je saurais les réduire à l'impuissance en invoquant encore la souveraineté du peuple, car je ne reconnais à personne le droit de se dire son représentant plus que moi. »

A Cherbourg, convié le 6 septembre à un banquet triomphal, il s'exprimait ainsi :

« Plus je parcours la France, et plus je m'aperçois qu'on attend beaucoup du gouvernement. Mais, à mon tour, je dois vous le dire, ces vœux ne peuvent se réaliser que si vous me donnez le moyen de les remplir; et ce moyen, il est tout entier dans votre concours à fortifier le pouvoir et à écarter les dangers de l'avenir. Pourquoi l'empereur, malgré ses guerres, a-t-il couvert la France de ces travaux impérissables qu'on retrouve à chaque pas, et nulle part plus remarquables qu'ici? C'est qu'indépendamment de son génie, il vint à une époque où la nation, fatiguée des révolutions, lui donna le pouvoir nécessaire pour abattre l'anarchie, réprimer les factions, et faire triompher à l'extérieur par la gloire, à l'intérieur par une impulsion vigoureuse, les intérêts généraux du pays. Qu'est-ce, en effet, qu'un port créé, comme le vôtre, par de si gigantesques efforts, sinon l'éclatant témoignage de cette unité française, poursuivie à travers tant de siècles et de révolutions, unité qui fait de nous une grande nation? Mais une grande nation, ne l'oublions pas, ne se maintient à la hauteur de ses destinées que lorsque ses institutions elles-mêmes sont d'accord avec les exigences de la situation politique et de ses intérêts matériels. »

Tandis que Louis-Napoléon pénétrait ainsi, pas à pas, dans les sympathies les plus profondes de la nation, les chefs des factions royalistes allaient conspirer à l'étranger. MM. Thiers, de Broglie, Molé, à Claremont, près des princes de la branche d'Orléans; le général de Saint-Priest, Berryer, Larochejacquelein, à Wiesbaden, aux pieds du comte de Chambord. Ces derniers tuèrent bientôt leur parti, par l'imprudente publication d'un manifeste légitimiste, en date du 30 août, dans lequel on lisait les passages suivants :

« Tous ceux de nos amis de l'Assemblée législative qui ont pu quitter la France, se sont fait un devoir d'accourir des premiers à Wiesbaden. M. le comte de Chambord les a reçus chacun en particulier.....

« M. le comte de Chambord a *formellement condamné* le système de *l'appel au peuple*, comme impliquant la négation du grand principe national de l'hérédité monarchique. Il repousse d'avance toute proposition qui, reproduisant cette pensée, viendrait modifier les conditions de stabilité qui sont le caractère *essentiel* de notre principe, et doivent le faire regarder comme l'unique moyen d'arracher enfin la France aux convulsions révolutionnaires.

« En dehors de M. le comte de Chambord, il ne peut y avoir, aux yeux des légitimistes, que les mandataires qu'il a désignés, et qui sont MM. le duc de Lévis, *le général de Saint-Priest, Berryer, représentants du peuple*, le marquis de Pastoret, le duc d'Escars. »

C'était donc derrière le patronage officiel de ces fondés de pouvoirs que le comte de Chambord, condamnant l'appel au peuple, c'est-à-dire le principe de la souveraineté nationale, se condamnait lui-même à ne jamais rentrer en France que par l'invasion!...

X.

Au retour de son second voyage, Louis-Napoléon se mit en contact avec l'armée. Usant de son droit constitutionnel, il passait des revues fréquentes au Champ-de-Mars, à Saint-Maur, ou sur le plateau de Satory. Il n'en fallut pas davantage pour réveiller ses insulteurs dans la presse et dans la commission de permanence. Les mêmes hommes qui revenaient de Claremont et de Wiesbaden crièrent à la trahison. Les distributions de vin, que la loi militaire permet d'accorder aux soldats pendant la fatigue des grandes manœuvres, furent qualifiées de tentatives corruptrices. Les cris de *Vive Napoléon!* qui s'élevaient des régiments à l'heure de défiler devant le chef de l'Etat, excitèrent de ridicules colères dans les conciliabules du club parlementaire. Les védettes de la Restauration fusionniste prétendaient que le cri de *Vive le roi!* parfaitement libre sous Louis XVIII, Charles X et Louis-Philippe, modifié en celui de *Vive le président de la République!* devenait une clameur séditieuse. Le général en chef Changarnier, oubliant ses protestations de dévouement à Louis-Napoléon, et le bienfait qui le maintenait dans sa haute position, ne rougit point de se livrer, au sein de la commission de permanence, à des attaques indécentes contre le caractère du prince. A son instigation, M. Neumayer, l'un des généraux sous ses ordres, publia un ordre du jour qui interdisait aux soldats toute expression de leurs sympathies pour le chef de l'Etat. C'était un acte d'hostilité. Louis-Napoléon se contenta d'éloigner de sa personne l'officier qui poussait l'observation des règlements jusqu'à un rigorisme dont les annales françaises n'offraient point d'exemple. Trop généreux pour punir l'offense faite à sa personne, il donna à M. Neumayer le commandement des 14e et 15e divisions militaires. Là du moins, l'honorable général devait se trouver à l'abri des manifestations qui blessaient son oreille. La modération du prince encouragea les factions. Le général Changarnier, dont les chef de la coalition monarchique flattaient depuis longtemps l'aveugle ambition, saisit le prétexte de l'éloignement du général Neumayer pour se mettre en état de rupture ouverte avec le gouvernement. Dans les premiers jours de novembre, il prit position en confirmant, comme général en chef de l'armée de Paris, l'ordre du jour de son subordonné. C'était le prélude d'un coup d'Etat parlementaire. Le président paralysa encore une fois les meneurs par la dignité de son silence.

Une manœuvre plus misérable fut alors essayée contre

lui. C'est le prétendu complot de la *Société du Dix-Décembre*. Sous les auspices du maréchal Excelmans, grand-chancelier de la Légion-d'Honneur, et de plusieurs officiers généraux ou supérieurs, s'était créée une société de secours mutuels entre les vieux militaires de nos armées. Or, le 8 novembre, le *Journal des Débats* surprit Paris par l'étrange histoire que voici :

« La commission de permanence de l'Assemblée législative s'est réunie aujourd'hui. L'un de ses membres a déclaré, de la manière la plus formelle, qu'il était à sa connaissance que, dans la soirée du 29 octobre, vingt-six individus, parmi les plus exaltés de la *Société du Dix-Décembre*, ont tenu une séance extraordinaire où ils ont agité hautement le projet d'assassiner le président de l'Assemblée nationale, M. Dupin, et le commandant en chef de l'armée de Paris, M. le général Changarnier. Ce projet aurait été adopté à l'unanimité, et on aurait procédé au tirage au sort, pour décider ceux qui devaient exécuter ce double attentat. En conséquence, on aurait mis dans un chapeau vingt-quatre bulletins blancs, et deux portant, l'un la lettre C, et l'autre la lettre D. Chacun des vingt-six membres aurait été appelé à tirer successivement un bulletin. Celui qui aurait amené la lettre C aurait aussitôt déclaré en termes énergiques qu'il était prêt à obéir. Celui auquel serait échue la lettre D aurait gardé le silence. Le président de la réunion ayant annoncé que le jour de *l'exécution* serait ultérieurement fixé, les vingt-six membres se seraient séparés. Les délibérations subséquentes donneraient lieu de croire qu'on aurait été disposé à faire quelque tentative de ce genre, le jour de la réunion de l'Assemblée.

La commission de permanence qui, depuis un mois, avait demandé la dissolution de la *Société du Dix-Décembre*, qui a toujours porté à ses yeux le caractère d'une société politique, a chargé trois de ses membres de se rendre auprès du ministre de l'intérieur, pour lui exprimer *son profond étonnement* de ce que l'autorité n'ait pas cru devoir prévenir le président de l'Assemblée nationale et le général en chef de l'armée de Paris, des projets qu'on tramait contre eux. »

Dans son ensemble et ses détails, ce récit n'était qu'une ignoble imposture, l'œuvre d'un fonctionnaire de police attaché à l'Assemblée nationale, et d'un espion de bas étage, nommé Allais, déjà condamné, par le tribunal de Chartres, pour dénonciations calomnieuses.

M. Carlier, préfet de police, dont l'infatigable surveillance assurait depuis longtemps la sécurité de Paris, suspendit tout d'abord de ses fonctions l'agent officiel qui n'avait point rendu compte à ses supérieurs hiérarchiques d'une découverte aussi grave. Une enquête fut ouverte. Ses résultats constatèrent que la commission permanente de l'Assemblée nationale venait d'être la dupe d'une mystification. Allais, arrêté, et mis en jugement, finit par avouer qu'il avait été l'instrument de l'ambition de son chef immédiat. Malgré tout, le bureau de l'Assemblée eut l'impudeur de maintenir en fonctions le commissaire de police qui s'était rendu coupable d'une si odieuse forfaiture à ses devoirs. L'opinion publique s'indigna hautement de ce procédé dans lequel éclatait, avec une si triste évidence, l'esprit des plus détestables passions.

Une assemblée couvrant de sa protection un magistrat incapable de personnifier sa dignité, ne devait plus prétendre au respect du pays, mais elle pouvait encore soulever de terribles orages. Le prince-président ne se dissimulait point les périls auxquels courait la France; mais il savait que le calme est la garantie de la force. Décidé à se sacrifier lui-même, s'il le fallait, au salut commun, mais voulant verser à flots la lumière sur des soupçons qui se traduisaient en outrages intolérables, il publia, le 12 novembre, à la rentrée de l'Assemblée, un message qui résumait nettement la situation politique, et qui rappelait noblement le devoir imposé à tous les Français d'offrir à la patrie un dévouement sans arrière-pensée.

« L'incertitude de l'avenir (disait Louis-Napoléon) fait naître bien des appréhensions en réveillant bien des espérances. Cependant la France veut avant tout le repos. J'ai souvent déclaré, lorsque l'occasion s'est offerte d'exprimer publiquement ma pensée, que je considérais comme de grands coupables ceux qui, par ambition personnelle, compromettraient le peu de stabilité que nous garantit la Constitution. Les ennemis seuls de la tranquillité publique ont pu dénaturer les plus simples démarches qui naissent de ma position. Comme premier magistrat de la République, j'étais obligé de me mettre en relation avec le clergé, la magistrature, les agriculteurs, les industriels, l'administration, l'armée, et je me suis empressé de saisir toutes les occasions de leur témoigner ma sympathie et ma reconnaissance pour le concours qu'ils me prêtent. Si mon nom et mes efforts ont concouru à raffermir l'esprit de l'armée, de laquelle je dispose, *d'après les termes de la Constitution*, c'est un service, *j'ose le dire*, que je crois avoir rendu au pays, car toujours j'ai fait tourner au profit de l'ordre mon influence personnelle.

« La règle invariable de ma politique sera, dans toutes les circonstances, de faire mon devoir, rien que mon devoir. Il est aujourd'hui permis à tout le monde, excepté à moi, de vouloir hâter la révision de la Constitution. Ce vœu ne s'adresse qu'au pouvoir législatif. Quant à moi, élu du peuple, *ne relevant que de lui*, je me conformerai toujours à ses volontés légalement exprimées.

« Si, dans cette session, vous votez la révision de la Constitution, une Constituante viendra refaire nos lois fondamentales et régler le sort du pouvoir exécutif. Si vous ne la votez pas, le peuple, en 1852, manifestera solennellement sa volonté nouvelle. Mais, quelles que soient les solutions de l'avenir, entendons-nous, afin que ce ne soit jamais la *passion*, la *surprise* ou la *violence* qui décident du sort d'une grande nation.

« Le but d'une âme élevée n'est point de rechercher, quand on est au pouvoir, par quels expédients on s'y perpétuera, mais de veiller sans cesse aux moyens de consolider, à l'avantage de tous, les principes d'autorité et de morale qui défient les passions et l'instabilité des lois. Je vous ai loyalement ouvert mon cœur, vous répondrez à ma franchise par votre confiance, à mes bonnes intentions par votre concours, et Dieu fera le reste. »

Ce langage, qui peignait si bien l'admirable patriotisme de Louis-Napoléon, trouva de l'écho dans toutes les âmes que l'égoïsme n'avait point flétries. Mais le temps des rudes épreuves nous préparait encore de nouvelles crises

XI

Honteuse du rôle de crédulité bouffonne qu'elle venait de subir devant le pays, l'Assemblée cherchait l'occasion de reprendre du prestige par quelque coup d'éclat. Cette occasion s'offrit, le 28 décembre. Le représentant Mauguin venait d'être incarcéré pour dettes, en vertu d'un jugement régulier. Cette mesure était de plein droit, car la Constitution de 1848 gardait le silence sur les conditions d'inviolabilité des représentants en face d'une action civile que la permanence des assemblées eût rendue illusoire. La majorité, prenant fait et cause pour les débiteurs insolvables, ordonna révolutionnairement l'élargissement de M. Mauguin. Le questeur Baze, délégué pour cette expédition, menaça le directeur de la prison pour dettes de mettre, s'il le fallait, la garnison de Paris sous les armes, et brisa les verroux tirés par la justice.

En violant les lois judiciaires, l'Assemblée révélait au pays l'étendue de ses projets. Le 3 janvier 1851, elle lança M. Changarnier à la tribune. Ce général, qui, le 13 juin 1849, avait offert à Louis-Napoléon ses services pour un coup d'Etat; qui, le 29 janvier 1849, refusant à M. Armand Marrast deux bataillons de renfort pour la défense de l'Assemblée, avait adressé au général Forey ces lignes inscrites sur le registre d'ordre de sa brigade : « *Si cet affreux petit drôle vous renouvelle sa proposition, pirouettez sur les talons et tournez-lui le dos!...* » M. Changarnier, devenu l'allié, le Monk en herbe des monarchistes, déclara que le président de l'Assemblée nationale disposait du droit *illimité* de requérir toutes les troupes dont il aurait fantaisie d'entourer l'Assemblée. Dans la bouche d'un général en chef que la Constitution plaçait sous les ordres du pouvoir exécutif, cette bravade avait une portée redoutable et réclamait une répression décisive. Il n'était plus possible de laisser un commandement de la plus haute importance entre les mains d'un homme qui se déclarait accessible à des séductions que repousse le sentiment du devoir. Sa révocation ne se fit pas attendre. Ce n'était point une représaille ; c'était un acte conservateur de la tranquillité publique. L'opinion publique le sanctionna : les fonds haussèrent à la Bourse. Quatre ministres, le général La Hitte, le général Schramm, l'amiral Desfossés, et M. Bineau, qui avaient refusé la responsabilité de ce décret, furent remplacés par MM. Drouyn de Lhuys, Magne, Ducos, et Regnault de Saint-Jean d'Angely.

Les factions parlementaires étaient consternées. Le 10 janvier, M. de Rémusat, ex-ministre de Louis-Philippe, vint attacher le grelot des récriminations, en proposant de nommer une commission, chargée de *prendre des renseignements sur la destitution du général*, et de *soumettre à la Chambre les résolutions que les circonstances pourraient rendre nécessaires*. C'était la fusée de signal d'une bataille qui s'ouvrit le 15 janvier. M. Berryer planta le drapeau blanc sur la tribune. M. Thiers, moins loyal, renia son culte de la Régence pour donner à la République le baiser de Judas. M. Baroche défendit le pouvoir avec une vigueur qui fut applaudie par tous les hommes impartiaux. M. Sainte-Beuve, lieutenant de M. Thiers, vint alors proposer un ordre du jour déclarant que le ministère n'avait pas la confiance de l'Assemblée. Ce vote fut adopté le 18 janvier.

Le cabinet se retira, mais le président ne recula point. Renonçant à prendre de nouveaux conseillers dans une assemblée hostile, il créa un ministère de transition, composé d'hommes spéciaux, mais en dehors des éléments politiques, et son message du 24 janvier expliqua résolument les nécessités de cette détermination.

« L'opinion publique (disait-il) ne s'est pas émue des derniers incidents. Néanmoins, la France commence à souffrir d'un désaccord qu'elle déplore. Mon devoir est de faire ce qui dépendra de moi pour en prévenir les résultats fâcheux. Je respecterai toujours les droits de l'Assemblée, en maintenant intactes les prérogatives du pouvoir que je tiens du peuple.

« Pour ne point prolonger une dissidence pénible, j'ai accepté, après le vote récent de l'Assemblée, la démission d'un ministère qui avait donné au pays des gages éclatants de dévouement. Voulant toutefois reformer un cabinet avec des chances de durée, je ne pouvais prendre ses éléments dans une majorité *née de circonstances exceptionnelles*, et je me suis vu, à regret, dans l'impossibilité de trouver une combinaison parmi les membres de la minorité, malgré son importance.

« Dans cette conjoncture, et après de vaines tentatives, je me suis résolu à former un ministère *de transition,* décidé à se livrer aux affaires sans préoccupation de parti. Les hommes honorables qui acceptent cette tâche patriotique auront des droits à la reconnaissance du pays. La France veut, avant tout, le repos, et elle attend de ceux qu'elle a investis de sa confiance une conciliation sans faiblesse, une fermeté calme, l'impassibilité dans le droit. »

La coalition parlementaire se tut. Chaque pas du président lui opposait une barrière. Elle se vengea, le 3 février, en refusant un crédit de 1,800,000 fr. demandé par le ministère, pour les frais de représentation de l'Élysée. M. Thiers avait décoché ce trait : « Si vous votez la dotation, *l'Empire est fait!...* » Le blâme universel de l'opinion protesta. Des souscriptions nationales s'organisèrent. Mais Louis-Napoléon les refusa, vendit ses chevaux, supprima ses frais de réception, et ne se plaignit que d'être réduit à restreindre sa bienfaisance.

Avec le mois de mars apparut une nouvelle tactique. Les orléanistes, par l'organe de M. Creton, proposèrent l'abrogation du décret de bannissement porté contre les princes de la maison de Bourbon. Mais, sur ce terrain, les fusionnistes ne s'entendirent pas et convinrent seulement d'ajourner à six mois le débat; la poire ne leur semblait pas mûre. Le besoin d'un ministère définitif se faisait sentir. Louis-Napoléon rappela, sans hésiter, quelques-uns des hommes qu'avait frappés le vote de défiance; mais, pour adoucir l'effet de cette résolution, il leur associa des noms pris parmi des royalistes honnêtes. A MM. Baroche, Fould, Léon Faucher, Rouher, il joignit MM. de Chasseloup-Laubat, Dombideau de Crouseilhes. A l'apparition des nouveaux ministres, M. Sainte-Beuve proposa de renouveler le vote de défiance. L'Assemblée passa outre. Que lui importaient les ministres? Elle était décidée à frapper plus haut un coup décisif.

En 1849 et 1850, plusieurs conseils généraux avaient déjà réclamé la réforme du pacte constitutionnel. En 1851, l'expression de ce vœu prenait un immense développement, et d'innombrables pétitions protestaient surtout contre l'art. 45, qui enlevait à la nation le droit de réélire le chef de l'Etat. Le chiffre des pétitionnaires dépassait deux millions et s'accroissait de jour en jour. Pendant ce temps, au mois de juin, Louis-Napoléon faisait une nouvelle tournée départementale.

« Une nouvelle phase de notre vie politique a commencé (disait-il à Dijon). D'un bout de la France à l'autre, des pétitions se signent pour demander la révision de la Constitution. Quels que soient les devoirs que le pays m'impose, il me trouvera décidé à suivre sa volonté. La France ne périra pas dans mes mains. »

A Poitiers, il s'écriait :

« J'appelle de tous mes vœux le moment solennel où la voix puissante de la nation dominera toutes les oppositions, et mettra d'accord toutes les rivalités. »

Partout, sur son passage, il semait la confiance et récoltait l'affection. L'Assemblée s'en émut. La discussion, ouverte le 14 juillet, fut longue et orageuse. La Montagne se ligua aux camps royalistes, et la question de *révision de la Constitution* fut repoussée. Les trois quarts des suffrages sur 500 votes étaient exigés pour l'adoption du projet. Les votants étaient au nombre de 724 ; la majorité devait être de 543, elle ne fut que de 446 ; les montagnards, unis aux orléanistes, fournirent un chiffre de 278 opposants. Ainsi, par une étrange contradiction du principe de la souveraineté nationale, posé par elle-même, l'art. 3 de la Constitution donnait gain de cause à la minorité. Les protestations affluèrent sous forme de pétitions. La faction triomphante les déchira outrageusement, et accusa le ministère d'avoir employé ses moyens d'influence pour les provoquer. Elle tenait le drapeau de la guerre civile; il n'y avait plus qu'à y inscrire des noms pour la bataille de 1852. Le marquis de la Rochejacquelein et le prince de Joinville, Carnot et Cavaignac, Ledru-Rollin et le maçon Nadaud devinrent les prétendants improvisés par la conjuration des parlementaires et des journalistes contre l'élu du 10 décembre.

XII.

Louis-Napoléon comprit que la crise suprême approchait. La Montagne avait protesté contre la révision de la Constitution en s'armant de ce motif : une Constituante élue par le suffrage *restreint* aurait-elle le droit de toucher à l'œuvre d'une assemblée issue du suffrage *universel ?* Cette grave question pouvait incendier la France. Le président, pour détourner l'orage, résolut de proposer à l'Assemblée l'abrogation de la loi du 31 mai. Ses ministres lui refusèrent leur concours : il accepta leur démission. M. Carlier, préfet de police, déclara qu'avec le rétablissement du suffrage universel, il ne pouvait plus garantir la sécurité publique. Le prince persista. Après dix jours de crise ministérielle, M. de Thorigny fut appelé au département de l'intérieur; le général Leroy de Saint-Arnaud à la guerre; M. de Casabianca au commerce; M. Lacrosse aux travaux publics; M. Fortoul à la marine; M. Turgot aux affaires étrangères

M. Giraud à l'instruction publique ; M. Blondel aux finances.

L'Assemblée, en vacances, avait laissé une commission permanente composée de MM. Changarnier, de Mortemart, Grouchy, de Bar, de Kermarec, Boinvilliers, Rulhières, Hubert Delisle, de la Tourette, Bocher, Cécille, de Montebello, Bernardi, Gouin, d'Olivier, Druet-Desvaux, Passy, de Melun, Vitet, Poujoulat, Berryer, de Montigny, Dufougerais, Sauvaire Barthélemy, Henri Didier. La plupart de ces noms étaient fort hostiles au pouvoir exécutif. M. Thiers, caché derrière le rideau, faisait mouvoir les fils de la coalition.

Les journaux annonçaient un coup d'État pour le 4 novembre, à la rentrée de l'Assemblée. On attendait cette date avec impatience. Elle arriva. Au lieu d'un coup d'État, parut ce message, empreint de toute la gravité des circonstances :

« Un état de malaise général tend chaque jour à s'accroître. Partout le travail se ralentit, la misère augmente, les intérêts s'effraient, et les espérances anti-sociales s'exaltent à mesure que les pouvoirs publics affaiblis approchent de leur terme. Il faut que les résolutions qui décideront de notre sort soient conçues dans le calme et adoptées sans contestations.

« Ces résolutions ne peuvent émaner que d'un acte décisif de la *souveraineté nationale*, puisqu'elles ont toutes pour base l'élection populaire.

« Quand le suffrage universel a relevé l'édifice social, par cela même qu'il substituait un droit à un fait révolutionnaire, est-il sage d'en restreindre plus longtemps la base ? Lorsque des pouvoirs nouveaux viendront présider aux destinées du pays, n'est-ce pas d'avance compromettre leur stabilité que de laisser un prétexte de discuter leur origine et de méconnaître leur légitimité ?

« Il vous sera donc présenté un projet de loi qui restitue au principe toute sa plénitude.

« En se rappelant les circonstances dans lesquelles la loi du 31 mai fut présentée, on avouera que c'était un acte politique, plus qu'une loi électorale ; une vraie mesure de salut public. Mais les mesures de salut public n'ont qu'un temps limité.

« La loi du 31 mai, dans son application, a même dépassé le but qu'on pensait atteindre. Personne ne prévoyait la suppression de trois millions d'électeurs, dont les deux tiers sont des habitants paisibles des campagnes. Qu'en est-il résulté? C'est que cette immense exclusion a servi de prétexte au parti anarchique qui couvre ses détestables desseins de l'apparence d'un droit ravi à reconquérir. Trop inférieur au nombre pour s'emparer de la société par le vote, il espère, à la faveur de l'émotion générale et au déclin des pouvoirs, faire naître, sur plusieurs points de la France à la fois, des troubles qui seraient réprimés sans doute, mais qui nous jetteraient dans de nouvelles complications....

« Une autre raison décisive appelle votre attention. Le rétablissement du vote universel sur sa base rationnelle donne une chance de plus d'obtenir la révision de la Constitution. Vous n'avez pas oublié pourquoi, dans la session dernière, les adversaires de cette révision se refusaient à la voter. Ils s'appuyaient sur cet argument qu'ils savaient rendre spécieux : La Constitution, disaient-ils, œuvre d'une assemblée issue du suffrage de tous, ne peut pas être modifiée par une assemblée issue du suffrage restreint. Que ce soit là un motif réel ou un prétexte, il est bon de l'écarter et de pouvoir dire à ceux qui veulent lier le pays à une constitution immuable : Voilà le suffrage universel rétabli. La majorité de l'Assemblée, soutenue par deux millions de pétitionnaires, par le plus grand nombre des conseils d'arrondissement, par la presque totalité des conseils généraux, demande la révision du pacte fondamental. Avez-vous moins confiance que nous dans l'expansion de la volonté populaire? La question se résume donc ainsi pour tous ceux qui souhaitent le dénoûment pacifique des difficultés du jour. La loi du 31 mai a ses imperfections; mais, fût-elle parfaite, ne devrait-on pas également l'abroger, si elle doit empêcher la révision de la Constitution, ce vœu manifeste du pays?

« La proposition que je vous fais n'est ni une tactique de parti, ni un calcul égoïste, ni une résolution subite; c'est le résultat de méditations sérieuses et d'une conviction profonde. Je ne prétends pas que cette mesure fasse disparaître toutes les difficultés de la situation. Mais à chaque jour sa tâche. Aujourd'hui, rétablir le suffrage universel, c'est enlever à la guerre civile son drapeau, à l'opposition son dernier argument. Ce sera fournir à la France la possibilité de se donner des institutions qui assurent son repos. Ce sera rendre aux pouvoirs à venir cette force morale qui n'existe qu'autant qu'elle repose sur un principe consacré et sur une autorité incontestable. »

Au projet de loi qui accompagnait le message présidentiel, M. Berryer opposa une seconde représentation de la comédie jouée le 10 janvier par M. de Rémusat. Il proposa de déclarer la patrie en danger. L'Assemblée n'osa se risquer sur ce terrain ; mais elle prit un faux-fuyant pour arriver au même but, en faisant présenter une autre proposition qui investissait son président du droit de requérir directement la force armée, d'en désigner le chef, et d'appeler autour de lui toutes les autorités dont il jugerait le concours nécessaire. Ce droit pourrait être délégué par le président aux questeurs. Tous les officiers et fonctionnaires seraient tenus d'obéir à toute réquisition directe, sous peine de forfaiture. Enfin la loi devait être mise à l'ordre du jour de l'armée et affichée dans toutes les casernes de Paris et des provinces.

Ce projet, qui révélait les symptômes d'un coup d'État parlementaire, avait précisément pour parrains les trois questeurs de l'Assemblée, MM. Baze, de Panat, et le général Leflô. Il contenait une violation essentielle de la Constitution, dont l'art. 50 attribuait au pouvoir exécutif le droit de disposer de la force armée, et dont l'art. 64 lui conférait exclusivement le choix et la nomination de tous les fonctionnaires civils et militaires. Si l'Assemblée avait osé voter cette loi, elle se fût trouvée en mesure de décréter immédiatement d'accusation le pouvoir exécutif et ses ministres. Mais l'armée alors, tiraillée par des influences contraires, eût pu se partager en deux camps, et il en serait résulté la plus effroyable collision. L'Assemblée eut peur de sa propre audace et repoussa le projet des questeurs, pour lui substituer une délibération qui, présentant moins de périls, l'armerait pour gagner du temps. Elle trouva dans l'arsenal constitutionnel une machine toute prête : c'était le Conseil d'État, espèce de deuxième assemblée, dont les membres, choisis par elle, tenaient en tutelle le pouvoir exécutif, contraint de prendre ses avis sur les matières qui engageaient sa responsabilité. Ce Conseil se trouvait saisi, depuis le 20 juin 1849, d'un projet de loi sur cette responsabilité. Après dix-neuf mois de sommeil dans les cartons, ce travail fut subitement mis au jour, et envoyé à l'examen d'une commission législative. Le mot d'ordre était donné pour y faire glisser un article équivoque, dont le sens, facile à manier, permît de faire main basse, à point nommé, sur le chef de l'État et sur son entourage. Deux décrets, préparés à l'avance, et déposés entre les mains des questeurs, contenaient déjà les ordres de réquisition militaire et la nomination du général des forces de l'Assemblée. Il n'y avait qu'un nom et des chiffres à écrire sur ce blanc-seing. Le nom était celui de Changarnier. On comptait sur la stupeur publique pour prévenir une bataille ou pour en fixer le succès. Mais les meneurs, dans leurs calculs, oubliaient la nation

Déjà deux cents représentants dont la probité, supérieure à l'entraînement des partis, ne pouvait se résoudre à devenir complice d'une guerre civile imminente, avaient résolu de se ranger du côté du président, parce que, quelles que fussent leurs préférences personnelles, ils voyaient avant tout, dans Louis-Napoléon, le symbole d'une autorité audelà de laquelle s'ouvrait un gouffre. Cette force morale pouvait déchirer le plan des conjurés. Quant à la force matérielle, il était peu probable qu'un seul soldat consentît à porter la main sur le neveu de Napoléon. On ne pouvait plus, comme à Strasbourg et à Boulogne, le qualifier d'imposteur. L'armée l'aimait; elle avait vu son courage dans les jours de crise; elle était accoutumée à l'entourer, à le garder; c'était son drapeau vivant. Des aveugles seuls pouvaient s'y méprendre.

Quant à lui, le prince n'ignorait pas qu'une seule ressource lui restait : c'était de prendre le pays pour juge, en l'appelant à régler lui-même ses destinées. Et pour que cet appel ne fût ni stérile ni faussé, il fallait mettre hors d'état de nuire, ou d'intriguer, tous les hommes suspects par leurs antécédents factieux; il fallait suspendre toutes les institutions qui, depuis quatre ans, n'avaient créé que des embarras et des crises; il fallait dissoudre l'Assemblée et le Conseil d'Etat, devenus deux foyers de complots ; il fallait imposer silence aux débordements anarchiques des journaux de chaque faction ; il fallait un coup d'Etat, et, après le coup d'Etat, une dictature protectrice du droit national.

Convaincu de cette nécessité, Louis-Napoléon n'avait point attendu jusqu'à la dernière heure pour s'arrêter à une héroïque résolution. Le vote du 13 novembre, qui maintenait la loi du 31 mai, à une majorité de trois voix, lui fit comprendre l'impossibilité de rester inactif en présence des troubles que la question électorale allait soulever dans un prochain avenir. Mais, entouré d'embûches et de menaces, il avait besoin de préparer ses moyens et d'en concentrer la puissance dans le secret le plus absolu, et dans le moins de mains possible. En cas de succès, il aurait bien mérité de la patrie; en cas de revers, il livrait sa tête à ses ennemis. Il le savait; mais si les nobles cœurs étudient le danger, ils ne s'abaissent jamais devant lui. On ne recule pas quand on se nomme Napoléon ; on dit à un pays comme la France : « Je marche, suivez-moi ! »

XIII.

Jusqu'au moment suprême, quatre personnes, d'une loyauté à toute épreuve, furent seules initiées à cette grave confidence.

M. Fialin de Persigny, nature chevaleresque, âme ardente, cœur généreux, volonté pleine d'audace, esprit fin, diplomate consommé, possédait depuis longues années la confiance la plus intime de Louis-Napoléon. Son dévouement sans bornes avait partagé les longues infortunes du neveu de l'empereur. Il appartenait corps et âme au jeune prince en qui se personnifient les derniers beaux rêves de la France. Décidé à le suivre dans sa gloire ou à s'abîmer dans son désastre, il avait appliqué toute sa prévoyance à ne pas omettre le moindre de ces détails qui peuvent assurer et anoblir le succès, ou couronner la défaite de toutes les splendeurs d'une chute héroïque.

Le général de division Leroy de Saint-Arnaud, une de nos brillantes illustrations d'Afrique, appartient à cette école des victoires dont le maréchal Bugeaud était le grand maître. Il avait récemment commandé en chef, avec éclat, une expédition dans la Kabylie. Le prince, en l'appelant au ministère de la guerre, lui avait confié le soin de composer l'armée de Paris des meilleurs généraux et de l'élite de nos régiments de toutes armes. Il s'était acquitté de cette mission avec une fidélité, qui, d'ailleurs, n'était embarrassée que de choisir parmi des chefs et des soldats que passionnait également le souvenir de nos aigles.

M. de Morny cachait, sous les dehors élégants de ses mœurs aristocratiques, un caractère de la plus rare énergie. Il fut choisi pour prendre les rênes de l'administration intérieure, fonction délicate qui allait exiger une inflexible fermeté, unie à une exquise droiture de jugement.

Enfin, M. de Maupas, l'un des membres les plus jeunes de l'administration, et qui, dans deux préfectures considérables, celles de l'Allier et de la Haute-Garonne, s'était montré à la hauteur d'une politique aussi bienveillante que résolue, avait offert assez de gages de capacité pour que le prince lui confiât une mission des plus importantes, la direction de la police de Paris.

Les mesures à prendre consistaient, nous l'avons dit,

dans la dispersion des hommes politiques dont l'influence contraire gênait depuis longtemps l'expression de la volonté nationale que le gouvernement allait ressusciter. Il y avait, parmi ces hommes, des personnages qu'une arrestation provisoire pouvait seule empêcher de devenir coupables en se jetant dans la guerre civile. Il y avait, au-dessous de cet état-major des factions, une cohue d'agents subalternes, tribuns de populace et soldats de barricades, agitateurs permanents et péril de toutes les heures au sein d'une grande cité. Il fallait enlever rapidement ces drapeaux d'émeute. Puis, il était indispensable que toute la France apprît, au même instant, les causes du coup d'État, son exécution, et les dispositions en vigueur pour le maintien de l'ordre public.

Les préparatifs étaient enveloppés d'un si grand secret, que Louis-Napoléon ne crut pas devoir suspendre, le 1er décembre, ses réceptions du lundi. A onze heures du soir, M. de Béville, officier d'ordonnance du prince, arrivait en fiacre à l'Imprimerie Nationale, porteur des décrets et proclamations qui devaient être composés, tirés et placardés avant le jour. La 4e compagnie du 1er bataillon de la gendarmerie mobile, commandée par le capitaine de la Roche d'Oisy, venait, à la même heure, dans le plus grand silence, occuper ce local, pour protéger les travaux, et tenir au secret les ouvriers jusqu'après l'accomplissement des événements. A quatre heures du matin, M. de Béville et le directeur de l'imprimerie, M. de Saint-Georges, allaient remettre toutes les affiches entre les mains du préfet de police.

A cinq heures, le 42e de ligne et plusieurs détachements de la garde républicaine et des chasseurs à pied investissaient le palais de l'Assemblée législative, avec ordre de ne laisser sortir qui que ce fût. M. de Persigny s'était chargé de présider à cette opération, qui exigeait autant de calme que de précaution. Dès la veille, le ministre de la guerre, enveloppé d'un manteau dont les plis ne le laissaient point connaître, avait accompagné le colonel du 42ᵉ en ronde de nuit, pour vérifier lui-même la position de tous les postes. En cas d'insuccès, le colonel avait mission de se replier sur l'Élysée et d'entourer le prince de toutes ses baïonnettes.

De la préfecture de police partaient en même temps des commissaires et des officiers de paix, chargés de procéder aux arrestations simultanées dont la liste avait été faite par M. de Maupas. Aucun de ces courageux magistrats n'avait senti la moindre hésitation devant l'acte énergique qu'il allait accomplir au péril de ses jours. Le nouveau 18 brumaire excitait un enthousiasme qu'il ne fallait songer qu'à contenir.

Enfin M. de Morny, à la tête d'un bataillon, s'emparait du ministère de l'intérieur, à la grande surprise de M. de Thorigny, son prédécesseur, qui eut la bonne grâce de remettre ses pouvoirs sans aucune discussion, dès que la volonté du chef de l'État lui fut officiellement communiquée.

Les minutes étaient comptées. La plus légère faute, de part ou d'autre, pouvait faire éclater un volcan. Mais la Providence veillait manifestement sur les hommes qui s'offraient à périr pour le salut de la patrie. Le succès des arrestations, qui furent terminées en deux heures sur tous les points désignés, frappait la guerre civile à la tête, en lui enlevant ses chefs.

XIV.

Aucune des personnes arrêtées ne devait même soupçonner le motif de cette mesure. La qualité de prévenu de complot contre l'État allait répondre uniformément à toutes les questions. Elle respectait la dignité de l'homme, en autorisant une expédition rapide et sans phrases. Le commissaire de police Lerat, le capitaine Baudinet, de la garde républicaine, et dix sergents de ville, enlevèrent le général Changarnier, rue du Faubourg Saint-Honoré, n. 3. Éveillé en sursaut, l'ancien général en chef de l'armée de Paris se montra en chemise, pieds nus, le pistolet au poing. Le sang-froid du commissaire lui fit mettre bas les armes. On le conduisit en voiture à la prison Mazas, avec son domestique dont il ne pouvait se passer. En route, il se calma, et ne se permit aucune récrimination sur la mesure dont il était l'objet.

Le général Lamoricière, arrêté rue Las-Cases par M. le commissaire Blanchet, et invité à promettre qu'il n'essaierait pas de fuir, répondit : « Je ne promets rien, faites de moi ce que vous voudrez. » En passant devant le poste de la Légion-d'Honneur, il se pencha hors de la voiture pour haranguer les soldats; mais, retenu par le commissaire, il n'insista plus. Arrivé à Mazas, il demanda des cigares et un exemplaire de l'*Histoire de la Révolution française* par Thiers. Il ne se doutait point que l'auteur fût si près de lui.

M. Thiers venait d'être amené par M. le commissaire Hubault aîné. L'ex-président du conseil de Louis-Philippe, surpris dans son sommeil, exprima d'abord une profonde consternation. Les révolutions se suivent et ne se ressemblent pas. Quel était le mot de celle-ci? Le magistrat gardait le silence et sommait d'obéir sans retard. Quand M. Thiers eut seulement obtenu l'assurance que ses jours n'étaient point menacés, il se souvint de son inviolabilité parlementaire et tenta de la faire prévaloir, avec plus d'emphase que de dignité. Un mouvement fébrile l'entraîna même à s'écrier : « Si je vous brûlais la cervelle, Monsieur ! » Le commissaire sourit, et pria l'homme d'État de se hâter. En arrivant à Mazas, M. Thiers demanda, avec les plus vives instances, qu'il ne fût point privé de son café au lait. Cette suprême consolation lui fut aussitôt prodiguée ; on ne pouvait faire moins devant une pareille capitulation.

Le général Cavaignac habitait rue du Helder, n. 17, à l'entresol. Son premier mouvement fut une explosion de colère, saturée de jurements que l'histoire ne saurait reproduire. Mais, sur les observations pleines de convenance de M. le commissaire Colin, l'ancien dictateur de 1848 se résigna. Chemin faisant, une seule réflexion lui échappa : « Oh ! » s'écria-t-il, « quand j'étais au pouvoir, si j'avais usé de semblables moyens ! » M. Cavaignac oubliait qu'un coup d'État ne réussit que quand il est fait au nom du peuple, pour le peuple, et par un homme cher au peuple.

MM. Bedeau et Leflô risquèrent des scènes où leur dignité s'effaçait. Le général Leflô, questeur de l'Assemblée, se répandit en invectives. Emmené par M. le commissaire Bertoglio, il essaya de soulever les soldats du 42e contre leur colonel. Ceux-ci ne répondirent qu'en croisant la baïonnette. Le général Bedeau, s'appuyant sur sa qualité de vice-président de l'Assemblée, refusa d'obtempérer au mandat de M. le commissaire Hubaut jeune. Il fallut triompher de sa résistance en le portant dans un fiacre.

M. Roger (du Nord), arrêté dans son hôtel, rue Bergère, par M. le commissaire Barlet fils, se conduisit en grand seigneur de l'ancien régime. Il offrit au magistrat du Xérès et des biscuits, et accepta son sort en homme d'esprit qui comprend une situation politique après l'avoir pressentie, et qui, mesurant la véritable portée de cet événement, ne s'abaisse point à de ridicules alarmes.

Le colonel Charras déclara à M. le commissaire Courteille qu'il s'attendait à *quelque chose*, mais que la date devançait de deux jours ses prévisions, sans quoi, ajouta-t-il, ses pistolets se fussent trouvés en état. On aime à croire qu'il n'y avait dans cette menace qu'une expression de dépit.

M. le commissaire Primorin, chargé d'appréhender l'irascible M. Baze, s'entendit mettre *hors la loi* par ce don Quichotte de la questure. Pour ne point perdre un temps précieux en discussions qui tendaient à devenir violentes, il fut contraint de faire emmailloter son prisonnier dans une robe de chambre et de l'emporter au plus vite, dans ce simple appareil, jusqu'au bas de l'escalier, où M. Baze, confus de l'hilarité qu'il excitait parmi les soldats, consentit à accepter ses vêtements.

Les autres arrestations s'accomplirent avec des détails équivalents. M. Nadaud, le célèbre maçon, n'obéit qu'après avoir signifié à M. le commissaire Desgranges qu'il se réservait d'adresser des interpellations à l'Assemblée.

M. Valentin exigeait que M. le commissaire Dourlens entendît au préalable la lecture de la Constitution, et le conduisît en *référé* devant M. le président Dupin.

M. Miot, l'apothicaire de Moulins-Engilbert, pria M. le commissaire Benoist de lui laisser embrasser ses enfants. La fougue de ce montagnard s'éteignait dans l'effroi.

Un autre, nommé Cholat, arrêté à Passy, se gorgea d'absinthe avant de partir, et le commissaire Allard eut grand'peine à contenir les cris de révolte qu'il adressait aux balayeurs des rues étonnés.

Greppo fut trouvé, par M. le commissaire Gronfier, dans

un état de prostration pitoyable. Cet ancien terroriste des clubs de Lyon, qui possédait un petit arsenal décoré du bonnet rouge, ne put se défendre d'une de ces indispositions soudaines qui sont le fruit de la peur.

Enfin Charles Lagrange, l'ex-général de l'Hôtel-de-Ville après les journées de Février, avait aussi, dans son domicile, une collection d'armes de toute espèce. Arrêté par M. le commissaire Boudrot, il essaya des rodomontades puériles qui n'aboutirent qu'à la découverte d'un fait peu honorable. La perquisition exercée chez lui constata qu'il était détenteur d'un sabre de cavalerie, portant le n. 487, et volé, le 23 février 1848, dans une caserne de la garde municipale, à un sous-officier de ce corps, nommé Kerkan.

La catégorie des chefs de sociétés secrètes, arrêtés au nombre de soixante-dix-huit, n'offrit aucune particularité remarquable. A sept heures un quart, tous les fonctionnaires de la police avaient achevé leur mission, et le ministre de l'intérieur en recevait les rapports.

Le drame allait se continuer sur un autre théâtre, avec des péripéties plus ardentes.

XV.

Paris s'éveilla devant les affiches suivantes, placardées à milliers sur les murailles de tous les quartiers.

Proclamation du président de la République.

APPEL AU PEUPLE.

Français,

La situation actuelle ne peut durer plus longtemps. Chaque jour qui s'écoule aggrave les dangers du pays. L'Assemblée, qui devait être le plus ferme appui de l'ordre, est devenu un foyer de complots. Le patriotisme de trois cents de ses membres n'a pu arrêter ses fatales tendances. Au lieu de faire des lois dans l'intérêt général, elle forge des armes pour la guerre civile; elle attente au pouvoir que je tiens directement du peuple; elle encourage toutes les mauvaises passions; elle compromet le repos de la France. Je l'ai dissoute, et je rends le peuple entier juge entre elle et moi.

La Constitution, vous le savez, avait été faite dans le but d'affaiblir d'avance le pouvoir que vous alliez me confier. Six millions de suffrages furent une éclatante protestation contre elle, et cependant je l'ai fidèlement observée. Les provocations, les calomnies, les outrages m'ont trouvé impassible. Mais aujourd'hui que le pacte fondamental n'est plus respecté de ceux-là même qui l'invoquent sans cesse, et que des hommes qui ont déjà perdu deux monarchies veulent me lier les mains, afin de renverser la République, mon devoir est de déjouer leurs perfides projets, de maintenir la République, et de sauver le pays en invoquant le jugement solennel du seul souverain que je reconnaisse en France, le Peuple.

Je fais donc un appel loyal à la nation tout entière, et je vous dis : Si vous voulez continuer cet état de malaise qui nous dégrade et compromet notre avenir, choisissez un autre à ma place, car je ne veux plus d'un pouvoir qui est impuissant à faire le bien, me rend responsable d'actes que je ne puis empêcher, et m'enchaîne au gouvernail quand je vois le vaisseau courir vers l'abîme.

Si, au contraire, vous avez encore confiance en moi, donnez-moi les moyens d'accomplir la grande mission que je tiens de vous.

Cette mission consiste à fermer l'ère des révolutions en satisfaisant les besoins légitimes du peuple et en le protégeant contre les passions subversives. Elle consiste surtout à créer des institutions qui survivent aux hommes, et qui soient enfin des fondations sur lesquelles on puisse asseoir quelque chose de durable.

Persuadé que l'instabilité du pouvoir, que la prépondérance d'une seule Assemblée sont des causes permanentes de trouble et de discorde, je soumets à vos suffrages les bases fondamentales suivantes d'une Constitution que les Assemblées développeront plus tard.

1º Un chef responsable nommé pour dix ans;

2º Des ministres dépendants du pouvoir exécutif seul;

3º Un Conseil d'État, formé des hommes les plus distingués, préparant les lois et en soutenant la discussion devant le Corps législatif;

4º Un Corps législatif discutant et votant les lois, nommé par le suffrage universel, sans scrutin de liste qui fausse l'élection.

5º Une seconde Assemblée formée de toutes les illustrations du pays, pouvoir pondérateur, gardien du pacte fondamental et des libertés publiques.

Ce système, créé par le Premier Consul au commencement du siècle, a déjà donné à la France le repos et la prospérité; il les lui garantirait encore.

Telle est ma conviction profonde. Si vous la partagez, déclarez-le par vos suffrages. Si, au contraire, vous préférez un gouvernement sans force, monarchique ou républicain, emprunté à je ne sais quel passé ou à quel avenir chimérique, répondez négativement.

Ainsi donc, pour la première fois depuis 1804, vous voterez en connaissance de cause, en sachant pour qui et pour quoi.

Si je n'obtiens pas la majorité de vos suffrages alors je provoquerai la réunion d'une nouvelle Assemblée, et je lui remettrai le mandat que j'ai reçu de vous.

Mais si vous croyez que la cause dont mon nom est le symbole, c'est-à-dire la France régénérée par la Révolution de 89 et organisée par l'Empereur, est toujours la vôtre, proclamez-le en consacrant les pouvoirs que je vous demande.

Alors la France et l'Europe seront préservées de l'anarchie, les obstacles s'aplaniront, les rivalités auront disparu, car tous respecteront, dans l'arrêt du peuple, le décret de la Providence.

Fait au palais de l'Élysée, le 2 décembre 1851.

LOUIS-NAPOLÉON BONAPARTE.

Proclamation du président de la République à l'armée.

Soldats!

Soyez fiers de votre mission, vous sauverez la patrie; car je compte sur vous, non pour violer les lois, mais pour faire respecter la première loi du pays, la souveraineté nationale, dont je suis le légitime représentant.

Depuis longtemps vous souffriez, comme moi, des obstacles qui s'opposaient et au bien que je voulais vous faire et aux démonstrations de votre sympathie en ma faveur. Ces obstacles sont brisés. L'Assemblée a essayé d'attenter à l'autorité que je tiens de la nation entière : elle a cessé d'exister.

Je fais un loyal appel au peuple et à l'armée, et je lui dis : Ou donnez-moi les moyens d'assurer votre prospérité, ou choisissez un autre à ma place.

En 1830, comme en 1848, on vous a traités en vaincus. Après avoir flétri votre désintéressement héroïque, on a dédaigné de consulter vos sympathies et vos vœux, et cependant vous êtes l'élite de la nation. Aujourd'hui, en ce moment solennel, je veux que l'armée fasse entendre sa voix.

Votez donc librement comme citoyens; mais, comme soldats, n'oubliez pas que l'obéissance passive aux ordres du chef du gouvernement est le devoir rigoureux de l'armée, depuis le général jusqu'au soldat. C'est à moi, responsable de mes actions devant le peuple et devant la postérité, de prendre les mesures qui me semblent indispensables pour le bien public.

Quant à vous, restez inébranlables dans les règles de la discipline et de l'honneur. Aidez, par votre attitude imposante, le pays à manifester sa volonté dans le calme et la réflexion. Soyez prêts à réprimer toute tentative contre le libre exercice de la souveraineté du peuple.

Soldats, je ne vous parle pas des souvenirs que mon nom rappelle. Ils sont gravés dans vos cœurs. Nous sommes unis par des liens indissolubles. Votre histoire est la mienne. Il y a entre nous, dans le passé, communauté de gloire et de malheur. Il y aura, dans l'avenir, communauté de sentiments et de résolutions pour le repos et la grandeur de la France.

Fait au palais de l'Élysée, le 2 décembre 1851.

LOUIS-NAPOLÉON BONAPARTE.

AU NOM DU PEUPLE FRANÇAIS.

Le président de la République

DÉCRÈTE :

Art. 1er.

L'Assemblée nationale est dissoute.

Art. 2.

Le suffrage universel est rétabli. La loi du 31 mai est abrogée.

Art. 3.

Le peuple français est convoqué dans ses comices, à partir du 14 décembre jusqu'au 21 décembre suivant.

Art. 4.

L'état de siège est décrété dans l'étendue de la 1re division militaire.

Art. 5.

Le Conseil d'État est dissous.

Art. 6.

Le ministre de l'intérieur est chargé de l'exécution du présent décret.

Fait au palais de l'Élysée, le 2 décembre 1851.

LOUIS-NAPOLÉON BONAPARTE.

Le ministre de l'intérieur,
DE MORNY.

En signant ces pages, Louis-Napoléon pouvait dire : « J'ai refait une civilisation ! » Le peuple de Paris, dans ses classes les plus rudes, a toujours un premier bon mouvement. Il comprit, il sentit la grandeur de l'acte qui lui rendait ses droits, sa vie intelligente et son âme politique : le suffrage universel. Un parlement factieux avait voulu, en brisant le pouvoir exécutif, rejeter le pays en proie aux révolutions ; le pouvoir exécutif, pour sauver le pays d'une catastrophe, avait brisé le parlement. On voulait déshonorer l'armée, introniser la dictature, exhumer la Convention, terrifier tout un peuple ; et voilà que l'armée rétablissait la liberté ; le droit se levait contre les ambitions de partis ; le vote national allait les balayer d'un souffle tout-puissant. La France était enchaînée la veille sous une Constitution absurde, pleine de contradictions et d'impossibilités ; elle se relevait aujourd'hui avec ses croyances reconquises, avec ses magnifiques aspirations réalisées. Hier, la ruine, le sophisme, la misère, l'abjection, le chaos ; demain, la splendeur, la vérité, l'abondance, l'honneur et l'ordre.

XVI.

Les tronçons de l'Assemblée législative cherchèrent à se réunir. Une trentaine de membres étaient parvenus à pénétrer, par une porte bâtarde, dans le palais, où le président Dupin, averti par eux, essaya de les constituer. Un chef de bataillon du 42ᵉ les pria de renoncer à cette comédie. M. Dupin fit une protestation et déclara, avec la sagacité qui le caractérise, que contre la force il n'y a pas de résistance. Les parlementaires expulsés gagnèrent l'hôtel de M. Daru, l'un des vice-présidents. Chassés de nouveau par une surveillance active, ils échouèrent encore aux portes du restaurateur Lemardelay et de la salle Martel.

Plus tard, vers dix heures, quelques membres de la Montagne s'étaient réunis, rue des Petits-Augustins, n. 1, sous la présidence de M. Crémieux. Une patrouille de police, dirigée sur ce point, les enleva sans coup férir.

Le seul acte important de la résistance parlementaire eut pour théâtre la mairie du 10ᵉ arrondissement, rue de Grenelle-Saint-Germain. Plus de deux cents représentants des causes légitimiste et orléaniste, assistés de quelques républicains, y jouèrent la parodie de la fameuse scène du Jeu-de-Paume. A onze heures du matin, s'ouvrit un simulacre de Convention. Le bureau, improvisé au milieu de la plus vive agitation, se composait de MM. Benoist-d'Azy, président; Vitet, vice-président; Chapot, Moulin et Grimaud, secrétaires. Le procès-verbal de cette tumultueuse délibération a été saisi. C'est une pièce historique trop curieuse pour que nous ne lui conservions point sa physionomie.

M. Benoist-d'Azy, président. — La séance est ouverte.

Voix nombreuses. — Ne perdons point de temps!...

Le Président. — Une protestation a été signée....

M. Berryer. — Point de protestation! L'Assemblée nationale ne peut se rendre au lieu ordinaire de ses séances; elle se réunit ici; elle doit faire acte de puissance. Procédons au nom de la Constitution. (*Applaudissements.*)

M. Vitet. — Mais si on nous expulse par la force, où irons-nous?

M. Bixio, avec un geste héroïque : — J'ai offert ma maison.....

M. Berryer. — Nous verrons cela; le plus urgent, c'est de faire un décret....

M. Monet. — Je demande la parole sur l'attentat. (*Bruit et interruption.*)

M. Berryer. — Pas d'incidents! Le temps presse! Je demande qu'aux termes de l'art. 68 de la Constitution, l'Assemblée nationale décrète que Louis-Napoléon Bonaparte est déchu, et qu'en conséquence le pouvoir exécutif passe aux mains de l'Assemblée. (*Appuyé! Aux voix!*) Je demande que tous les membres présents signent ce décret.

Le décret, rédigé par le bureau, est adopté à l'unanimité. L'Assemblée se déclare en permanence. Quelques personnes étrangères veulent pénétrer dans la salle. On les repousse; une altercation s'engage. M. Piscatory réclame, *constitutionnellement*, la publicité des délibérations. Le calme se rétablit.

M. Vitet propose de requérir l'assistance de la 10° légion de la garde nationale. Une adhésion unanime accueille ce second décret. M. Odilon Barrot arrive et signe, au milieu des acclamations, le décret de déchéance. M. de Falloux, qui paraît très-inquiet, voudrait qu'on se retirât, avant l'arrivée prochaine des troupes, afin de se réunir dans un local plus sûr. M. Dufaure demande la parole et s'exprime en ces termes, avec une solennité qui fait frissonner ses honorables collègues : — « Messieurs, nous sommes, maintenant, les seuls défenseurs de la République. Quoi qu'il arrive, ne nous manquons pas à nous-mêmes, et, *s'il faut succomber sous la force brutale*, l'histoire nous tiendra compte de notre dévouement! » Pendant que cette oraison funèbre anticipée fait pâlir quelques fronts, M. Berryer fait adopter un décret d'élargissement immédiat pour tous les représentants arrêtés.

Tout à coup la scène change. Un représentant arrive du dehors, en criant : « Voici la troupe! » (*Il est midi et demi.*)

Un grand silence se fait. Les membres du bureau montent debout sur leurs siéges. Le président Benoist-d'Azy recommande à ses collègues de s'envelopper d'une gravité romaine.

Un sergent du 6° bataillon des chasseurs de Vincennes paraît à la porte de la salle avec une douzaine de soldats. A cet aspect, l'Assemblée s'agite; une foule de membres cherchent du regard une issue possible.

Le Président. — A vos places, Messieurs! L'Europe entière vous regarde!...

MM. Vitet, Chapot, Grévy, de Charencey, s'avancent pour parlementer avec le sergent.

M. Vitet. — Sergent, nous sommes réunis au nom de la Constitution.

Le sergent. — J'exécute ma consigne.

M. Chapot. — Nous demandons un officier.

Un capitaine arrive. Le président de l'Assemblée le somme de se retirer, au nom de la Constitution, et lui signifie les décrets qui viennent d'être votés. Le capitaine répond qu'il ne connaît d'autre pouvoir que ses supérieurs hiérarchiques.

M. Jules de Lasteyrie propose alors de requérir, par un décret, le commandant en chef de l'armée de Paris et tous les colonels de la garde nationale.

Le général Oudinot demande que le président de l'Assemblée soit revêtu de la dictature. M. le président Benoist-d'Azy s'empresse de répondre à cette gracieuseté en proposant, à son tour, que le général Oudinot soit investi du commandement supérieur de toutes les forces de Paris.

M. Tamisier s'y oppose, en rappelant que M. Oudinot manque de popularité, parce qu'il a commandé l'expédition de Rome. Le général triomphe de cette opposition en proposant à M. Tamisier d'être son chef d'état-major. Celui-ci accepte. L'Assemblée pleure de joie, quand arrive un sous-lieutenant du 6e bataillon de chasseurs, avec des ordres décisifs.

Le général Oudinot donne lecture à cet officier du décret qui le nomme commandant en chef de l'armée. Il lui enjoint de se retirer et le menace d'un conseil de guerre. Le sous-lieutenant répond : « Je ne connais que mon devoir et les ordres que j'ai reçus. »

Plusieurs représentants profitent du calme qui règne encore, pour s'esquiver prudemment.

Deux commissaires de police, MM. Lemoine-Tacherat et Barlet, se présentent alors avec toute sorte d'égards. « Messieurs, » disent-ils, « nous avons ordre de faire évacuer la mairie. Êtes-vous disposés à obtempérer à cet ordre ? »

M. Benoist-d'Azy répond en opposant l'art. 68 de la Constitution.

L'un des commissaires. — Nous connaissons la Constitution, mais nous devons obéir à nos chefs. Nous sommes les mandataires du préfet de police.

M. Vitet donne lecture du décret de déchéance du pouvoir exécutif.

Le commissaire. — Notre mission est pénible, Messieurs. Nous n'avons pas même une autorité complète ; car, dans ce moment, c'est la force militaire qui agit, et la démarche que nous faisons était pour empêcher un conflit que nous aurions regretté. M. le préfet nous avait donné ordre de venir vous inviter à vous retirer ; mais nous avons trouvé ici un détachement considérable de chasseurs de Vincennes, envoyé par l'autorité militaire qui a seule le droit d'agir, puisque Paris est en état de siége. Nous ne prétendons pas juger la question de droit, mais nous avons l'honneur de vous prévenir que l'autorité militaire a des ordres sévères, et qu'elle les exécutera.

M. Benoist-d'Azy. — Nous ne céderons qu'à la force.

Le deuxième commissaire. — En ce cas, sans plus attendre, nous vous sommons, que ce soit à tort ou à raison, de vous disperser !...

Cette énergique signification précipitait le dénoûment.

Elle produisit une panique mêlée de quelques cris de fureur isolés. Un autre officier parut alors, et donna lecture d'un ordre du général Magnan, général en chef de l'armée de Paris, prescrivant, au nom du ministre de la guerre, l'occupation militaire de la mairie du 10ᵉ arrondissement, et l'arrestation des représentants qui opposeraient une résistance quelconque.

Après d'inutiles réclamations du général Oudinot et de son chef d'état-major improvisé, l'officier fit la dernière sommation, et comme elle restait sans résultat parmi les clameurs confuses de ce troupeau de conventionnels effarés, il donna ordre de balayer la salle au pas de charge. Un troisième commissaire de police, accompagné de nombreux agents, s'élance vers le bureau. MM. Benoist-d'Azy et Vitet exigent qu'on les saisisse pour constater qu'ils ne se rendent qu'à la force. On les conduit dans la rue. Le général Oudinot, M. Tamisier, les membres du bureau et les représentants suivent leurs chefs. On les place entre deux haies de soldats commandés par le général Forey, et, à trois heures vingt minutes, ce cortége arrive à la caserne du quai d'Orsay, dont les portes se ferment. MM. Grimaud et et Antony Thouret procèdent à l'appel nominal de leurs collègues consternés, et en comptent deux cent vingt.

La rigueur nécessaire de cette expédition avait été conciliée avec tous les égards dus à des hommes dans lesquels un généreux pouvoir s'efforçait de ne point voir d'ennemis. Deux jours après, la plupart d'entre eux avaient recouvré la liberté. Quelques-uns, persistant dans leur aveugle résistance, furent conduits au château de Vincennes, où ils occupèrent, pour prison, les anciens appartements du duc de Montpensier.

XVII.

Au début de ces premiers événements, Louis-Napoléon était monté à cheval avec son oncle Jérôme Bonaparte, ancien roi de Westphalie, le ministre de la guerre et un grand nombre d'officiers généraux qui s'étaient empressés d'accourir au palais de l'Elysée. Le prince voulait juger, par ses yeux, de l'attitude des troupes et de l'effet produit sur la population par la vigoureuse décision qu'il avait prise. Accueilli partout avec des acclamations enthousiastes, il passa la revue des régiments rangés sur la place du Carrousel, et se rendit à l'hôtel des Invalides pour remercier Dieu, devant le tombeau de l'Empereur, de lui avoir donné la force de sauver la France.

Pendant la journée, il sortit encore une fois, bravant tous les périls qui pouvaient l'atteindre, et passa devant le front de deux régiments de carabiniers qui arrivaient de Versailles. Les sentiments exprimés par les troupes de toutes armes étaient la garantie du maintien de l'ordre. On devait s'attendre à quelques démonstrations insurrectionnelles; mais toutes les mesures étaient prêtes pour abréger la lutte.

L'armée se composait de trois divisions actives et d'une réserve.

1re *division*, général CARRELET, formant cinq brigades sous les ordres des généraux de Cotte, de Bourgon, Dulac, Reybell et Canrobert; 27e, 28e, 35e, 49e, 58e et 72e régiments de ligne; 15e léger; 5e bataillon de chasseurs à pied; garde républicaine; deux bataillons de gendarmerie mobile; 2e et 7e régiments de lanciers; deux escadrons de guides; deux compagnies du génie; trois batteries d'artillerie.

2e *division*, général REGNAULT, formant trois brigades sous les ordres des généraux Sauboul, Forey et Ripert; 6e, 14e, 19e, 30e, 37e, 42e et 56e régiments de ligne ; 5ᵉ et 6ᵉ bataillons de chasseurs à pied ; une compagnie du génie et trois batteries d'artillerie.

3ᵉ *division*, général Levasseur, formant trois brigades sous les ordres des généraux Herbillon, Marulaz et de Courtigis ; 5ᵉ, 6ᵉ, 31ᵉ, 43ᵉ, 44ᵉ et 51ᵒ régiments de ligne ; 6ᵒ et 19ᵒ léger ; 9ᵉ bataillon de chasseurs à pied ; une compagnie du génie et deux batteries d'artillerie.

Division de réserve, général Korte, formant deux brigades sous les ordres des généraux Tartas et d'Allonville ; 1ᵉʳ et 2ᵉ carabiniers ; 6ᵉ et 7ᵉ cuirassiers, et 12ᵒ dragons.

L'effectif total de ces forces s'élevait à 120,000 hommes. Le chef de l'Etat n'avait point voulu faire lever la garde nationale, afin d'épargner le sang des pères de famille. Il ne voulait opposer à l'ennemi que des éléments dont rien n'entraverait l'énergie.

Les hommes de sens, appréciant avec droiture le manifeste napoléonien, gardaient le silence pour ne point troubler l'ordre par des approbations qui fourniraient prétexte à des controverses passionnées. Le peuple, voyant le suffrage universel restitué, exprimait avec sa rude franchise une sympathie d'heureux augure. Il n'y avait donc à redouter que certaines provocations partielles, de la part de ces éternels tourmenteurs de pavés qui semblent sortir de terre, aux jours néfastes, pour effrayer la cité. Le pouvoir avait espéré qu'en opérant quelques mouvements de troupes sur les boulevarts et dans les grandes rues, il découragerait l'anarchie et maintiendrait la population entière dans le calme de la confiance. Le préfet de police avait publié une proclamation rassurante, qui promettait l'immédiate et inflexible répression de toute tentative factieuse. Infanterie, cavalerie, artillerie, défilaient sur tous les points avec l'imposante majesté de la force, protectrice du droit. Nos braves régiments personnifiaient la liberté armée pour assurer l'exercice du suffrage national. Malheureusement, quelques hommes méconnurent leurs devoirs civiques jusqu'au point d'évoquer sur Paris les terribles collisions d'une lutte fratricide, et plus impie, plus immorale que n'avaient été les sanglantes journées de 1848. L'histoire doit conserver, et c'est l'indélébile flétrissure de ses auteurs, le texte de cet appel au meurtre et à toutes les horreurs d'une société prise d'assaut :

Louis-Napoléon est un traître!

Il a violé la Constitution. Il est mis hors la loi.

Les représentants républicains rappellent au peuple et à l'armée l'art. 68 et l'art. 110, ainsi conçus : « L'Assemblée constituante confie la défense de la présente Constitution et les droits qu'elle consacre à la garde et au patriotisme de tous les Français. »

Le peuple désormais est à jamais en possession du suffrage universel ; il n'a besoin d'aucun prince pour le lui rendre, il châtiera le *rebelle*.

Que le peuple fasse son devoir !

Les représentants républicains marcheront à sa tête.

Michel (de Bourges), Schœlcher, le général Laydet, Mathieu (de la Drôme), Lasteyras, Brives, Breymand, Joigneaux, Chauffour, Cassal, Gilland, Jules Favre, Victor Hugo, Emmanuel Arago, Madier de Montjau, Mathé, Signard, Ronjat (de l'Isère), Viguier, Eugène Sue, de Flotte.

AU PEUPLE.

La Constitution est confiée à la garde et au patriotisme des citoyens français.

LOUIS-NAPOLÉON est mis hors la loi.

L'état de siége est aboli.

Le suffrage universel est rétabli.

Vive la République !

Aux Armes !

Pour la Montagne réunie,
    Le délégué, Victor Hugo.

L'odieux de ces placards insurrectionnels ne le cède qu'au ridicule orgueil qui les a dictés. Voilà les hommes qui spéculaient sur les hasards d'une bataille, pour ramasser dans ses sanglants débris on ne sait quel nouveau gouvernement provisoire. N'ajoutons aucune épithète à leurs noms. La

France les a déjà jugés, comme l'histoire, plus tard, les jugera.

XVIII.

Cette équipée montagnarde avait besoin d'un chef. Comme ses héros n'étaient nullement pressés de s'offrir aux périls du combat, ils ne se disputèrent point le triste honneur de faire verser le premier sang. La mission d'engager le feu fut confiée, par le sort, à l'ex-représentant Baudin. Trois de ses collègues le suivirent de loin; c'étaient Schœlcher, ancien ministre de la marine, l'avocat Madier de Montjau et le poète socialiste Esquiros. Baudin fit construire au faubourg Saint-Antoine, à l'angle de la rue Sainte-Marguerite, une barricade que le général Marulaz, de la division Levasseur, vint enlever à la tête d'un bataillon du 44ᵉ de ligne. Baudin fut tué raide. Ses collègues prirent la fuite.

A neuf heures et demie du matin, toute la ligne des boulevarts, entre le Château-d'Eau et la place de la Bastille, était occupée militairement. Toutes les maisons formant angle de rue, et dont les insurgés de 1848 avaient fait des redoutes, regorgeaient de soldats embusqués. Des obusiers en batterie, braqués sur le faubourg Saint-Antoine, menaçaient de balayer toute espèce de rassemblement hostile. Cependant le préfet de police était averti que les sociétés secrètes ne renonçaient pas au projet d'engager la lutte. Il était urgent d'opposer à leurs menées toutes les rigueurs de l'état de siége. Le ministre de la guerre fit sur-le-champ publier et afficher une proclamation, pour enjoindre aux habitants de Paris de ne point gêner l'action des troupes par des promenades inutiles. Avis était donné, en même temps, que tout individu pris construisant ou défendant une barricade, ou les armes à la main, serait immédiatement fusillé. Ce manifeste n'était point trop sévère, car le *Comité central révolutionnaire* dit *des Corporations* avait semé dans les ateliers son appel aux armes et la fausse nouvelle du soulèvement de la ville de Reims. D'autres affiliations démagogiques faisaient courir, par de mystérieux émissaires, le bruit d'une levée en masse des départements voisins de Paris. Ces excitations mirent en branle quelques contingents des bandes rouges.

Le 3 décembre, à quatre heures du soir, la fusillade éclata sur trois points à la fois. Le général Herbillon, de la division Levasseur, partit de l'Hôtel-de-Ville avec le 3e de ligne, le 6e léger, le 9e bataillon de chasseurs à pied, une compagnie du génie et une pièce d'artillerie. Sa manœuvre, exécutée au pas de charge, balaya les rues du Temple et Rambuteau jusqu'à l'église Saint-Eustache. Les insurgés démoralisés se dispersèrent dans les petites rues qui font du quartier Saint-Martin un labyrinthe inextricable. Les souvenirs des anciennes émeutes qui ont toujours créé dans cette partie de Paris leur foyer le plus actif, prescrivaient de se tenir en garde contre une attaque combinée. L'Hôtel-de-Ville, quartier général de la division Levasseur, était le point de mire de l'insurrection. Maîtresse de cette position, elle n'eût, certes, pas été victorieuse, mais elle donnait la main à ses auxiliaires de la rive gauche, et dès lors, la bataille prenait un développement terrible. Le général avait tout prévu; ses lieutenants le secondaient avec une admirable intelligence; les soldats, pleins d'ardeur, frémissaient d'une généreuse colère en songeant aux cruels ennemis qui les attiraient dans des piéges pour les fusiller sans défense. Vers sept heures du soir, des rapports annoncèrent que l'insurrection devait fortifier, pendant la nuit, tout le périmètre qui s'étend de la rue Rambuteau au carré Saint-Martin. Si des masses de combattants parvenaient à se concentrer dans cette vaste agglomération de ruelles tortueuses, de passages ténébreux, dont chaque maison soutiendrait un siége, il fallait s'attendre à plusieurs journées de sang et de désastres. Tout était prêt, à l'Hôtel-de-Ville, pour foudroyer l'insurrection en masse, le lendemain, au point du jour, par une manœuvre décisive. Le général Levasseur voulait laisser à l'ennemi le temps de se rallier, afin de le tenir tout entier sous son épée. Il jugeait inutile d'exposer ses soldats dans un labyrinthe où les ténèbres amortiraient la rapidité de leur élan. Mais en apprenant que, par la nature du terrain, le quartier Beaubourg serait, dans quelques heures, une énorme citadelle dont il n'aurait raison que par la bombe, son noble cœur ne voulut point acheter cette victoire éclatante au prix d'une lutte à outrance. Il forma aussitôt deux colonnes d'attaque.

Le colonel Chapuis, avec un bataillon du 3ᵉ de ligne, fut chargé d'aborder de front les barricades, pendant que le commandant Boulatigny, du 6ᵉ léger, tournant les insurgés, les prendrait entre deux feux. A huit heures et demie, après avoir franchi sans obstacle les rues du Temple et Rambuteau, le 3ᵉ de ligne rencontra, à l'entrée de la rue Beaubourg, une première barricade que les insurgés ne défendirent point. Leur rôle était de laisser la troupe s'engager pour faire feu sur l'arrière-garde. Cette barricade fut enlevée au pas de course. A cent pas plus loin s'en élevait une deuxième, gardée par un groupe en armes qui laissa la colonne s'avancer à portée de pistolet. Tous les réverbères étaient éteints, toutes les fenêtres plongées dans l'obscurité. Le chef des insurgés cria *qui vive?* C'était le signal d'une décharge, qui ne fut point meurtrière, parce que les ténèbres ne permettaient pas aux insurgés d'ajuster leurs coups. Le brave colonel Chapuis s'élança aussitôt, l'épée haute, en criant : à la baïonnette !... Le bataillon se précipita comme un torrent de fer, mais à peine eut-il forcé la position, en se prolongeant dans les sinuosités des rues Beaubourg et Transnonain, que la nuit se déchira sous une voûte de feu. De face, d'arrière et de flanc commença une pluie de balles tirées de toutes les fenêtres, au milieu d'un tonnerre assourdissant. Les soldats ripostèrent avec un calme héroïque, firent taire le feu des insurgés, et rejetèrent les fuyards sur les baïonnettes du 6ᵉ léger. La troupe compta un petit nombre de blessés, parce que ses adversaires n'osaient se pencher hors des fenêtres pour exécuter un feu plongeant. La colonne se reforma en bataille au carré Saint-Martin, et ramena à l'Hôtel-de-Ville une centaine de prisonniers, des fusils, des munitions et un drapeau rouge. Menacés à chaque instant d'une nouvelle visite, les barricadeurs de ce quartier renoncèrent à leurs projets nocturnes.

A la même heure, le capitaine de la Roche-d'Oisy et le lieutenant Fabre de la garde républicaine, détruisaient, avec leur compagnie, une formidable barricade que deux cents hommes venaient d'élever pour s'emparer de l'Imprimerie nationale.

La nuit du 3 au 4 s'écoula dans un calme inquiet. Les agitateurs sentaient leur impuissance, et pourtant ils n'avaient pas renoncé au coupable espoir de prolonger la lutte. Mais, de son côté, l'autorité connaissait leurs projets, leurs ressources ; elle avait hâte de porter le dernier coup à une résistance qui menaçait Paris de périls incalculables. Le général Magnan, commandant en chef, voulut livrer bataille à l'anarchie en plein jour, et sur tous les points à la fois.

Toutes ses dispositions étant prises, le mouvement des troupes fut ordonné pour deux heures après midi. Au signal convenu, chaque brigade exécuta la manœuvre dont son chef avait reçu le plan. Les quartiers Saint-Antoine, Saint-Martin, Saint-Denis, Montmartre et du Temple, vigoureusement attaqués, furent enlevés en même temps. A cinq heures du soir, les brigades victorieuses se repliaient sur leurs positions. Le suprême effort des insurgés eut pour théâtre les rues Montmartre et Montorgueil ; les 51ᵉ et 19ᵉ de ligne détruisirent, le soir, ces dernières barricades. Le lendemain, 5, toute l'armée, divisée par colonnes mobiles, parcourut, dans tous les sens, tous les quartiers de la capitale, et acheva, par ce déploiement de forces, de réduire au néant les tentatives de l'émeute impuissante.

Un fait qu'il importe de signaler, c'est que la population vraiment laborieuse n'avait point quitté ses ateliers, et qu'elle offrit ses bras, avec dévouement, pour faire disparaître les traces d'une lutte que réprouvait hautement sa droiture. Elle comprenait, avec son admirable bon sens, que la restitution du suffrage universel ne pouvait rencontrer d'ennemis que dans ces conclaves d'ambitieux fainéants dont le désordre est l'unique patrimoine.

Le nécrologe de ces tristes journées ne compte que 218 victimes, dont 27 appartiennent à l'armée. C'est trop sans doute, pour l'humanité que désolent ces cruels sacrifices ; mais enfin, ces malheurs pouvaient être bien plus considérables, si le gouvernement s'était montré moins résolu. D'ailleurs, il faut se rappeler que le préfet de police avait multiplié les proclamations pour recommander à toutes les personnes paisibles de ne point s'exposer, par une funeste curiosité, aux coups qui devaient frapper l'anarchie.

Le 8 décembre, Louis-Napoléon publia cette dernière proclamation :

FRANÇAIS,

Les troubles sont apaisés. Quelle que soit la décision du peuple, la société est sauvée. La première partie de ma tâche est accomplie ; l'appel à la nation, pour terminer les luttes des partis, ne faisait, je le savais, courir aucun risque sérieux à la tranquillité publique.

Pourquoi le peuple se serait-il soulevé contre moi ?

Si je ne possède plus votre confiance, si vos idées ont changé, il n'est pas besoin de faire couler un sang précieux ; il suffit de déposer dans l'urne un vote contraire. Je respecterai toujours l'arrêt du peuple.

Mais, tant que la nation n'aura pas parlé, je ne reculerai devant aucun effort, devant aucun sacrifice pour déjouer les tentatives des factieux. Cette tâche, d'ailleurs, m'est rendue facile.

D'un côté, l'on a vu combien il était insensé de lutter contre une armée unie par les liens de la discipline, animée par le sentiment de l'honneur militaire et par le dévouement à la patrie.

D'un autre côté, l'attitude calme des habitants de Paris, la réprobation dont ils flétrissaient l'émeute, ont témoigné assez hautement pour qui se prononçait la capitale.

Dans ces quartiers populeux où naguère l'insurrection se recrutait si vite parmi des ouvriers dociles à ses entraînements, l'anarchie, cette fois, n'a pu rencontrer qu'une répugnance profonde pour ses détestables excitations. Grâces en soient rendues à l'intelligente et patriotique population de Paris ! Qu'elle se persuade de plus en plus que mon unique ambition est d'assurer le repos et la prospérité de la France.

Qu'elle continue à prêter son secours à l'autorité, et bientôt le pays pourra accomplir, dans le calme, l'acte solennel qui doit inaugurer une ère nouvelle pour la République.

Le triomphe de l'ordre, désormais assuré dans Paris, n'était que la première page de cette nouvelle histoire napoléonienne que la France est appelée à écrire dans les annales du monde.

XIX.

Soixante-douze départements avaient salué d'unanimes acclamations le grand acte du 2 décembre qui remettait la nation en possession d'elle-même. Dans quatorze autres, la démagogie essaya cette levée de boucliers dont les tribuns de la Montagne nous menaçaient pour le mois de mai 1852. L'Allier, la Nièvre, le Cher, la Côte d'Or, le Jura, Saône-et-Loire, le Gard, le Gers, le Lot, l'Hérault, le Lot-et-Garonne, la Drôme, le Var, les Basses-Alpes, virent avec effroi ressusciter les *Jacqueries* du moyen-âge. D'horribles excès furent commis par des bandes infernales qui proclamaient, au bruit du tocsin, l'avénement d'une barbarie sans exemple. Mais l'armée fit heureusement face à tous ces périls, et en peu de jours, les misérables que la fuite avait dérobés à un châtiment immédiat, se trouvaient cernés dans leurs repaires et enchaînés sous la main de la justice. Fermement déterminé à supprimer tous les éléments anarchiques, Louis-Napoléon décréta que ce monstrueux ramassis serait balayé du sol de la France. En même temps que l'état de siége s'appliquait aux départements insurgés, un décret d'une juste sévérité soumettait à la transportation dans les colonies de Cayenne et d'Algérie tous les individus, repris de justice en rupture de ban, ou convaincus d'affiliation aux sociétés secrètes.

Sous le règne du suffrage universel, tous les conspirateurs se déclarent ennemis des libertés publiques. Un gouvernement sage a donc le droit et le devoir, au nom de la société menacée, de leur faire subir la loi d'une inflexible répression, surtout quand ils ont été saisis les armes à la main, prêts à déchirer le sein de la patrie. Et cependant, hâtons-nous d'ajouter que la sollicitude du chef de l'Etat s'est montrée touchante et miséricordieuse jusque dans les rigueurs que lui imposait le salut de la France. Les malheureux ouvriers ou habitants des campagnes qui n'avaient été entraînés à la révolte que par faiblesse ou par ignorance ; les égarés qui n'avaient été que des instruments entre les mains des vrais coupables, et dont la détention condamnait leurs familles à la misère, ont trouvé grâce devant le représentant de la justice nationale. Quant aux autres, les voies du pardon ne leur sont point à jamais fermées. Imprudents ou coupables, ils comprendront un jour leur erreur, et la patrie pourra les recevoir repentants et convertis.

En ce qui concerne les hommes que la loi a flétris, la mesure présidentielle qui les éloigne de la France est tout à la fois une garantie donnée à la sécurité sociale et un hommage rendu à l'humanité. Quelle était, jusqu'à ce jour, la situation des détenus qui ont satisfait à la pénalité légale ? Sans nous préoccuper du danger des enseignements qu'ils trouvent dans le contact de toutes les perversités humaines, voyons-les rentrer dans la société, résolus de demander au travail l'oubli de leurs fautes. Que deviennent-ils ? Ils sont repoussés par le mépris public ; la surveillance qui pèse sur eux les met moralement *hors la loi*. Le travail était leur seule ressource : il leur échappe dès qu'ils sont connus. L'opinion ajoute à leur sort une aggravation de peine dont aucune puissance ne peut arrêter les effets. Le condamné est repoussé, parce qu'il a failli ; il est odieux, parce que sa purification légale est suspecte. L'éloigner du théâtre de son crime, le mettre à l'abri du retentissement qui l'a frappé, c'est le placer dans la seule condition où il pourra retrouver le calme de la conscience. Le travail des champs exerce une heureuse influence sur les fous, et si le crime est, comme on l'a dit, une des formes nombreuses de la folie, on doit attendre d'excellents résultats de la mesure ordonnée par Louis-Napoléon. En même temps que cette transportation rend la sécurité à la société en la mettant à l'abri des crimes par récidive, elle remplace, dans le cœur des condamnés, le désespoir par l'espérance. Le travail moralise, et, si le fruit d'un labeur obligé profite à ces malheureux, qui sait si la plupart d'entre eux ne retrouveront pas, dans les joies de la famille, et loin des regards qui les faisaient rougir, le bonheur qu'ils avaient cru perdu pour jamais !

XX.

Le lendemain du jour où le gouvernement apprenait, par le télégraphe, la répression des troubles des Basses-Alpes, toute la France allait au scrutin pour décerner à son sauveur, par le vote de huit millions d'hommes, la plus magnifique de toutes les récompenses nationales. Cette délégation du pouvoir suprême fut solennellement proclamée le 31 décembre 1851, et, le lendemain, l'année 1852 s'ouvrait par une fête religieuse qui bénissait le Ciel d'avoir détourné de nous les épouvantes de l'avenir.

« Dans un avenir reculé, quand les enfants de nos en-
« fants viendront, dans le même appareil, mettre à leur
« tête celui de vos enfants ou de vos neveux qui devra re-
« cevoir leur serment de fidélité; pour lui peindre les sen-
« timents, les vœux, les besoins du peuple, pour lui tracer
« tous ses devoirs, on n'aura qu'à lui dire : *Vous vous ap-*
« *pelez Bonaparte; vous êtes l'homme de la France; prince,*
« *souvenez-vous du grand nom de* NAPOLÉON. » C'est ainsi que le 7 prairial an 12 (26 mai 1804), le président du Sénat conservateur, François de Neufchâteau, terminait son discours à l'occasion du serment prêté à l'Empereur. Alors, comme aujourd'hui, le peuple, éclairé par les désastres qu'il avait eu à subir, craignant le retour des dangers dont

les excès avaient surexcité ses alarmes, voulant enfin respirer, vivre et grandir, s'empressait de se grouper près de l'homme providentiel qui lui promettait le bien-être et la gloire. Il lui remettait la réglementation de ses droits, et en confiant ses destinées à celui qui les assurait, ce peuple savait que c'était consacrer, en celui qui avait porté au plus haut degré la dignité nationale, la dignité personnelle devenue l'apanage de chaque citoyen.

Les enfants de ceux qui pensaient alors ce qu'exprimait le chef du Sénat, n'en ont conservé qu'un souvenir confus ; ce n'est plus qu'une tradition historique, après un demi-siècle ; ce n'est plus qu'une inspiration innée qu'il est bon de rendre réfléchie, en rappelant que la récompense nationale était justifiée par les bienfaits qu'elle avait en vue de consacrer. Se reporter en arrière, dans cette circonstance, c'est prouver que la reconnaissance du peuple est essentiellement logique ; que son esprit n'est que l'expression intuitive de son bon sens, et qu'en suivant ses inspirations, dans les deux époques mémorables où la génération actuelle vient de donner la preuve non équivoque de ses penchants, elle a donné aussi celle de sa gratitude et de ses espérances.

XXI.

L'impérissable grandeur de Louis-Napoléon, c'est de n'avoir point abusé du pouvoir presque absolu que lui conférait son immense élection, pour imposer à la France l'essai d'une théorie politique ; c'est de n'avoir point substitué aux enseignements de l'expérience les rêves de l'utopie ou les périlleuses innovations d'une pensée téméraire. Eclairé par l'histoire, il nous a rendu, perfectionné selon les besoins du temps, l'ensemble des institutions napoléoniennes, qui ne sont autre chose que l'organisation de la société d'après les principes de 1789, organisation dont les rouages administratifs avaient survécu à trois révolutions, et dont l'essence politique est la souveraineté nationale dans toute sa plénitude.

En effet, l'édifice de ces institutions reposait sur le suffrage universel, sainement appliqué à ce qu'il doit connaître et exprimer. Agissant dans un cercle où il ne pouvait s'égarer, le suffrage universel donnait de la force à l'autorité, sans dégénérer en instrument de désordre. Trait d'union entre l'exercice du pouvoir suprême et le principe de la démocratie, il résolvait le grand problème de la politique progressive, qui consiste à régler la puissance gouvernementale en lui donnant pour modérateur le consentement populaire, sans livrer cette manifestation de l'esprit public aux entraînements des ambitieux qui spéculent sur les révolutions.

Le Sénat, grand corps inamovible, se recrutant lui-même au milieu des illustrations du pays, sur la présentation combinée de l'élection et du souverain, armé du pouvoir de choisir les membres du Corps législatif parmi les candidats présentés par les colléges électoraux, de dissoudre ce Corps, de veiller sans relâche au salut de l'État, de rappeler constamment à l'exécution des lois, de suspendre au besoin leur exercice; le Sénat était placé au sommet de l'édifice gouvernemental, où, tout à la fois, représentant de l'aristocratie et défenseur du pouvoir suprême, il apparaissait majestueusement comme un sage et puissant intermédiaire entre la nation et son chef.

Le Corps législatif, représentation spéciale du peuple, composé de membres choisis dans chaque département par les colléges électoraux et ensuite par le Sénat, était appelé à donner le caractère sacré et obligatoire de lois aux propositions du gouvernement. Le droit de repousser ces propositions, de refuser par un vote les demandes faites au pays, suffisait largement pour arrêter le pouvoir, s'il avait été entraîné dans des voies dangereuses, et pour défendre la nation contre les empiétements de la tyrannie. Le Corps législatif ne discutait pas; il votait, au scrutin secret, sur les projets de loi débattus devant lui par les orateurs du gouvernement et par ses propres commissaires. La tribune n'était pas ouverte aux brillants écarts de l'éloquence parlementaire, et le droit d'*amendement* n'existait point. Mais, loin d'en faire un système d'accusation contre le système impérial, il faut peut-être regretter l'époque qui ne jouissait pas de ces prérogatives. La longue expérience que nous avons faite des stériles déclamations de la tribune et des abus de l'amendement n'est pas propre à nous y faire beaucoup tenir.

Ainsi le Peuple et ses colléges électoraux, le Corps législatif, le Sénat, l'Empereur, voilà ce qui composait le vaste réseau gouvernemental créé par Napoléon. La pratique de ce système lui avait donné une remarquable sanction. Les institutions impériales ont fonctionné pendant quatorze ans. Que les souvenirs se reportent sur cette période, dont la génération actuelle possède encore tant de témoins et d'acteurs; que ceux qui n'ont pas vu cherchent à retrouver la trace des faits dans les monuments historiques, dans ces annales, si riches en documents, que les accusations intéressées du royalisme et de la démagogie ne peuvent plus travestir. On ne savait pas alors ce que c'était qu'une émeute; ce mot, qui nous est devenu si familier, était à peine connu dans le vocabulaire français. Et ce n'était pas, reconnaissons-le bien, à l'excès de la répression qu'était dû cet état de choses; ce n'était point la force militaire qui comprimait les mauvaises passions, car cette force n'apparaissait nulle part dans l'intérieur du pays. Nos grandes cités, qui ont maintenant l'impérieux besoin d'être occupées par des régiments entassés, n'avaient pour garnison que quelques centaines d'hommes. Paris, que, de nos jours, il faut garder avec une armée aussi nombreuse, aussi brave que celles qui ont jadis accompli les prodiges de Marengo et d'Austerlitz, Paris, pendant tout le règne de Napoléon, n'a jamais eu plus de deux ou trois mille soldats dans ses casernes. L'ordre et le calme dont jouissait la France était donc uniquement dû aux institutions qui régissaient le pays, à l'organisation une et forte imprimée au gouvernement.

Vainement dira-t-on que les institutions impériales n'étaient, dans les mains de Napoléon, qu'un instrument qu'il pliait à son gré, et, qu'elles n'ont fait aucun obstacle à sa volonté, lorsqu'il aurait fallu peut-être qu'elle fût contenue. Quelles chartes, quelles institutions eussent donc été plus puissantes devant ce bras de fer? Des hommes de cette trempe sont appelés par la Providence à venir, dans des époques de transition, commander aux peuples et créer des monuments pour la postérité. C'est leur mission. Pour qui a-t-elle été mieux caractérisée que pour Napoléon? Qui s'en est mieux acquitté? Et de ce qu'une Constitution aurait été impuissante à arrêter l'homme que Dieu fit un moment plus fort que le monde, s'ensuit-il qu'elle fût mauvaise? De ce qu'il n'aurait pas été retenu lui-même par les entraves légales qu'il avait voulu créer pour ses successeurs, faut-il conclure qu'elles auraient été sans force contre ceux-ci? Si Napoléon était mort sur le trône, si son pouvoir avait été transmis à un héritier de son nom, les institutions qu'il avait fondées se seraient développées, les rouages du gouvernement créé par lui auraient fonctionné sans contrainte, et on aurait pu apprécier l'action salutaire des corps politiques qui, sous son règne, avaient pour ainsi dire toujours été neutralisés par la magie de son influence, mais qui, après lui, auraient librement pris leur place dans le grand système de gouvernement qu'il avait voulu nous donner. Le Sénat, armé des plus grands pouvoirs et justifiant son titre, serait devenu un véritable Sénat *conservateur;* le Corps législatif, représentation *directe* de la nation, aurait pris à la confection des lois, comme à l'assiette et à la répartition de l'impôt, une part suffisante pour garantir les intérêts généraux, mais assez circonscrite pour ne pas devenir un foyer permanent de résistance intempestive et de troubles dissolvants; et, probablement, la postérité aurait reconnu à l'œuvre, dans la machine gouvernementale destinée par Napoléon à régir avec ses successeurs l'avenir de la nation française, l'empreinte du génie qui caractérise toutes ses créations.

Lorsque l'empereur fut vaincu par les éléments; lorsque, frappé de revers inouïs, assailli par une série d'adversités aussi extraordinaires que la prospérité qui l'avait si longtemps suivi; lorsque, mal secondé par la nation que les revers décourageaient, abandonné par ceux qui lui devaient tout, il luttait avec une héroïque constance pour défendre les gloires qu'il nous avait données, il fallut l'Europe tout entière pour l'abattre. Mais la force n'écrase point les idées. L'idée napoléonienne ne pouvait point périr, puisque c'est par elle que la Providence, après trente-cinq ans de vicissitudes, nous a sauvés encore une fois des abîmes.

XXII.

Investi du droit et de la mission de reconstruire notre édifice social, l'héritier de l'empereur n'a rien voulu laisser au hasard. « Puisque, s'est-il dit, la France ne marche, depuis cinquante ans, qu'en vertu de l'organisation administrative, militaire, judiciaire, religieuse, financière du Consulat et de l'Empire, pourquoi n'adopterions-nous pas aussi les institutions politiques de cette époque? Créées par la même pensée, elles doivent porter en elles le même caractère de nationalité et d'utilité pratique. Ainsi l'administration de la France confiée à des préfets, à des sous-préfets, à des maires, qui substituaient l'unité aux commissions directoriales; la décision des affaires, au contraire, donnée à des conseils, depuis la commune jusqu'au département; ainsi la magistrature, affermie par l'inamovibilité des juges, par la hiérarchie des tribunaux; la justice, rendue plus facile par la délimitation des attributions, depuis la justice de paix jusqu'à la Cour de cassation : tout cela est encore debout. De même, notre admirable système financier, la banque, l'établissement des budgets, la Cour des comptes, l'organisation de la police, nos règlements militaires, datent de cette époque. Depuis cinquante ans, c'est le Code Napoléon qui règle les intérêts des citoyens entre eux ; c'est encore le concordat qui règle les rapports de l'État avec l'Église. Enfin, la plupart des mesures qui concernent les progrès de l'industrie, du commerce, des lettres, des sciences, des arts, ont été fixées par les décrets de ce temps. On peut donc l'affirmer, la charpente de notre édifice social est l'œuvre de l'empereur, et elle a résisté à sa chute et à trois révolutions. Pourquoi, avec la même origine, les institutions politiques n'auraient-elles pas les mêmes chances de durée?... »

Un fait qu'il importe de constater, c'est qu'en relevant ces institutions, Louis-Napoléon a tenu compte de la marche des idées. L'empereur avait eu besoin de la dictature pour briser les obstacles. Le chef de la France actuelle a rendu au peuple sa souveraineté *tout entière*, en ne voulant tenir que de sa confiance un pouvoir responsable devant le seul juge qu'il reconnaisse. Ce pouvoir, conféré par le vœu national, est désormais libre dans ses mouvements. Il s'éclaire par la création d'un Conseil d'État, premier rouage de l'organisation nouvelle, élaborant les projets de loi dans des commissions spéciales, les discutant à huis clos, sans ostentation oratoire, en assemblée générale, et les présentant ensuite à l'acceptation du Corps législatif. Ce Corps législatif, non plus choisi, comme autrefois, par une élection à deux degrés, mais issu du suffrage universel, discute les lois et l'impôt avec les commissaires du Conseil d'État, et accepte ou repousse librement les projets qui lui sont déférés. A côté de cette assemblée s'élève le Sénat, dépositaire du pacte fondamental, chargé de résoudre, en l'absence du Corps législatif, toutes les difficultés qui pourraient surgir sur l'interprétation ou l'exécution de la Constitution ; modérateur suprême dont l'attention perpétuelle veille au maintien de l'harmonie des lois avec les grands principes sur lesquels doivent reposer la liberté, la grandeur et la prospérité nationales.

Cette Constitution, si simple dans ses termes, n'enferme point les destinées de la France dans un cercle infranchissable. Elle laisse la voie ouverte à toutes les modifications que le progrès et les besoins des temps peuvent rendre nécessaires. Elle ne reconnaît qu'au peuple entier le droit d'en changer les bases fondamentales. Enfin, prévoyant le cas de mort du chef de l'État, avant l'expiration de ses pouvoirs, elle convoque la France dans ses comices, pour élire un nouveau mandataire. Ce pacte, sanctionné par sept millions cinq cent mille suffrages, ferme à jamais le gouffre des révolutions sanglantes ; il ôte à tous les partis tout prétexte de conspirer, en reconnaissant à la nation le droit, qui n'appartient qu'à elle seule, de disposer du pouvoir.

Et de quel principe national pourraient, en effet, s'armer les partis, pour lutter avec quelque avantage contre la Constitution actuelle de la France? N'est-il pas de la plus haute évidence, pour tous les esprits impartiaux, que ce retour à l'organisation gouvernementale de l'empire n'est exclusif d'aucune des grandes opinions conservatrices qui manifestent encore des regrets et des espérances? Dans le régime que la France vient d'acclamer, il ne faut pas voir seulement une question de personnes ; il ne faut pas étouffer dans le cercle étroit des prétentions individuelles un système dont le but est, avant tout, de satisfaire aux besoins de la société, et qui pourrait s'appliquer aisément à l'admission de tout autre prétendant au pouvoir. Si l'on se dégage des préventions de l'esprit de parti, on reconnaît qu'en France les ambitions légitimistes et orléanistes sont désormais privées de racines. Si la nation reconnaissait un jour que le pouvoir monarchique est le seul qui puisse assurer son avenir, elle choisirait d'elle-même l'homme digne, par ses services, de porter la couronne. Si quelque péril intérieur ou extérieur lui faisait sentir l'urgence de déléguer un pouvoir définitif, elle ne s'égarerait point dans le choix de l'épée dont elle attendrait son salut ou sa grandeur.

Cette épée serait-elle tendue au prétendant de la dynastie, qui, en 1815, livrait aux étrangers nos frontières, nos places fortes, notre artillerie, quinze cent trente-cinq millions de subsides, et aux assassins les glorieux débris de nos derniers désastres?

Cette épée serait-elle offerte au prétendant d'une autre dynastie, qui, élevée au trône par une révolution, ne reprit point nos provinces rhénanes, pour ne pas déplaire à la Prusse; n'accepta point la Belgique, qui venait à nous, de peur d'inquiéter l'Angleterre; laissa étouffer la Romagne, pour ménager l'Autriche, et livra toute saignante, après l'avoir trompée, aux bourreaux de la Russie, cette noble Pologne dont les enfants avaient jonché tous nos champs de bataille?.....

Pour l'honneur de la France régénérée, nous ne le croyons pas.

L'aigle de Waterloo, guérie de ses blessures, a repris sa place sur nos drapeaux; son fier regard plonge encore sur les chemins de nos gloires; sa serre pourrait de nouveau lancer la foudre sur les monuments de nos revers. L'Europe n'a point oublié les bulletins de la Grande-Armée, et nos propres malheurs lui ont coûté trop cher pour qu'elle se mêle à l'avenir de nos destinées politiques; elle n'oserait tenter de nouveau les chances de l'invasion. De son côté, la France, qui n'avait été poussée aux conquêtes que pour se défendre elle-même, et qui ne succomba que sous la trahison, la France est trop généreuse pour chercher dans des luttes nouvelles la vengeance de ses défaites. L'ère puissante qui vient de se rouvrir lui montre un but plus digne de ses aspirations.

Après avoir reconstitué l'ordre dans ses foyers, elle doit reprendre, au cœur de la politique européenne, la part d'influence qui appartient à son génie. Dans ses relations internationales elle a un droit imprescriptible à exercer, de grands devoirs à remplir.

Son droit, c'est, en déclarant hautement qu'elle renonce aux entreprises conquérantes, de rentrer en possession de ses anciennes limites, de ses frontières naturelles. En effet, si l'on jette un simple coup d'œil sur la carte de l'Europe, on y découvre, au premier aspect, que l'antique sol gaulois, dont la Providence elle-même avait dessiné les contours, a subi, d'âge en âge, une série de mutilations imposées, tour à tour, par les fautes ou les malheurs de notre politique. La France actuelle offre l'image d'un corps séparé de plusieurs de ses membres. Les grands bassins du Nord, du Rhin, de la Meuse, de l'Escaut, de la Moselle, sont tranchés par des lignes fictives qui barrent le cours des fleuves, et divisent les plaines ou les hauteurs, sans que la raison humaine puisse justifier les actes qui ont déchiré ces plans de la nature au profit du parasitisme étranger. Si l'on examine les populations qui vivent, séparées de la mère-patrie, au-delà de ces lignes arbitraires, on y voit des races dont le langage et les mœurs semblent appartenir au peuple dont elles dépendent aujourd'hui politiquement, mais qui n'en restent pas moins attachées à la France par les idées, les lois civiles et la situation géographique. Ailleurs, ces races parlent un dialecte que le français absorbe de plus en plus; sur un autre espace, elles ont gardé notre langue, nos idées et nos mœurs.

Nous ne retracerons point les catastrophes successives qui ont produit ces déchirements de notre nationalité; les guerres désastreuses qui couvrirent de deuil les dernières années de Louis XIV; les faiblesses de Louis XV; l'héroïque infortune de Napoléon, après des prodiges de grandeur et de génie; les lâchetés des Bourbons restaurés, à titre de valets de la Sainte-Alliance, sur le tombeau de nos victoires; ni enfin le règne égoïste et pourri de la maison d'Orléans, qui semblait destinée à nous ensevelir dans la honte. Ces lugubres souvenirs sont écrits dans nos cœurs. Le temps n'est-il point venu de les effacer? Mais, par quels moyens cette revendication du passé peut ou doit-elle s'accomplir?

XXIII.

De ces deux questions que se pose notre époque, la première est hors de discussion. Le droit ne se prescrit pas. Quant aux moyens, ils ressortent de l'accomplissement des devoirs qu'une politique respectable nous impose.

L'expédition de Rome a déjà prouvé au monde que les grands intérêts de la civilisation nous retrouveraient désormais à l'avant-garde des combattants. L'attitude de la France, en face des peuples qui l'entourent et l'observent, doit donc être une paix armée, c'est-à-dire un système fondé sur le maintien de ses intérêts. Sa dignité autant que ses intérêts l'obligent de garantir, par la diplomatie, et même, s'il le fallait, par l'épée, l'indépendance des nationalités dont se compose l'équilibre européen. Cette tâche est lourde à porter, nous le savons, et cependant, il faut bien le dire, de son accomplissement ou de son abandon dépendent notre grandeur ou notre décadence, nos progrès ou notre abaissement, la sécurité ou la ruine de notre avenir. Les puissances de premier ordre, telles que l'Angleterre, la Russie, l'Autriche, la Prusse, divisées entre elles d'intérêts sur tant de points, n'ont pas cessé depuis nos grandes guerres impériales, et depuis nos dernières révolutions, de fomenter contre nous une secrète coalition, jalouse de reprendre, tôt ou tard, en sous-œuvre, les projets d'asservissement que l'invasion de 1815 n'avait pu réaliser.

Le règne de Louis-Philippe s'est épuisé en concessions perpétuelles. La paix à tout prix, partout et toujours, était la devise de sa politique négative qui livra, tant de fois, notre honneur en échange de la satisfaction de quelques calculs dynastiques. En répudiant ces résultats d'un système dont justice est faite, la France doit-elle en appeler aux armes pour la restitution complète de ses droits, ou la préparer, par les combinaisons pacifiques d'une haute et ferme diplomatie, et en se créant des alliances trop longtemps négligées? Mais, d'abord, de quel côté une alliance quelconque lui serait-elle le plus profitable?

L'Angleterre, personnification vivante de l'égoïsme, malgré ses démonstrations libérales, est, par son principe de mercantilisme universel, l'ennemie née de tout voisin qui possède une marine, une industrie, un comptoir, des matières premières et des produits manufacturés. Son orgueil aspire à la souveraine fourniture des quatre parties du monde. Depuis l'Escaut et l'Archipel jusqu'au fond de l'Océanie, elle s'irrite de rencontrer le commerce français qui pourrait, avec plus d'élan, lui créer une concurrence redoutable. Une alliance basée sur la réciprocité d'intérêts ne saurait donc jamais convenir à son aristocratie de trafiquants. Il n'y a qu'un seul cas dans lequel nous pourrions marcher de front, sous le drapeau d'une entente momentanée : c'est le jour où notre intérêt commun aurait à empêcher la conquête de Constantinople par la Russie qui rêve, depuis tant d'années, la possession de cette clef de l'ancien monde.

La Russie, malgré la différence de ses mœurs et de ses institutions, nous offrirait, dit-on, par son immense développement continental, un point d'appui bien préférable. Son intérêt politique, ajoute-t-on, se concilierait aisément avec notre désir de recouvrer nos frontières naturelles sur la ligne du Rhin. Mais à quelles conditions appuierait-elle cette reprise? Il est probable que sa politique exigerait, en échange, notre intervention armée, ou, tout au moins, notre neutralité, pour activer à son bénéfice la conquête de l'empire turc. Il n'est pas moins évident qu'une fois assise sur le Bosphore, après avoir absorbé dans sa marche toutes les races slaves, la Russie, maîtresse de Constantinople, rayonnant du cœur de l'Europe sur toutes les régions d'Orient et d'Occident, nous menacerait, à son tour, de sa politique envahissante; et, si jamais, par exemple, une guerre éclatait entre nous et l'Allemagne, elle n'aurait qu'à attendre l'épuisement du vaincu pour en faire une autre Pologne.

Si, maintenant, nous tournons nos regards vers l'Autriche ou la Prusse, nous ne voyons, dans la première, que la ruine du Saint-Empire romain qui achève de s'écrouler, parmi ses usurpations féodales, sur quelques nationalités mutilées; dans la seconde, nous trouvons une vieille haine aristocratique, prête à faire cause commune, contre nous, avec l'Angleterre ou la Russie.

Mais si, d'une part, les puissances que nous venons de passer en revue nous jalousent ou nous haïssent, de l'autre elles ont assez d'occupations dans leur cercle pour être hors d'état de nous nuire de longtemps. L'esprit révolutionnaire, qui s'y infiltre à des degrés divers, les tient dans une inquiétude trop agitée pour qu'il leur soit permis de se risquer au dehors. Notre isolement, en face d'elles, n'est donc point à déplorer, car il nous offre, en quelque sorte providentiellement, un rôle plus conforme aux tendances du vrai progrès et à notre caractère national.

Ce rôle, c'est d'étendre, à l'ombre de nos aigles, la plus noble des protections sur les Etats de second ordre dont l'indépendance redouterait un péril. Cette politique rendrait de saintes espérances aux peuples qui gémissent sous des tyrannies étrangères, en même temps qu'elle nous procurerait des alliances multiples, garanties par un intérêt de même nature. N'oublions pas que l'Italie est appelée à se régénérer, tôt ou tard, sous le titre de Confédération italique ; que les régions scandinaves, convoitées par l'autocrate du nord, attendront, un jour, de nous leur salut ; que la Suisse, la Grèce, les populations danubiennes, la Turquie elle-même, races trop faibles pour qu'aucune d'elles puisse compter sur ses propres ressources, que l'Espagne, enfin, seront debout avec la France, dès que son drapeau flottera près d'elles. Voilà les véritables alliances qui, sur des points différents, peuvent répondre à notre appel, et former, à notre profit comme au leur, une fédération capable d'imposer le respect aux puissances agressives.

Ajoutons qu'une coalition européenne ne saurait tenter rien de sérieux contre nous, sans le concours ou plutôt sans la complicité de l'Allemagne. Or, l'Allemagne n'est point tout entière dans la diète germanique. Il existe une Allemagne plébéienne, studieuse, énergique, dont le travail intellectuel prépare les destins, et qui creuse peu à peu la mine où viendra s'écrouler l'influence autrichienne. Chaque pas qu'elle fait sur les routes de la pensée répond à un mouvement de la France. Gardée à vue par le vautour moscovite, elle a compris ses périls et se tourne en secret vers nous. Elle est lasse de voir le Hanovre et l'Elbe sous la suzeraineté britannique. Opposée politiquement à la Russie, commercialement à l'Angleterre, elle a les mêmes adversaires que nous à tenir en échec. Un seul point nous divise peut-être, c'est la question du Rhin. Mais elle n'ignore pas qu'une collision avec la France n'amènerait, pour fatal et inévitable résultat, que le triomphe des puissances absolutistes. Le peuple des provinces rhénanes ne doit donc être ni une conquête violente de la France, ni une avant-garde allemande campée sur notre sol. Mais que, dans l'intérêt commun, les citadelles qui ressemblent, sur nos frontières, à des postes d'invasion, disparaissent au nom de la double et perpétuelle amitié qui se tendra la main d'une rive à l'autre du Rhin ! Ce grand fait peut seul trancher, pour l'Allemagne, le redoutable dilemme : « *devenir libre ou Russe,* » dont la solution pèse comme un orage sur son avenir. Quelle y songe, car il y va pour elle de la vie ou de la mort, comme nationalité. Qu'elle se souvienne, ainsi que l'écrivait, il y a peu d'années, un des penseurs les plus énergiques de notre temps (1), qu'une des gloires de la France, c'est que « ce peuple, à la fois le plus ancien et le plus novateur de l'Europe, représente en même temps le passé et l'avenir contre un présent injuste ; tout ce qui a été légitime dans les âges écoulés, tout ce qui a noblement vécu et mérite de revivre, aussi bien que tout ce qui veut se produire pour la première fois à la lumière, morts immortels ou existences naissantes, lèvent les yeux et les mains vers la grande vaincue de 1815 » qui vient de briser ses fers.

Espérons-le, toutefois : ce n'est plus au bruit de la guerre, et par des routes sanglantes, que le monde intelligent doit s'élever dans l'avenir. Ses destinées se dégagent du chaos des révolutions qui renversent. Quand le fer a creusé le sillon du progrès, les idées s'y fécondent rapidement au soleil de la vérité. L'heure est venue de recueillir les fruits éclos de cette pénible culture.

Bientôt, si Dieu bénit tant d'efforts, à l'autre extrémité

---

(1) H. Martin, *de la France et de ses destinées*, p. 326.

de cette grande période qui se nomme le dix-neuvième siècle, sur les hauteurs d'où l'Histoire contemple le travail des peuples, après la comète des batailles, le phare des alliances illuminera pour jamais l'Europe reconnaissante, et le digne héritier de la mission napoléonienne, debout sur son œuvre accomplie, aura bien mérité de cette immortelle famille qui se nomme Humanité.

XXIV.

Le temps est l'instrument des pensées puissantes qui font marcher les peuples. Au lendemain de l'héroïque révolution de Décembre, la France avait besoin de la paix extérieure pour assurer l'essor de ses nouvelles destinées. Paris, qui, depuis soixante ans, avait le triste privilége de faire trembler l'Europe entière à chacune de ses convulsions, a du moins acquis la faculté de calmer presque subitement les angoisses qu'il sème si loin. En 1830, il fallait au moins vingt-deux jours pour avoir un message de Saint-Pétersbourg; il en fallait treize et quatorze pour connaître les impressions ressenties à Vienne et à Berlin. En 1848, les chemins de fer et les divers systèmes télégraphiques avaient fait quelques progrès, mais il fallait encore trois jours, pour le moins, pour porter aux capitales de l'Autriche et de la Prusse les terrifiantes nouvelles de février, ou la preuve et l'exemple fournis par les journées de juin, que les gouvernements ont le droit de se défendre et la certitude de vaincre, lorsqu'ils savent combattre à temps. Aujourd'hui, les chemins de fer nous relient à toutes les grandes résidences et aux principaux centres commerciaux de l'Allemagne; ils atteignent Braunsberg, dans la Prusse orientale, à trois journées de Saint-Pétersbourg. Les lignes de télégraphie aérienne vont jusqu'à Rome, Naples et Madrid, et les transmissions électriques nous mettent en communication instantanée avec Londres. La nouvelle des événements de décembre fut donc rapidement connue, et, après douze jours, le gouvernement français avait la certitude que les faits accomplis et leurs conséquences étaient sainement appréciés, favorablement jugés au point de vue des intérêts communs de l'ordre social.

L'heureuse issue de cette crise, et l'accord des puissances à reconnaître la légitimité des actes de Louis-Napoléon, nous a ouvert une nouvelle carrière de prospérités internationales. Jusqu'au 1er décembre 1851, la France, livrée aux factions, n'avait dû un peu de crédit et de calme qu'aux soins constants du chef de l'État ; le lendemain, grâce à son patriotisme intelligent, elle remontait au rang d'où elle était descendue. La confiance, le crédit renaissaient, et, ce que vingt ans de discussions législatives n'avaient pu faire, la dictature d'un seul homme le réalisait en un mois.

Les influences parlementaires avaient tellement prévalu jusque-là, que l'artère principale de la France, le chemin de fer du Havre à Marseille, avait été sacrifiée aux prétentions de clocher. Cette immense ligne de parcours n'est pas seulement le tronc sur lequel une foule d'autres viendront s'embrancher ; son exécution nous assure encore le transit des voyageurs qui se rendent de New-Yorck à Calcutta, le transport des correspondances et de la plus grande partie des marchandises. C'est le chemin des deux mondes, ouvert au cœur de la France, et déposant sur les contrées qu'il traverse les produits de l'univers en échange des merveilles de notre industrie. Grâce à cette création, une révolution complète va s'opérer dans les relations commerciales.

Les produits du Nord n'arriveront plus qu'en partie par

la voie de Marseille, les capitaux se dirigeront vers le Midi, dont les intérêts sont depuis si longtemps en souffrance. La concurrence de Trieste n'est plus à craindre. L'Orient et l'Occident deviennent tributaires de la France, et cette noble conquête suffit pour illustrer celui qui vient de l'opérer.

Le travail est rendu à l'ouvrier ; les forges, éteintes depuis quatre ans, s'allument de toutes parts ; le mécanicien revient à son banc ; l'espoir renaît, on existe, chacun entrevoit de meilleurs jours. A la voix de son chef, la nation se remet en marche. C'est un Napoléon : hâtons-nous de le suivre. Quand ces hommes-là vont en avant, chaque pas qu'ils font est un pas de géant.

Aux deux extrémités de l'Europe commence une lutte féconde. Le czar a réduit à dix-neuf heures la distance qui séparait sa capitale de Moscou. Dans quelques années, ce dernier point sera relié avec Odessa, tandis qu'un autre chemin, dirigé sur Varsovie, complétera les communications commerciales entre la France et la Russie.

Cet immense réseau, qui sera terminé dans cinq ans au plus, changera complétement la situation politique de l'Europe. Il assurera d'abord la coalition des intérêts continentaux, et le transit des marchandises s'opérant, en grande partie, par les voies intérieures, les puissances maritimes prépondérantes perdront leur redoutable influence. Le cabotage en pourra souffrir un moment, mais les marins entreprendront des courses plus longues, et tourneront enfin les yeux vers l'Amérique du sud, sur ce marché si vaste où nous appellent en foule les sympathies des populations, la similitude des croyances et les transactions les plus avantageuses.

Grâce à l'activité incessante de Louis-Napoléon, la France va devenir l'entrepôt du monde entier. L'Anglais Stephenson a commencé le chemin de Suez ; c'est pour Marseille qu'il travaille, car on préférera la traversée de la France aux lenteurs et aux périls de la navigation atlantique.

Si l'on regarde attentivement la carte, on verra que la France est le caravansérail obligé de cette caravane industrielle qui circule perpétuellement autour du globe. Pendant vingt ans, le commerce a lutté pour rejoindre ses points fixes par des voies détournées. Le gouvernement anglais a accordé aux *vapeurs* de la Méditerranée des faveurs immenses pour se rapprocher de l'Inde. Une fois achevé, le chemin du Havre à Marseille les rendra inutiles, et tout ce qu'on aura fait, depuis l'Orient jusqu'à Suez, ne sera qu'une prime accordée à la France.

Un chemin de fer, qu'on le sache bien une fois pour toutes, ne remplit sa haute destination qu'autant qu'il traverse une plus grande étendue de pays. Alors s'établit, pour les classes travailleuses, la péréquation naturelle des salaires aux besoins, par l'écoulement facile et prompt des produits de toute espèce. Ce qui a, jusqu'à ce jour, déprimé l'industrie de nos départements du centre, c'est le haut prix du transport. Les excellents charbons de Saint-Etienne ne peuvent soutenir la concurrence des charbons belges, et, en cas de disette, les blés d'Odessa ne peuvent arriver utilement au-delà de Lyon. Que de souffrances eussent été prévenues, si, au lieu de s'occuper des convoitises de deux ministres qui se disputaient un portefeuille, les Chambres de Louis-Philippe avaient hâté l'exécution de cette grande entreprise avant l'année de la famine !.... Mais l'avenir est trop beau, trop proche de nous, pour songer au passé. Laissons dans l'oubli les hommes qui auraient tari toutes les prospérités de la France, plutôt que de lui sacrifier l'orgueil de leur incapacité ! Puissions-nous ne les retrouver jamais dans les conseils d'un pays où leur nom est gravé sur toutes nos ruines, sur toutes nos humiliations !

Dès qu'un chemin de fer est établi, il n'étend pas seulement son influence sur les régions qu'il parcourt, mais sur toute l'étendue de la zone qu'il vivifie. Sur ceux qui existent déjà, des voitures publiques relient au tronc principal les villes qui manquaient de communications. Un chemin de fer joue dans le corps social le même rôle que les artères dans le corps humain. Il alimente toutes les forces, comme les artères fécondent toutes les veines. Sur ses flancs, des fils, ingénieusement disposés, font circuler la pensée. Du Havre on peut causer avec Marseille, avec Bordeaux; arrêter un wagon, faire prendre aux transports une autre direction. Si la paix est maintenue, les facteurs de la poste deviendront un jour les gardiens de nos télégraphes.

XXV.

Mais pour que cette paix si nécessaire à l'épanouissement de notre avenir ne reçoive aucune atteinte, il ne suffit pas de vivre en loyale et ferme intelligence avec nos voisins. Il faut encore, et surtout peut-être, que la France ne soit plus exposée aux agitations démagogiques dont le retour périodique a tant de fois arrêté ou suspendu le mouvement régulier de son ascension vers le progrès. Il faut qu'une surveillance incessante, éclairant sans cesse le pouvoir, féconde la victoire de l'ordre sur l'anarchie, en garantissant au pays le repos matériel et moral que lui promet son gouvernement si populaire. Il faut paralyser l'esprit de désordre en désarmant surtout son audace par la certitude d'une infaillible répression; le suivre dans ces associations ténébreuses où s'ourdissent les plus abominables complots; combattre l'esprit de parti, quelque drapeau qu'il arbore; prémunir l'opinion contre les fables inventées par une infatigable malveillance; rendre aux actes du gouvernement leur véritable caractère, quand une hostilité perfide travaille à les dénaturer; encourager les hommes sincèrement dévoués au pouvoir en les signalant à sa sollicitude; purger le pays de ces publications incendiaires qui pervertissent les populations; étudier partout les besoins des masses, et les améliorations de toutes sortes que l'intérêt public réclame; tenir compte, pour les recommander à l'examen du chef de l'État, des idées utiles et trop souvent enfouies faute d'un moyen de se faire jour; sonder la pensée des masses sur les innovations politiques ou économiques jetées dans le domaine de la discussion ou de l'étude; veiller enfin à tout ce qui concerne la santé publique, au bien-être matériel et moral des populations. Tels sont les principes qui ont inspiré la création récente d'un ministère de la police générale, composé de trois directeurs, neuf inspecteurs généraux et douze inspecteurs spéciaux, répartis dans les circonscriptions de nos vingt et une divisions militaires.

L'établissement de ce service administratif n'est point d'ailleurs une œuvre nouvelle; c'est la remise en vigueur d'un décret du 24 messidor an 12; c'est la renaissance d'une des plus puissantes institutions de la France impériale. L'opinion publique s'est préoccupée de cette grande mesure depuis longtemps pressentie, parce que sa nécessité éclatait de toute part. Certains esprits ombrageux en ont discuté le caractère avec inquiétude. Mais le gouvernement a écarté toutes les craintes puériles, en éclairant d'une vive lumière ses intentions et ses actes.

La police, tant de fois calomniée depuis soixante ans, la police qui, naguère encore, soulevait tant de haines au cœur des adeptes de l'anarchie, dont elle surveillait et brisait les trames; la police ne sera plus un rouage secondaire, une arme cachée; elle s'élève au rang qui lui appartient dans un État fortement constitué; elle devient un pouvoir dont la mission grandit, en même temps que ses devoirs s'étendent et que ses attributions s'élargissent.

Nous ne saurions trop faire remarquer la définition de ce nouveau ministère, telle qu'elle est tracée par le prince-président. « Sous un ordre de choses ne représentant que des intérêts privilégiés, » a dit Louis-Napoléon, « un semblable ministère pourrait inspirer des appréhensions; mais sous un gouvernement dont la mission est de satisfaire les intérêts généraux, il ne doit, il ne peut rien avoir que de rassurant pour tous les citoyens. Ce ne sera donc pas un ministère de provocation et de persécution, cherchant à dévoiler les secrets des familles, voyant partout le mal pour le plaisir de le signaler, interrompant les relations des citoyens entre eux et faisant planer partout le soupçon et la crainte; ce sera, au contraire, une institution essentiellement protectrice, principalement animée de cet esprit de bienveillance et de modération qui n'exclut pas la fermeté, elle n'intimidera que les ennemis de la société. »

L'opinion publique, devant cette franche déclaration du pouvoir, s'est immédiatement rassurée. Elle a compris que la fonction d'une police intelligente et protectrice ne se bornait plus, dans les temps de fièvre qui nous agitent, à poursuivre et à livrer aux lois les malfaiteurs ordinaires; mais qu'elle devait encore éclairer, par un perpétuel examen, toutes les questions qui intéressent, à des degrés et à des titres si divers, non seulement la sécurité publique, mais l'utilité générale. Son action doit pénétrer dans toutes les sphères des services administratifs, pour y saisir et réformer les abus, pour y prévoir et appliquer toutes les améliorations que réclame le progrès incessant des besoins et des aspirations du pays. Intermédiaire entre le pouvoir et les citoyens, elle devient une des plus importantes magistratures sociales, celle qui constate l'opinion publique, dont le gouvernement est l'expression permanente.

Dans notre société, bouleversée depuis un demi-siècle par l'invasion souterraine des doctrines les plus dangereuses, il devenait urgent de créer une force hiérarchique, armée de tous les moyens de résistance contre les attaques des irréconciliables ennemis de la civilisation. C'est protéger, c'est garantir les libertés nationales, que d'opposer une digue aux empiétements de la licence, à la dissolution des mœurs, à la perversité des esprits. C'est assurer le progrès, c'est étendre les horizons de l'avenir, que d'exercer un contrôle actif sur les tendances, les écarts, les erreurs des dépositaires d'une portion de l'autorité. Voir partout la vérité, la signaler sans cesse, ne la voiler jamais, c'est fournir au gouvernement les moyens d'agir avec impartialité, de sévir ou de récompenser en parfaite connaissance de cause, et de répandre dans toutes les couches de l'ordre social les lumières qui viennent à lui et le bien dont il est la source.

Si la révolte a été vaincue, si le pouvoir central a fait prévaloir sur tous les points du territoire le principe salutaire de l'autorité, peut-on affirmer que des tentatives criminelles, réprimées sur des points privilégiés, tels que Paris et Lyon, ne ressusciteront pas dans des départements moins favorisés sous le rapport de la surveillance? Les derniers troubles n'ont-ils pas démontré que l'action des préfets n'était pas toujours suffisante? Dans des circonstances analogues, que fit l'empereur? Il organisa un ministère de la police générale; et, si cette création était indispensable alors, elle l'est encore plus aujourd'hui que les associations secrètes vont chercher des adeptes jusque dans les hameaux, et qu'elles ont des arsenaux et des états-majors à Londres, à Genève, à Rome, et plus loin encore peut-être; aujourd'hui que ces associations se rattachent à un vaste système de *réorganisation sociale*, dont elles ont produit le sanglant échantillon, et qu'au besoin, en cas de guerre, les principes de ces sociétés détruisant les obligations du patriotisme pour y substituer l'ilotisme d'une fédération prétendue humanitaire, l'ennemi pourrait trouver des auxiliaires jusqu'au fond de la France.

Le ministère de la police générale, tel que l'a organisé la pensée de Louis-Napoléon, se place donc immédiatement au-dessus de tous les soupçons captieux que propagent des esprits de mauvaise foi. Son existence, justifiée par les considérations les plus sérieuses, sera le puissant corollaire des institutions sur lesquelles notre société se raffermit de de jour en jour. L'exercice ostensible et clairement défini de ses attributions assure aux fonctionnaires qui en sont investis la considération qui s'attache à l'accomplissement d'un devoir public. Le mot *police* est désormais affranchi des commentaires qui le défiguraient. Expression d'un lien naturel entre le pouvoir qui *dirige* et la loi qui *contient*, il signifiera, dans l'avenir, l'action qui prévient le mal en recherchant le bien.

XXVI.

Quand un chef d'État s'appuie, comme l'a si bien exprimé Louis-Napoléon, sur le droit qui vient du peuple et sur la force qui vient de Dieu, il n'a plus besoin, comme les gouvernements bâtards qui l'ont précédé, de chercher l'équilibre au sein d'un parlement cupide et corrompu.

La composition du nouveau Corps législatif devait être un corollaire ou une contradiction du vote du 20 décembre, selon les influences qui présideraient à l'élection de ses membres. Louis-Napoléon, en supprimant toute la partie théâtrale des assemblées par l'interdiction de reproduire les discours, annonçait sa volonté de faire avancer les affaires du pays, au lieu de les abandonner aux hasards de l'éloquence tribunitienne. Il a voulu que, désormais, le mandat de député conférât une mission sérieuse, uniquement appliquée au développement des intérêts généraux. La loi électorale, élaborée dans le calme de ses profondes méditations, a prononcé des incompatibilités nécessaires entre l'exercice du mandat législatif et celui des fonctions publiques rétribuées par le gouvernement; car la situation des fonctionnaires dans une assemblée politique est toujours délicate; ils ne peuvent émettre un vote dont l'indépendance ne soit point suspectée. L'exclusion des fonctionnaires, la suppression de toute indemnité, doivent nécessairement limiter, dans un pays où les fortunes sont aussi divisées que dans le nôtre, le nombre des hommes qui voudront ou pourront remplir ce mandat. Comme le gouvernement est fermement décidé à ne jamais user de corruption, directe ou indirecte, et à respecter toutes les consciences, il a pensé que le meilleur moyen d'assurer et de conserver au Corps législatif la confiance des populations, était d'y appeler des hommes parfaitement indépendants par leur situation et leur caractère. En effet, quand un citoyen a fait sa fortune par le travail, l'industrie, l'agriculture, s'il s'est occupé d'améliorer le sort de ses ouvriers, s'il s'est rendu populaire par un noble usage de son bien, il est préférable à ce que l'on est convenu d'appeler un homme politique, car il apportera dans la confection des lois un esprit pratique, et secondera le gouvernement dans son œuvre de pacification et de réédification.

L'habitude de la France avait été jusqu'ici de former des comités électoraux. Autrefois, lorsque le suffrage était restreint, quand l'influence électorale était le privilége de deux cent cinquante mille familles, l'abus de cette influence était odieux. Quelques croix peu méritées, quelques places livrées au détriment de la vraie capacité, pouvaient assurer le succès d'une élection dans un petit collége. Il était naturel que cet abus révoltât les consciences. Mais, aujourd'hui, que la nation est rétablie dans sa souveraineté, par quelles faveurs s'imaginerait-on que le pouvoir pût séduire le nombre prodigieux d'électeurs appelés, sur tous les points, à se faire librement représenter? Par des places? Mais l'administration de la France tout entière n'a pas de cadres assez larges pour contenir la population d'un canton. Par de l'argent? Mais, sans parler de l'honorable susceptibilité de l'immense majorité des citoyens français, le trésor public n'y suffirait pas. Avec le suffrage universel, proclamé par Louis-Napoléon, il n'y a qu'un ressort puissant, qu'aucune main humaine ne peut comprimer, ni détourner du courant qui le dirige : c'est l'opinion publique, ce sentiment imperceptible, indéfinissable, qui abandonne ou accompagne les gouvernements, sans qu'ils puissent s'en rendre compte, mais rarement à tort. Rien n'est indifférent à l'opinion publique; rien ne lui échappe; elle n'apprécie pas seulement les actes, elle devine les tendances; elle est sensible à tout, depuis la grande politique qui émane du chef de l'État, jusqu'aux moindres procédés des administrations locales; et l'opinion politique d'un département dépend, plus qu'on ne croit, de l'esprit et de la conduite de son administration. Sous le dernier règne, les administrations locales, subordonnées aux exigences parlementaires, s'occupaient bien plus à plaire à quelques hommes influents à Paris, qu'à satisfaire aux légitimes intérêts des populations. La bureaucratie se croyait créée pour l'objection, l'entrave et la lenteur, et prenait peu de souci de tout ce qu'elle amassait de malédictions et d'impopularité contre le gouvernement central. Ce temps est heureusement passé. Au lieu de voir des ennemis tracassiers dans ses fonctionnaires, petits ou grands, le peuple n'y voit plus qu'un appui bienveillant. Toutes les vieilles accusations des oppositions tombent devant la politique simple et franche inaugurée par Louis-Napoléon, et tous les hommes de bonne foi commencent à comprendre que l'ordre, le travail, la sécurité ne s'établissent dans un pays, d'une manière durable, que sous un pouvoir tutélaire et respecté, qui sait allier d'une main ferme ses droits avec la liberté.

En présence des résultats considérables qui ont déjà signalé la haute pensée politique du prince dont nous écrivons l'histoire, qu'importe, il est permis de le dire, l'ambitieuse hostilité de certaines passions opposantes? Les intérêts rivaux que représentent les chefs des anciennes factions parlementaires passent comme ceux qui en profitent ou qui en souffrent; ces obstacles qui entravent l'essor gouvernemental seront, en peu de temps, broyés sous l'évolution du progrès. Les médiocrités vaniteuses qui nous ont tant de fois poussés vers le chaos ne tiennent aucun compte des pas que la société fait sans eux; elles s'imaginent que les mouvements de l'humanité sont les échos de leurs doctrines : mais leur châtiment réside dans l'impuissance de produire aucun bien. A côté d'elles, en dehors d'elles, le travail et l'industrie du peuple font incessamment justice de leurs erreurs comme de leur orgueil ; et il ne faut pas remonter bien loin dans les annales de la civilisation, pour constater qu'un modeste citoyen a souvent laissé dans le monde une trace plus profonde et plus digne d'admiration que les prétentieuses théories de tant de prétendus hommes d'État. Parmentier naturalisant la pomme de terre, Jacquart dotant sa ville natale d'un métier qui l'enrichit, Chaptal cherchant du sucre dans tous les produits de l'Europe, ont plus contribué au bien-être du peuple que les météores politiques qui ont secoué sur lui le feu des révolutions.

C'est pour n'avoir point compris les éléments pleins d'avenir que l'industrie laborieuse apportait naturellement au sein de la société, que nos législateurs parlementaires ont failli la renverser, les uns par leurs folles utopies, les autres par leurs machinations cupides. Le mépris des grands intérêts matériels est aussi fatal au pouvoir que le dévergondage des idées. Ce sont les grands faits dans l'ordre du travail qui impriment aux nations leur plus rapide ascension dans la voie du progrès. Les intérêts particuliers détournent parfois un peuple de sa ligne ascensionnelle; mais les intérêts généraux, permanente majorité, l'y ramènent tôt ou tard. Dans tous les temps, l'homme a travaillé et souffert. Le char de la civilisation s'est bien souvent arrêté dans l'ornière; mais chaque époque a enfanté quelque génie providentiel, dont la puissance irrésistible a déblayé la route et le mouvement régulier du progrès.

Il y a peu d'années que la France, tiraillée en tous sens par les brouillons qui s'en prétendaient les pilotes, sentait l'abîme gronder autour d'elle, à chaque crise d'un ministère près de faillir. Les capitaux, cette âme du travail, disparaissaient dans l'orage, et la révolution menaçait d'éclater en coups de foudre sur la société chancelante. C'est au milieu de ces périls sans cesse renaissants que nous avons végété depuis la chute de l'Empire, et, chose singulière, avec la prétention de relever et d'affermir sur ses bases le principe de l'autorité, chacun creusait la mine où il devait infailliblement s'écrouler. Les pouvoirs incertains qui se succédaient promettaient à la France de merveilleuses institutions, et à peine avaient-ils essayé l'emploi de leur panacée, qu'ils se sentaient réduits à confesser leur ignorance, et périssaient du mal qu'ils ne pouvaient guérir, parce qu'ils n'avaient ni la conscience qui éclaire, ni la foi qui fortifie.

On a, depuis longtemps, affirmé que la nation française est ingouvernable. L'éphémère durée des systèmes qui ont remplacé la grande politique napoléonienne, les fautes accumulées par la plupart des hommes en qui se personnifiaient ces systèmes, semblaient donner gain de cause à cette désolante conclusion. Depuis trente-trois ans, le pouvoir s'est plaint de la nullité où l'opposition le réduisait. Et cependant, il y a deux époques où cet obstacle tant de fois accusé avait disparu. Qu'ont donc fait les gouvernements sortis du sein même de l'opposition victorieuse, de cette opposition parlementaire qui se prétendait les mains pleines de progrès près d'éclore au souffle d'une omnipotence si ardemment invoquée, si solennellement accordée par le peuple? Ces gouvernements ont péri sous la main du peuple désabusé. Il ne faut rien attendre des hommes d'État qui n'ont eu ni la prévoyance dans la paix, ni l'intrépidité dans les jours de péril social. Confier l'avenir aux déconsidérés du passé, ce serait exposer le pays à de nouvelles catastrophes. Les destinées de la France, si miraculeusement sauvées par le triomphe du suffrage universel, tomberaient dans une décadence irréparable, si le bon sens de la nation, désormais appuyé sur les enseignements d'une si longue et si rude expérience du jeu de bascule parlementaire, s'égarait une fois encore, à la voix des faux prophètes et des charlatans politiques.

Grâce au retour de l'ordre et de la confiance, l'activité de la France s'est réveillée, depuis quelques mois, avec une ardeur qu'elle n'avait jamais connue. De toute part, les édifices publics et particuliers s'élèvent comme par enchantement. Jamais Paris n'a mieux ressemblé à une ville prise d'assaut par les architectes; les ruines produites par le marteau du démolisseur disparaissent instantanément sous des constructions nouvelles. Au lieu de ces misérables abris qui offusquaient la vue, les halles centrales offriront bientôt à toute cette population des champs, qui alimente Paris, des étalages aussi élégants que commodes. Encore quelques jours, et la rue de Rivoli, cette longue et magnifique artère de la capitale, unira la place de la Concorde à l'Hôtel-de-Ville. L'industrie nationale va voir enfin s'élever, dans la vaste étendue du carré Marigny, aux Champs-Élysées, un palais digne d'elle, et, cette fois, permanent. Nos chemins de fer s'achèvent et poussent leurs embranchements sur tous les chemins de la France. Bientôt cet immense réseau de voies rapides va faire affluer à Paris toutes les richesses du monde. En présence de cette ardeur universelle, l'esprit se reporte naturellement à une époque qui n'est point effacée des souvenirs du peuple. L'impulsion extraordinaire imprimée aux travaux publics par l'empereur, après son retour de l'île d'Elbe, faisait dire aux ouvriers si longtemps inoccupés : « On voit bien que le grand entrepreneur est revenu! » L'empereur dort aujourd'hui dans sa gloire; mais, par ce qui se passe aujourd'hui autour de nous, il est aisé de voir que son génie créateur revit dans l'héritier de ses pensées et de son activité féconde.

Le Louvre s'achève et va se réunir aux Tuileries, enfermant dans cette vaste enceinte, si pleine de grands souvenirs historiques, depuis Louis-le-Gros jusqu'à Napoléon, la demeure du chef de l'État, les principaux ministères, les télégraphes, les musées, l'imprimerie nationale et une force militaire imposante. Ainsi les moyens de gouvernement les plus actifs, les plus énergiques, seront concentrés dans les mains de celui à qui la France a confié le dépôt de ses destinées, et qui, veillant sans cesse pour son repos, pour sa prospérité, pourra transmettre et faire parvenir à l'instant même, jusqu'aux provinces les plus éloignées, l'expression de la volonté souveraine.

Les préoccupations du prince pour les intérêts matériels de la France ne le détournent point de la sollicitude qu'il doit aux beaux-arts. Un gouvernement qui a son origine, son principe même, dans le sentiment poétique des masses, ne pouvait oublier.

Ce n'est pas en France, en effet, que les arts doivent s'effrayer des tendances industrielles et commerciales de la civilisation moderne. Quel que soit le mode d'activité de notre société, rien ne peut affaiblir en nous le côté chevaleresque et artistique du caractère national. Dans l'atelier, dans la boutique, dans le comptoir, comme dans le salon et les chaumières, c'est toujours, chez nous, la vie morale qui l'emporte sur la vie matérielle; et tandis que chez certains peuples, l'activité industrielle dessèche le cœur et éteint l'imagination, chez nous, quoi qu'on fasse, on ne fera jamais de nous, exclusivement, une nation positive, froide, calculatrice. Or, chez un peuple aussi éminemment artiste et chevaleresque, que faut-il pour que les arts prospèrent? Il faut un gouvernement qui ait ses racines dans les profondeurs de la nation, sa force et son avenir dans la foi populaire : et ce gouvernement, nous le possédons.

XXVII.

Apres de tels actes, et quatre mois de dictature féconde, Louis-Napoléon n'était plus seulement un grand nom, c'était le sauveur de l'Europe, le régénérateur de la France, le bienfaiteur du peuple. De même que son oncle avait été l'homme du commencement du siècle, arrivant à point nommé pour sauver la France de l'anarchie et de l'étranger, de même le prince était venu pour sauver la société de l'abîme où les partis la précipitaient. A son nom si glorieux il avait su ajouter une gloire personnelle, et désormais le pays confond ces deux hommes du même nom dans les mêmes sympathies, la même reconnaissance, la même admiration.

Aujourd'hui le prince n'a pas seulement pour lui le nom qu'il porte et les services qu'il a rendus; ce qui le rend encore plus l'homme des masses, c'est qu'il est deux fois leur élu. Elles l'aiment comme leur ouvrage. Vainement on a cherché à leur imposer un autre choix, c'est lui qu'elles ont voulu envers et contre tous.

L'instinct du peuple n'a point égaré son choix, il en est fier aujourd'hui. Il y a autant d'orgueil que de reconnaissance dans ses acclamations.

Est-ce un peuple opprimé que celui qui constate, par une aussi éclatante manifestation, le droit imprescriptible de sa souveraineté? Que l'on nous cite, parmi les nations modernes, un principe de liberté plus large et plus fécond, la vie politique circule en France, aujourd'hui, dans les plus humbles cantons. L'élection qui crée le chef de l'État crée aussi le plus obscur des magistrats municipaux, et partout l'on retrouve les mêmes garanties de responsabilité de la part de l'élu, non seulement de par la loi, mais aussi de par cette opinion publique qui peut, comme Dieu, faire et défaire toutes les puissances de la terre. La Constitution a tout prévu, pour enlever au pouvoir la personnalité qui l'avait toujours affaibli, et pour en faire le représentant et le symbole de la nation entière. Elle a voulu que son autorité, que son prestige, que sa splendeur vînt du suffrage et de l'acclamation populaire. Il en est résulté un accord intime entre les populations et le gouvernement. Les premières ont vu dans les œuvres du second leur œuvre propre, leur inspiration, la manifestation de leur volonté, et elles ont accueilli avec confiance et sympathie des actes que jadis elles ne subissaient qu'avec une sorte de méfiance instinctive et de susceptibilité soupçonneuse. Cette soumission volontaire, ce n'est ni la servitude, ni la dégénération; c'est, au contraire, le droit des citoyens agrandi, honoré, élevé à la hauteur d'une souveraineté d'où tout pouvoir découle. Voilà la théorie de notre nouvelle Constitution, les faits l'ont justifiée; et si l'ombre du doute avait pu rester encore dans les esprits de bonne foi, cette ombre vient de s'évanouir.

XXVIII.

Depuis longtemps une malveillance systématique s'efforçait de protester contre la spontanéité du vote qui avait sacré pour la seconde fois, le 20 décembre, la souveraineté nationale dans la personne de Louis-Napoléon. Les partis intéressés s'efforçaient de propager la croyance que nos populations de l'Est lui étaient sourdement hostiles. Le prince attendait l'occasion de vérifier, par ses yeux, la vérité de ces rumeurs. L'inauguration du chemin de fer de Paris à Strasbourg vient de lui offrir le plus magnifique triomphe populaire qui ait jamais illustré la vie d'un chef d'État.

Cette ligne de fer, trait d'union entre Paris et le Rhin, est la plus longue de celles qui sillonnent déjà le territoire français. Sur un espace de cinq cents kilomètres, sans compter les nombreux embranchements qui s'en détachent, ce chemin a été construit en sept années, au milieu de nos perturbations révolutionnaires, et c'est au gouvernement de Louis-Napoléon qu'appartient la gloire d'en avoir fait exécuter les derniers travaux avec une célérité sans exemple.

L'Océan mis en communication rapide avec le Rhin, par Paris qui donne une main au Havre et l'autre à Strasbourg; un immense courant commercial se ramifiant, à travers nos provinces les plus industrielles, entre l'Ouest, le Nord et l'Est; un convoi permanent d'innombrables voyageurs et de marchandises universelles, traversant la France pour aller verser des flots de richesses sur les bords de l'Allemagne centrale et méridionale; le Nouveau-Monde acheminé vers l'Alsace; de nouvelles et précieuses ressources stratégiques créées pour la défense du pays; de larges débouchés ouverts à l'écoulement d'une masse énorme de produits agricoles; des sources de prospérité et de bien-être, versant au loin la vie sur les régions qu'elles parcourent; telles sont les perspectives, on pourrait dire les certitudes, qui se rattachent à l'inauguration que vient de présider le chef de l'État.

C'est le 17 juillet, dans les beaux jours de l'année, que

Louis-Napoléon s'est dirigé vers l'Alsace. L'heure de son départ était connue ; du palais de l'Élysée jusqu'au sommet du faubourg Saint-Denis où s'élève l'embarcadère du chemin de fer de Strasbourg, ce ne fut qu'une immense acclamation populaire. A peine avait-il franchi l'enceinte de Paris, qu'il trouva, échelonnées sur son passage, toutes les populations rurales des environs, qui avaient quitté leurs travaux pour venir saluer leur élu de ces cris du cœur qui expriment si admirablement la vieille loyauté française et l'amour du peuple pour les chefs qu'il s'est donnés.

En arrivant à Meaux, le convoi fut obligé de s'arrêter. L'évêque, les autorités civiles et militaires, les maires de toutes les communes du département de Seine-et-Marne, attendaient le prince à la station. Après de chaleureux discours, qui peignaient en traits de feu les sentiments de la foule enthousiaste, une députation de charmantes jeunes filles offrit à Louis-Napoléon deux riches corbeilles de fleurs. A la Ferté, nouvelle station, nouveau concert d'applaudissements, nouveaux cris de vive l'empereur, accueillant l'auguste héritier des pensées du grand homme. A Château-Thierry, Châlons-sur-Marne, Vitry-le-Français, même triomphe. Plus loin, dans les rues de Bar-le-Duc, que le prince a traversées au pas, les ouvriers se précipitaient sous les roues de sa voiture pour le voir de plus près. A mesure qu'il avançait au milieu de nos braves populations de l'Est, Louis-Napoléon pouvait reconnaître qu'elles ont toujours confondu dans leurs souvenirs et leur admiration l'amour de la patrie et le nom glorieux de celui qui symbolise toutes nos grandeurs nationales. A chacune des journées historiques du consulat et de l'empire, se relie la mémoire d'un enfant de la Meuse. De Bar-le-Duc à Nancy, toutes les communes, en habits de fête, étaient accourues de plus de dix lieues à la ronde. De toutes les poitrines partait en longues salves ce même cri de *vive l'empereur!* qui avait déjà retenti sur toute la ligne de fer. Nancy avait préparé une fête municipale. Toute cette noble terre de Lorraine, dont l'empereur appréciait si bien le patriotisme; cette pépinière d'illustres soldats, qui a produit Ney, Duroc, Gouvion Saint-Cyr, Drouot, et tant d'autres fidèles compagnons de Napoléon; cette province qui a lutté jusqu'au dernier jour, pour l'honneur et l'indépendance de la France, se sentait électrisée au passage du jeune prince qui porte au front l'étoile de nos destinées reconquises.

Le 18 juillet, cent un coups de canon proclamaient l'entrée de Louis-Napoléon dans les remparts de Strasbourg. Pour se faire une idée du magnifique spectacle qui l'attendait, il faut en avoir été témoin. Toute la ville était pavoisée; toute la population était debout. Un splendide autel s'élevait au débarcadère pour la cérémonie de la bénédiction. Au-dessus de cet autel, flottaient sur des bannières tricolores, aux armes de la ville, ces inscriptions resplendissantes :

A Louis-Napoléon, l'Alsace reconnaissante !

Tous les peuples se donnent la main.

Route des Alpes a la mer du Nord.

Route de Marseille a la mer Baltique.

Le débarcadère de Strasbourg est une immense place où viennent aboutir les trois lignes de Bâle, de Wissembourg et de Paris. Plus de cent mille personnes s'y trouvaient rangées sur deux lignes. Après une messe solennelle et l'accomplissement des rites religieux qui devaient sanctifier cette fête de l'industrie, le vénérable évêque de Strasbourg adressa au prince, aux autorités, à la foule, un discours dans lequel la parole évangélique s'unissait aux plus éminentes considérations de l'ordre moral et politique. Il s'attacha surtout à faire ressortir, avec une éloquence digne de cette imposante vérité, que la Providence ne reste pas étrangère à ce prodigieux développement de l'industrie moderne, à ces étonnantes découvertes que le génie le plus vaste et le plus hardi n'aurait pas osé prévoir il y a cinquante ans. Si l'industrie efface les distances, si elle brise les barrières que le temps et l'espace opposent à ses créations, elle ouvre aussi une voie plus rapide au progrès moral des grands peuples ; elle fait disparaître les frontières, elle détruit les limites artificielles qui séparent les hommes, pour n'en faire qu'une seule et immense famille, unie dans cette fraternité qui est la couronne des vertus chrétiennes.

XXIX.

Aux splendeurs des cérémonies officielles succédèrent aussitôt les réjouissances que la ville de Strasbourg avait préparées au nom de la France, pour fêter dignement l'hôte illustre qu'elle possédait pour quelques jours. Cité militaire, elle offrit au neveu de l'empereur ce qu'elle aimait de prédilection, le spectacle de grandes revues, de manœuvres, et d'une petite guerre sur le Rhin. Ville d'artillerie par excellence, elle lui montra avec un noble orgueil son régiment de pontonniers, jetant sur le plus beau fleuve de l'Europe, en quelques minutes, un de ces ponts de bateaux dont l'improvisation merveilleuse fait envie aux plus savantes troupes des autres puissances. Au bruit du canon français tonnant sur nos frontières, l'Allemagne dut tressaillir; mais, cette fois, l'eau du Rhin ne devait pas se rougir du sang des peuples ; la voix de la France, traversant ses vagues, ne portait sur l'autre rive que des accents de concorde ; elle n'y éveillait que les échos d'une sympathie que les circonstances et l'intérêt commun des deux pays traduiront, tôt ou tard, en indissoluble solidarité.

Après six jours des plus douces émotions qui puissent faire vibrer le cœur d'un homme de bien, Louis-Napoléon, rappelé par toutes les nécessités de son œuvre gouvernementale, a repris le chemin de la capitale. Son retour a été, comme sa venue, l'objet d'une continuelle ovation. Nous ne retracerons point, dans ses minutieux détails, l'historique de toutes les pompes qui ont accompagné ce merveilleux voyage ; comment trouver des couleurs assez riches pour peindre ce tableau mouvant sans lui rien ôter de son éclat ? Comment décrire l'émotion profonde que laissent dans l'âme ce peuple des villes et des campagnes, formant aux deux côtés de la route une haie vivante ; les acclamations enthousiastes s'élevant du sein de ses masses groupées de mille façons pittoresques, les unes au bord des chemins, dans les champs, sur les collines ; d'autres au penchant des monts, au milieu d'une clairière ou d'une ruine ; ces décorations de verdure, de feuillages et de mousse, ces tentes, ces estrades, ces trophées d'armes, ces drapeaux, ces mâts, ces banderolles, ces écussons, ces chiffres, ces inscriptions, ces aigles aux ailes déployées, œuvre de la main des hommes, jetées comme par enchantement dans ce cadre immense qui s'appelle la création et qui est l'œuvre de Dieu ; ces jeunes filles vêtues de blanc, avec leurs corbeilles de fleurs, ces mouchoirs agités par la main des femmes, ces offrandes de bouquets ; ces revues de troupes, ces fanfares, ces bruits de canon, ces illuminations splendides, ces pompes de la religion consacrant les fécondes et pacifiques conquêtes de l'industrie ; toute cette féerie enfin qui s'est déroulée de Paris à Strasbourg, avec une pluie battante, comme sous un soleil ardent, tantôt dans une plaine fertile, ou dans un site agreste, sur la lisière des forêts ou sur le bord des rivières, dans de ravissantes vallées ou dans des gorges sauvages, tantôt sur les places et dans les rues des cités? Ce qu'il faut dire, c'est que les voyages de Louis-Napoléon ne sont jamais des excursions frivoles ou de vaines démonstrations de son pouvoir. C'est que celui-ci, surtout, est marqué d'un suprême cachet politique. Autrefois, les cris dont le prince était salué n'exprimaient que des espérances; aujourd'hui que l'avenir est assuré, ce sont des cris d'allégresse et de reconnaissance.

XXX.

L'héritier des glorieuses traditions impériales ne revenait pourtant pas d'un champ de bataille; il n'avait pas le front ceint des lauriers d'une victoire militaire; ce n'était pas en conquérant qu'il s'était montré sur le Rhin. Pourquoi donc ces acclamations immenses? C'est que son voyage était le symbole de toutes les grandes pensées qui préparent notre avenir; c'est que chacun de ses pas venait d'inaugurer un nouveau monument des gloires pacifiques et fécondes dont se couronne le travail.

Il y a deux faits d'une haute signification, qu'il faut constater à propos de ce voyage mémorable.

D'une part, il est désormais avéré par l'enthousiasme des populations immenses qui viennent d'assister à ces journées de fête solennelle, que le despotisme dont les vieux partis accusent le gouvernement napoléonien, n'est qu'un vain mot à l'usage de toutes les factions abattues. Qu'est-ce, en effet, que le despotisme? C'est l'énervation, c'est l'anéantissement de toutes les forces morales et matérielles d'une nation. Le despotisme, c'est l'immobilité, c'est la mort de l'élément social. Il existe quand un homme substitue son ambition, ses passions, ses caprices, à la volonté souveraine d'un grand peuple; quand cet homme enchaîne sous une main de fer le développement des intérêts généraux qui constituent la vie des sociétés. Mais ce qui vient de se passer, de Paris à Strasbourg, n'est-il pas, au contraire, la manifestation la plus splendide et la plus irrécusable des bienfaits de la sage et puissante liberté qui nous est rendue pour toujours? Observez cette radieuse activité industrielle qui, chaque jour, s'étend de proche en proche. Ecoutez le bruit des enclumes sous le marteau du travail retentissant de toute part. Comptez, dans nos usines, dans nos chantiers, dans nos manufactures, ces milliers d'ouvriers, chefs ou soldats de la grande armée industrielle dont chaque journée est une victoire sur la matière, une conquête de l'intelligence au profit du bien-être universel. Etudiez ces voies grandioses par lesquelles toutes les richesses de l'association humaine se ramifient et se multiplient en tout sens, depuis l'étincelante capitale d'un vaste empire jusqu'au dernier hameau perdu dans nos communes les plus ignorées. Sont-ce là les fruits du despotisme? Non, c'est l'épanouissement de la liberté au soleil du progrès.

La liberté, ne l'oublions plus, est fille du progrès. Ce n'est point dans les agitations de la place publique, dans les emportements des partis monarchiques, dans les hallucinations fiévreuses de la licence politique, dans les utopies des rêveurs, ni sous les fallacieuses promesses des ambitieux qu'il faut la chercher. Le droit de tout attaquer, de tout saper, de tout détruire, le droit du scandale, le droit de l'impuissance, ne sont point ses attributs. Donner au peuple le pain de l'âme par de fortes et sages institutions, le pain du corps par un travail énergique et fécond, voilà le vrai rôle de la liberté, voilà ce qui manifeste et affirme son existence. Le despotisme enfante l'ignorance et la misère. La liberté produit le bien-être et la vérité, le patriotisme et le travail ; et c'est parce que, sous l'autorité tutélaire de Louis-Napoléon, la France recueille, de jour en jour, ces fruits d'une prospérité qui s'accroîtra sans cesse, que nous voyons, sous ce régime, la plus incontestable affirmation d'une vraie, d'une impérissable liberté.

XXXI.

Il était nécessaire qu'un dernier avertissement fût donné par l'écho de la conscience publique aux hommes qui cherchaient encore à calomnier la situation actuelle.

Depuis le dernier voyage de Louis-Napoléon, quarante conseils généraux avaient formellement demandé, par des déclarations officielles transmises au gouvernement, que le pouvoir fût perpétué dans les mains du prince. Ce sont les conseils de l'Aisne, des Hautes et Basses-Alpes, de l'Ariége, de l'Aube, de l'Aveyron, des Bouches-du-Rhône, du Calvados, de la Charente, de la Côte-d'Or, de la Creuse, de la Dordogne, d'Eure-et-Loir, de la Haute-Garonne, du Gers, de la Gironde, de l'Hérault, de l'Indre, du Jura, de Loir-et-Cher, du Loiret, du Lot, de Lot-et-Garonne, de la Manche, de la Marne, de la Meuse, de la Moselle, de l'Oise, du Pas-de-Calais, des Basses et des Hautes-Pyrénées, des Pyrénées-Orientales, du Rhône, de la Haute-Saône, de Saône-et-Loire, de la Seine-Inférieure, de la Somme, de Vaucluse, de la Vendée et de la Haute-Vienne.

Neuf de ces conseils généraux, ceux des Hautes et Basses-Alpes, de l'Ariége, de la Charente-Inférieure, de la Creuse, de l'Indre, de Loir-et-Cher, des Hautes-Pyrénées et de Vaucluse, avaient donné à leur vœu une forme encore plus solennelle, en réclamant le rétablissement de la dynastie impériale. Dix-huit conseils, ceux de l'Ardèche, des Ardennes, de l'Aude, de la Corrèze, de la Corse, du Doubs, de la Drôme, de l'Isère, des Landes, de la Loire, de la Mayenne, du Nord, de l'Orne, du Puy-de-Dôme, du Bas-Rhin, de Seine-et-Oise, de Tarn-et-Garonne et des Vosges, s'étaient prononcés pour la consolidation et la durée du pouvoir, mais sans indiquer ni changement de forme ni la limite de sa prolongation.

Les conseils de l'Ain, des Côtes-du-Nord, du Finistère, du Gard et d'Ille-et-Vilaine, se bornaient à des adresses de félicitations et de reconnaissance.

Malgré ces vœux officiellement et spontanément exprimés par les représentants naturels d'une si grande majorité nationale; malgré l'éclatante protestation émanée de tous les actes et de toutes les paroles du prince-président contre les malveillantes suppositions qui l'accusaient d'ambitionner le titre d'empereur et la perpétuité du pouvoir, il se trouvait encore des chefs de partis politiques voués, par routine ou par intérêt, au triste rôle de nier l'évidence ou de dénaturer le caractère des plus incontestables manifestations de l'opinion publique. Supérieur à ces mesquines tentatives dirigées par une opposition mourante contre la noble franchise de sa conduite et de ses desseins, mais résolu d'enlever sans cesse jusqu'au moindre prétexte aux insinuations de l'esprit de parti, Louis-Napoléon voulut interroger encore une fois le sentiment de la France. Pour que cette épreuve fût plus solennelle, l'élu du peuple se traça un itinéraire qui le ferait apparaître presque à l'improviste sur les points les plus éloignés, et le mettrait en présence de l'opinion prise en quelque sorte sur le fait.

Il ne manque point d'exemples de princes, qui, à des époques différentes, avaient pensé aussi à se mettre en communication avec les populations, à étudier par eux-mêmes les besoins des différentes parties de leur empire, à se rapprocher enfin du peuple, dont leur grandeur les séparait, afin de recueillir de sa bouche l'expression de ses vœux et de ses sentiments, de ses prières et de ses espérances ; mais la destinée de ces chefs d'Etat était fixée comme celle de leur pays, et alors même qu'une pensée généreuse et utile les accompagnait au milieu de la pompe des fêtes et de la splendeur des solennités qui célébraient leur passage, cette pensée ne s'élevait pas au-delà de la hauteur d'un bienfait à accorder, d'un devoir à remplir, d'une étude à faire, d'un enseignement à recueillir, d'une amélioration à réaliser. Il n'en est pas ainsi des voyages de Louis-Napoléon, car tous ont été comme des interrogations faites à la France, dans le but de connaître sa volonté ; tous ont à la fois précédé et suivi de vastes événements politiques et de profondes transformations gouvernementales ; tous enfin ont influé, dans un sens favorable, sur l'avenir encore indécis et flottant de la nation, qui, lasse de révolutions et de tempêtes, cherchait à fixer irrévocablement ses destinées.

C'est là ce qui empreint d'un caractère exceptionnellement grandiose ces voyages où le neveu de l'empereur écoute, avant d'agir, les battements du cœur de la France, comme pour saisir dans ces battements spontanés et libres, sa volonté sincère et vraie, afin de la réaliser. Ainsi, après l'élection du 10 décembre 1848, Louis-Napoléon parcourait de nombreuses provinces, étudiant le regard, interrogeant la physionomie, scrutant la conscience des populations, et toutes lui ordonnaient de s'emparer du pouvoir; car, à cette époque déjà, en se mariant au bruit des canons qui tonnent, des cloches qui retentissent et des fanfares qui sonnent, pour saluer le chef de l'Etat, le cri des masses n'est, nulle part : *Vive la République!* ou *Vive la Constitution!* Partout l'on entend : *Vive le Président! Vive Napoléon!* Après le scrutin du 20 décembre 1852, le prince, reprenant le cours de ses pélerinages politiques, se rend à Strasbourg et dans l'Est de la France; et, comme si la voix du peuple devait toujours être en avant des faits, afin de tracer à l'élu national son devoir envers la patrie, les acclamations changent avec cette situation nouvelle, et ceux qui avaient crié, après 1848, *Vive le Président! Vive Napoléon!* crient, après 1851, *Vive Napoléon! Vive l'Empereur!* Dans cette marche des faits qui se déroulent avec une méthode et une logique admirables, dans cette gradation des sentiments du peuple, dont les acclamations devançaient, en les annonçant, les transformations successives du gouvernement, il y avait quelque chose de providentiel qui frappe tous les esprits et que nul ne peut contester. C'était le passé prophétisant l'avenir, et, s'il est permis de s'exprimer ainsi, décrétant la résurrection de l'empire, avec les charges de la guerre de moins et les progrès de l'industrie de plus.

XXXII.

Louis-Napoléon partit, le 14 septembre, à midi, du palais de Saint-Cloud. Son cœur avait le pressentiment des ovations populaires qui devaient l'accueillir tout le long de ce voyage triomphal. Il allait se montrer à la France en chef de la grande famille nationale, plutôt qu'en souverain qui va s'offrir aux hommages de la patrie reconnaissante. Il refusa tout d'abord l'escorte de cavalerie qui se tenait prête à l'accompagner. Par un mouvement spontané, les corps d'officiers des cuirassiers et des carabiniers en garnison à Versailles lui improvisèrent alors un cortége d'honneur jusqu'à l'embarcadère du chemin de fer d'Orléans. Le train présidentiel, lancé à toute vapeur, ne fit que toucher à Etampes, à Orléans et à Vierzon, où les populations d'alentour saluaient son passage. Il entra dans Bourges à sept heures du soir, au son des cloches, au bruit du canon, ces voix imposantes de la religion et de la puissance, qui se mêlaient aux cris d'enthousiasme d'une des plus vieilles cités de France.

Bourges avait arboré ses glorieuses bannières sur ses quatre-vingts tours qui abritèrent, au moyen-âge, la couronne de Charles VII, pendant les jours désastreux de l'invasion anglaise. Bourges, le berceau de Jacques Cœur, cet illustre citoyen qui donna ses trésors pour armer les soldats que Jeanne d'Arc menait à la victoire, se nomme aujourd'hui fièrement la *première étape* du pélerinage patriotique au bout duquel la France devait se couronner sur le front de son élu. Louis-Napoléon n'avait point voulu que les troupes formassent la haie sur son passage; la foule, accourue de plus de quinze lieues, fut sa garde, et les cris de *Vive l'Empereur!* lui apprirent assez qu'un chef d'Etat béni du peuple n'a pas besoin, pour sa sûreté, de l'appareil menaçant qui protége si mal les souverains dont le pouvoir manque de la consécration populaire. Avant d'accepter les fêtes que l'admiration publique lui avait préparées, il se rendit à la cathédrale, pour appeler, non sur lui, mais sur la France, les bénédictions du Dieu qui dispose de la destinée des empires. Louis-Napoléon a une foi inébranlable en cette sainte Providence qui maintient dans les voies du devoir celui qui l'invoque dans toute la sincérité de son âme. Combien de fois, en méditant sur les vicissitudes de sa vie, succès ou revers, n'a-t-il pas dû se sentir pénétré de cette grande vérité, à laquelle Tacite était amené par la considération des faits! Peut-être ne savons nous pas toutes les circonstances qui durent fortifier chez le prince cette croyance que Dieu avait des vues sur lui. En Italie, lorsque son frère eut succombé aux fatigues d'une guerre sans espoir, ne fut-il pas sauvé miraculeusement? A Strasbourg, lorsqu'il fut enveloppé par des soldats furieux, ne fut-ce pas un prodige qu'il sortît vivant de la caserne où un fourbe l'avait signalé comme un imposteur? Quand la loi le frappait impitoyablement, comment la pensée d'épargner sa tête fut-elle inspirée à Louis-Philippe? N'était-ce pas encore un effet de la divine protection? A Boulogne, le prince ne devait-il pas disparaître à jamais dans les flots, sous la grêle de balles qu'on faisait pleuvoir du rivage? Le succès de l'évasion de Ham était assez en-dehors de toutes les chances, pour que l'illustre fugitif ait cru devoir se prosterner au pied de la première croix qu'il aperçut en son chemin. Et que dirons-nous de ces terribles journées de décembre, pendant lesquelles, au milieu de la plus grande agitation, on le vit affronter avec autant d'audace que de bonheur les colères armées des partis soulevés par le coup d'Etat? Il eût été invulnérable par l'effet de quelque prestige, qu'à l'abri d'une telle assurance, il n'eût pas défié plus qu'il ne le fit alors, et qu'il ne l'a fait depuis, toutes les tentatives ennemies. Préservé de tant de dangers, que de motifs Louis-Napoléon aurait eus de devenir religieux, s'il n'avait eu dans sa propre organisation cette religiosité native, qui, sous l'influence d'une éducation libérale, devient le principe de toutes les vertus publiques et privées.

C'est à Bourges qu'apparurent en lettres de feu les premières manifestations du sentiment national qui devait suivre le prince jusqu'au terme de son voyage. Des transparents illuminés, avec cette inscription : *La ville de Bourges et le département du Cher reconnaissants à Louis-Napoléon!* resplendissaient sur toutes les places, dans toutes les rues. Quand, après une nuit de repos, le prince quitta cette cité radieuse, il y laissait une somme considérable destinée aux pauvres, aux établissements hospitaliers et aux vieux soldats de la République et de l'Empire. Il en emportait des bouquets de fleurs qui avaient neigé sur sa voiture tout le long de sa route, avec une telle abondance que les chevaux ne pouvaient plus avancer, et qu'il fallut faire halte pour amonceler ces témoignages de joie et d'affection.

XXXIII.

De Bourges à Nevers, le voyage fut une fête continuelle. Partout, des haies de peuple accouru des campagnes les plus éloignées s'allongeaient sur la route de l'illustre visiteur. Les députations de plus de quatre cents communes, maires et bannières en tête, l'attendaient au chef-lieu de la Nièvre. Le clergé, comme à Bourges, lui offrit les vœux et les bénédictions de la religion. Le conseil général lui annonça, par l'organe de son président, que la population du département tout entier réclamait unanimement le rétablissement de l'Empire. Louis-Napoléon resta impassible : « Messieurs, » répondit-il, « lorsqu'il s'agit de l'intérêt général, je m'efforce toujours de devancer l'opinion publique ; mais je la suis, lorsqu'il s'agit d'un intérêt qui peut sembler personnel. » Cette noble réponse ne devait point s'arrêter à Nevers. Elle se communiqua dans toute la France avec une rapidité électrique, et ne fit qu'ajouter à l'enthousiasme des masses. Louis-Napoléon la retrouva inscrite sur les arcs-de-triomphe élevés par la reconnaissance, sur les drapeaux civiques inclinés devant lui. Mais elle avait été surtout recueillie dans tous les cœurs. Ce magnifique exemple d'oubli de soi-même, cette parole si majestueuse à force de simplicité, cette attitude si imposante dans le calme d'une inébranlable confiance, prêtaient au neveu de l'empereur un prestige ineffable. Ses actes l'avaient précédé, l'Empire le suivait déjà, au cri de *Vive Napoléon III!*

Le suivrons-nous à Moulins, à La Palisse, à Roanne, à Saint-Etienne ? Les ovations se multiplient, les témoignages de sympathie deviennent, en avançant, des transports d'adoration.

Une vaste tente était placée dans une prairie, à cent mètres de la route de Roanne à Montbrison. On descendait de la route à la tente par un escalier grandiose, à la construction duquel avaient été employées quatre cents tonnes de charbon. De chaque côté de l'escalier avaient été dressés deux murs et, de distance en distance, des pyramides également en charbon. De l'autre côté de la route, faisant face à l'escalier, s'ouvrait une galerie exactement semblable à celles qui courent dans les mines. Eclairée de nombreuses lampes, cette galerie était ornée, au fond, d'une statue de sainte Barbe, patronne des mineurs. A gauche de la tente, et sur le même plan, s'élevait une estrade où avaient pris place, accompagnées de quarante sœurs de Saint-Vincentde-Paul, leurs institutrices, cinq cents jeunes filles appartenant aux écoles spéciales que la grande compagnie des mines de la Loire a fondées pour les familles de ses ouvriers. Toute la prairie était plantée de mâts pavoisés, indiquant, par des écussons, les noms et sites des principales exploitations minières. Il y avait là plus de six mille ouvriers, poussant un seul cri : Vive l'Empereur ! Louis-Napoléon se porte au milieu d'eux sans escorte. Il aime à voir de près ces rudes représentants du travail. Leurs franches acclamations le touchent plus que les harangues officielles des corps municipaux. Il sait que la voix du peuple est la voix de Dieu, et que quand le peuple se tait, c'est qu'il hait ou qu'il souffre. Ici règne la joie la plus expansive, parce que l'ordre protége le travail et que les rênes de l'ordre sont tenues, d'une main ferme et paternelle, par ce prince dont la sainte devise est comme celle de l'empereur : « Tout pour le peuple et par le peuple! » Louis-Napoléon s'arrache avec peine aux transports qui l'accueillent et le rendent si heureux; mais la France attend, de ville en ville, son passage béni, pour lui montrer, les uns après les autres, tous ses enfants. Lyon le réclame, Lyon, la seconde capitale de la France par son antiquité, par ses souvenirs historiques, par les merveilles de son industrie.

XXXIV.

L'origine de Lyon remonte à l'époque reculée où les Romains formèrent leurs premiers établissements dans la Gaule. Fondée, quarante-trois ans avant Jésus-Christ, par un lieutenant de César, cette ville reçut dans son berceau les débris de la population de Vienne, détruite ou dispersée par la guerre. L'empereur Auguste y fit pendant trois ans son séjour. Les empereurs Claude, successeur de Caligula, Marc-Aurèle, dont l'histoire a honoré le beau règne, et Caracalla, fils de Sévère, étaient nés à Lyon. Trajan y fit construire un magnifique édifice qui servait d'emplacement aux marchés publics et aux tribunaux. Saccagée et brûlée plusieurs fois dans les temps anciens, cette cité se releva toujours de ses désastres. En 1793, elle s'était déclarée contre la République et subit les malheurs d'un siége long et sanglant. L'empereur Napoléon répara ses pertes et lui rendit son ancienne splendeur.

Le peuple de Lyon forme un peuple à part. C'est une colonie lombarde, implantée et naturalisée entre deux fleuves sur le sol français. Bien que douée de facultés riches par la nature et par le climat, l'intelligence du peuple y est patiente, lente et un peu paresseuse. La contention exclusive et uniforme de la population vers un seul but, le travail, résiste au choc des idées et des systèmes. Lyon est une ville essentiellement plébéienne. La bourgeoisie, innombrable, riche, sans faste, sortant sans cesse du peuple et y rentrant sans honte par le travail des mains, rappelle ces corps d'arts et de métiers de la *soie* et de la *laine* de la République commerciale de Florence, dont Machiavel raconte l'histoire, et qui, s'honorant de leur industrie et portant pour drapeaux les outils du fouleur et du tisseur, formaient des factions dans l'Etat et des castes dans la démocratie. Au-dessous de cette universelle bourgeoisie s'étend une population de deux cent mille ouvriers, résidant dans la ville, dans les faubourgs et dans les alentours de la cité. Ce peuple de travailleurs n'est point entassé, comme dans les autres villes industrielles, dans d'immenses ateliers communs où l'homme, traité comme un rouage mécanique, s'avilit dans la foule, se pervertit par le contact, et s'use par le frottement continuel avec d'autres hommes. Chaque atelier de Lyon est une famille composée du mari, de la femme, des enfants. Cette famille va chercher toutes les semaines l'ouvrage, la soie, les modèles. Les ouvriers emportent chez eux les matières premières, les ourdissent à domicile, et reçoivent, en les rendant aux fabricants, le prix convenu pour chaque pièce manufacturée. Ce genre de fabrication, en conservant à l'ouvrier son individualité, son isolement, son foyer de famille, ses mœurs et sa religion, est mille fois moins propice à la sédition et à la corruption du peuple que ces armées de machines vivantes, disciplinées par les autres industries dans des ateliers communs où une étincelle produit l'explosion et l'embrasement. Ce travail à la tâche établit de plus, entre la bourgeoisie et le peuple, des rapports continuels et une mutuelle solidarité de bénéfices ou de pertes, éminemment propres à unir les deux classes par une communauté de mœurs et par une communauté d'intérêts. Les villes des montagnes du Forez, Saint-Etienne, Rive-de-Giers, Vienne, Montbrison, Saint-Chamon, sont autant de colonies occupées des mêmes industries, régies par les mêmes mœurs, animées par le même esprit. Cette population de même race, groupée ou disséminée, d'environ cinq cent mille âmes, est essentiellement active comme le travail, morale comme la religion, sédentaire comme l'habitude, parcimonieuse comme le gain, conservatrice comme la propriété. Tout ébranlement des choses l'inquiète. Le chômage ou le travail, la perte ou le bénéfice, sont pour ce peuple toute la politique et tout le gouvernement. Dès que le commerce tarit, que le luxe tombe, Lyon s'inquiète et s'agite. Le calme y renaît avec la prospérité.

Cette population, par l'élévation de son chiffre, par l'unité de ses intérêts, par le cachet qu'offrent ses mœurs, était une des plus importantes parmi celles que Louis-Napoléon venait visiter. En arrivant à Rive-de-Giers, il avait déjà passé en revue dix mille hommes de cette grande armée du travail français. L'accueil chaleureux qu'il avait reçu; les cris de *Vive l'Empereur!* qui venaient de le saluer annonçaient les dispositions du département du Rhône. Arrivé à Lyon, l'ovation dépassa toutes ses espérances. L'élite des négociants tenait ses habitations à la disposition du cortége présidentiel. Les appartements du prince étaient préparés d'avance à l'archevêché, où on lui offrit la chambre occupée par l'Empereur, en 1815, au retour de l'île d'Elbe. On lui réservait la plus délicate de toutes les fêtes, l'inauguration de la statue équestre de Napoléon sur la place du quartier Perrache.

XXXV.

Lieutenant d'artillerie au régiment de La Fère, Napoléon avait tenu garnison à Lyon. Général en chef de l'armée d'Italie, il y avait passé deux jours, en allant ouvrir au-delà des monts la glorieuse campagne de l'an 4. A son retour d'Egypte, il y avait été reçu en triomphe, avec un si grand enthousiasme, qu'il appelait ce voyage le plus doux souvenir de sa vie. Après la bataille de Marengo, Lyon lui avait décerné sept jours de fêtes civiques. Toute la ville était pleine de sa mémoire et de ses bienfaits. Elle acquittait sa dette avec bonheur, en offrant au neveu du grand homme sa splendide hospitalité.

Au moment de la cérémonie, la garnison, le peuple, sont massés en foule innombrable autour du monument impérial que couvre un voile bleu, semé d'étoiles d'or. Les cloches sonnent, l'artillerie des forts mêle sa voix à l'écho des fanfares. L'image glorieuse se dévoile, tous les fronts se découvrent, le cri de *Vive l'Empereur!* éclate autour du bronze historique. Louis-Napoléon, tout ému de cette grande scène, peut dire aussi, comme l'Empereur : « Ce jour est le plus beau de ma vie! »

Quand un peu de calme s'est rétabli, M. Duhamel, l'un des maires de Lyon, et président de la commission du monument, prend la parole au nom de la ville et adresse au prince ce discours dont chaque parole est un hommage ratifié par les applaudissements de la foule :

« L'Empereur, cette grande figure des siècles modernes, ainsi que tous ceux qui, comme lui, ont remué les masses et les ont fortement impressionnées, n'avait pas besoin des honneurs du marbre et du bronze pour le rappeler aux siècles à venir. L'Europe et l'Orient se sont empreints de ses pas; son nom est dans toutes les bouches, son image dans la plus modeste chaumière. Il vivra comme le temps, qui ne meurt pas. C'est ici, Monseigneur, non loin du cours qui porte le nom de Napoléon, que devait être élevé un palais pour le roi de Rome. Déjà ses bases avaient été jetées; il existerait, sans les douloureuses épreuves de 1814, et cette portion de la cité serait aujourd'hui riche et belle, quand tout y est encore à créer. Louis XIV, cet autre grand souverain, avait à Lyon sa statue; l'Empereur devait y avoir la sienne. La pensée en était dans tous les cœurs; mais il fallait, pour la faire éclore, une circonstance heureuse. Cette circonstance est apparue avec le 10 décembre. Des citoyens pleins de zèle et de dévouement et quelques vieux serviteurs se sont aussitôt concertés, et, aidés par votre gouvernement, ils vous offrent aujourd'hui le résultat de leurs efforts. Ce monument est à la fois digne du nom qu'il porte, digne de son auteur et digne de la cité à qui nous l'offrons.

« Comme l'Empereur, Prince, vous nous êtes apparu au milieu des orages; vous avez calmé la tempête, rendu au pouvoir sa force, sans laquelle rien n'est possible, ramené en France l'ordre et la prospérité. Grâces vous en soient rendues. Poursuivant votre mission providentielle, aidé de la religion, comme l'Empereur vous moraliserez la nation, vous referez sa conscience perdue. Le pays vous devra une vie toute nouvelle; deux fois le beau nom de Napoléon aura sauvé la France et l'aura régénérée.

« Vieux soldat de l'Empire, j'ai eu l'honneur de voir l'Empereur et de lui parler. Ce sont des souvenirs qui ne s'effacent pas, non plus que celui de ce jour, Monseigneur, et celui tout récent de Paris. C'est aux cris de *Vive l'Empereur!* mille fois répétés, que nos aigles, autrefois, ont remporté la victoire; j'y étais, je m'en souviens!... Soyez béni, vous qui nous les avez rendues. Héritier de son nom, soyez-le aussi de sa grandeur, comme de son affection pour nous et de l'amour d'une ville qui fut la première à reconnaître la légitimité de l'Empereur! »

Le prince, profondément touché de ce beau spectacle et des nobles paroles qui venaient d'unir son avenir à la sublime mémoire du passé napoléonien, se dirigea vers une estrade qui dominait au loin les flots de la population lyonnaise, et, au milieu d'un profond silence, il répondit en ces termes à l'hommage qu'il recevait dans la seconde capitale de la France :

« Lyonnais, votre ville s'est toujours associée par des incidents remarquables aux phases différentes de la vie de l'Empereur. Vous l'avez salué consul, lorsqu'il allait par delà les monts cueillir de nouveaux lauriers. Vous l'avez, plus tard, salué Empereur tout-puissant, et, lorsque l'Europe l'avait relégué dans une île, vous l'avez encore, des premiers, en 1815, salué Empereur. De même, aujourd'hui, votre ville est la première qui lui élève une statue équestre. Ce fait a une signification. On n'élève des statues équestres qu'aux souverains qui ont régné ; aussi les gouvernements qui m'ont précédé ont-ils toujours refusé cet hommage à un pouvoir dont ils ne voulaient pas admettre la légitimité. Et cependant, qui fut plus légitime que l'Empereur, élu trois fois par le peuple, sacré par le chef de la religion, reconnu par toutes les puissances continentales de l'Europe, qui s'unirent à lui et par les liens de la politique et par les liens du sang?

« L'Empereur fut le médiateur entre deux siècles ennemis. Il tua l'ancien régime en rétablissant tout ce que ce régime avait de bon ; il tua l'esprit révolutionnaire en faisant triompher partout les bienfaits de la Révolution. Voilà pourquoi ceux qui l'ont renversé eurent bientôt à déplorer leur triomphe. Quant à ceux qui l'ont défendu, ai-je besoin de rappeler combien ils ont pleuré sa chute? Aussi, dès que le peuple s'est vu libre de son choix, il a jeté les yeux sur l'héritier de Napoléon, et, par la même raison, depuis Paris jusqu'à Lyon, sur tous les points de mon passage, s'est élevé le cri unanime de *Vive l'Empereur!* Mais ce cri est bien plus, à mes yeux, un souvenir qui touche mon cœur, qu'un espoir qui flatte mon orgueil.

« Fidèle serviteur du pays, je n'aurai jamais qu'un but, c'est de reconstituer dans ce grand pays, si bouleversé par tant de commotions et par tant d'utopies, une paix basée sur la conciliation pour les hommes, sur l'inflexibilité des principes d'autorité, de morale, d'amour pour les classes laborieuses et souffrantes, de dignité nationale. Nous sortons à peine de ces moments de crise où les notions du bien et du mal étant confondues, les meilleurs esprits se sont pervertis. La prudence et le patriotisme exigent que, dans de semblables moments, la nation se recueille avant de fixer ses destinées ; et il est encore pour moi difficile de savoir sous quel nom je puis rendre les plus grands services. Si le titre modeste de président pouvait faciliter la mission qui m'était confiée, et devant laquelle je n'ai pas reculé, ce n'est pas moi qui, par intérêt personnel, désirerais changer ce titre contre celui d'empereur. »

Ces dernières paroles d'un dévouement si pur, d'une abnégation si touchante, furent couvertes d'une salve immense de cris de *Vive Napoléon ! Vive l'Empereur !* C'était le sacre populaire dans sa spontanéité grandiose. Qu'importe aux hommes providentiels le titre sous lequel ils accomplissent leur auguste mission ! leur gloire personnelle n'en sera ni amoindrie ni rehaussée dans la postérité. Mais les nations ont des instincts dont il faut leur tenir compte, parce qu'ils s'accordent généralement avec leurs véritables intérêts. En consolidant le pouvoir de leur chef, c'est leur propre prospérité qu'elles veulent garantir. La France, déjà si fière de voir à sa tête l'héritier du nom le plus glorieux, veut s'assurer un long avenir de grandeur et de paix, en donnant un pouvoir durable au prince qui l'a sauvée.

La ville de Lyon n'avait rien négligé pour que les fêtes offertes au chef de l'Etat fussent dignes d'elle-même autant que de l'hôte illustre qu'elle possédait dans son sein.

Elle avait réservé 70,000 fr. pour que les pauvres eussent leur part de la joie générale, et 25,000 fr. avaient été votés par la chambre de commerce, pour être employés en primes à inscrire sur des livrets d'ouvriers. Le prince s'est associé pour une somme importante à ces œuvres de bienfaisance qui prouvent que la générosité est une vertu toute française.

Des bals, des joûtes nautiques, des manœuvres de petite guerre, avaient ajouté à l'inauguration du monument impérial l'attrait d'une solennité féérique. En 1815, l'Empereur, traversant Lyon, au retour de l'île d'Elbe, avait dit aux habitants de cette noble cité : « Lyonnais, je vous aime ! » En 1852, Louis-Napoléon leur laissa cet adieu : « Lyonnais, aimez-moi ! » Et l'écho de ces touchantes paroles faisait encore vibrer tous les cœurs, au moment où le prince courait à toute vapeur vers Grenoble.

XXXVI.

Entre Lyon et Grenoble le convoi fut obligé de s'arrêter à toutes les stations. Partout, des arcs-de-triomphe, des acclamations formidables, des députations d'énergiques paysans saluaient le passé et l'avenir impérial. Toutes les communes, guidées par leurs maires, bannières en tête, accouraient en légions, au cri de *Vive l'Empereur !* Le 21 septembre, Louis-Napoléon touche Grenoble. Les habitants des Alpes, qui ne descendent pas de leurs montagnes sauvages dix fois en leur vie, inondaient, au nombre de plus de cinquante mille, le chef-lieu du Dauphiné. Les cris de *Vive Napoléon !* couvraient le bruit du canon. C'est à Grenoble qu'apparut pour la première fois cette inscription significative : « A Napoléon III ! » Les drapeaux des villes et des communes du département de l'Isère étaient chargés de cette devise, qui avait pour variante : *A Louis-Napoléon, notre empereur bien-aimé !* — *A l'immortel 2 décembre !* — *A l'Empereur, Grenoble fidèle !* La légende écrite au fronton d'un arc-de-triomphe offrait ce rapprochement : *L'Empereur arriva à Grenoble le 8 mars, et les habitants vinrent lui apporter sur leurs épaules les portes de la ville. Aujourd'hui, Grenoble* offre à Napoléon III son cœur et son dévouement quand même ! Le prince dut passer en revue les masses innombrables qui accouraient pour le voir. C'est que l'Isère est plein des souvenirs de l'Empereur, c'est que la présence de l'héritier de son nom, pour les braves populations qui furent les dernières à défendre notre territoire envahi, était la résurrection de nos jours de gloire. Les fêtes se succédèrent à Grenoble, comme à Lyon. Bals, revues militaires, feux d'artifice, illuminations merveilleuses, tel est, partout et toujours, le programme obligé des grandes réjouissances nationales. Mais ce qui devait effacer la splendeur de ces journées et de ces nuits heureuses, c'est la visite que le prince voulut faire, sans escorte, dans les quartiers les plus pauvres de Grenoble, pour s'informer par lui-même de leur infortune et y verser des consolations. Une somme de 28,000 fr. fut laissée au préfet de l'Isère pour une foule de bonnes œuvres dont la longue liste était tracée. Louis-Napoléon passait en faisant le bien, et les bénédictions le suivaient, plus précieuses, plus douces à son cœur que les ovations de l'enthousiasme.

Sur la route de Grenoble à Valence, que suivit le prince pour se rendre à Avignon, les mêmes démonstrations se reproduisaient pas à pas. Valence garde le souvenir de Napoléon, qui vécut quatre ans dans ses murs, comme lieutenant au 4e d'artillerie. Partout la glorification du premier Empire; partout des emblèmes, des inscriptions, des vœux qui en réclament la restauration.

XXXVII.

Le 25 septembre, Marseille reçut à son tour Louis-Napoléon, au bruit de ses cloches, du canon de ses forts, et du cri électrique de *Vive l'Empereur!* Toute la ville était sur pied et offrait le plus grandiose des spectacles. Française par le cœur, Grecque par l'esprit, Marseille réunit tout ce qui constitue une ville de premier ordre. C'est la France, mais c'est en même temps l'Espagne, l'Italie, la Grèce, l'Afrique et l'Asie, dont les perpétuels visiteurs s'y donnent rendez-vous. C'est l'entrepôt de l'Orient et de l'Occident au bord de cette belle mer dont l'Empereur voulait faire un lac français. Cette belle cité devait accueillir avec le fanatisme de la reconnaissance, s'il est permis de s'exprimer ainsi, le prince dont le courage et le patriotisme ont sauvé sa prospérité des périls qui menaçaient toute la France et qui eussent produit à Marseille des pertes incalculables. Elle lui offrit les clefs de ses portes, surmontées d'une couronne impériale. Elle l'attendait pour poser la première pierre de sa nouvelle bourse, et les fondements d'une nouvelle cathédrale. A l'occasion de cette seconde cérémonie, Louis-Napoléon adressa aux assistants une courte allocution dont le pieux caractère fut profondément senti : « Lorsque, dit-il d'une voix émue, vous irez dans ce temple appeler la protection du ciel sur les têtes qui vous sont chères, sur les entreprises que vous avez commencées, rappelez-vous celui qui a posé la première pierre de cet édifice, et croyez que, s'identifiant à l'avenir de cette grande cité, il entre par la pensée dans vos prières et dans vos espérances. »

Pendant que la France tout entière suivait avec un si intelligent intérêt les diverses phases du voyage du prince-président, pendant qu'elle s'associait avec bonheur à ces manifestations enthousiastes qui viennent de placer, pour la troisième fois, sur la tête de l'élu d'un grand peuple la couronne de la popularité, la découverte d'un complot aux environs de Marseille a tout à coup jeté le trouble et l'indignation au sein de la joie et de la sécurité publiques. Plus heureuse, plus habile qu'à d'autres époques, la main de l'autorité a su prévenir l'explosion de la nouvelle machine infernale. Nul, grâces à Dieu, n'a dû payer de sa vie cette affreuse tentative d'assassinat en masse, le plus horrible des moyens que puisse rêver la fureur d'une aveugle vengeance ou du fanatisme en délire. Mais chacun se demande encore comment aujourd'hui, en France, il a pu se rencontrer des cœurs assez pervertis et des esprits assez insensés pour combiner des projets que l'on qualifierait d'absurdes s'ils n'étaient atroces. Et qu'espéraient donc les plagiaires du 3 nivôse? Ont-ils pu croire que le pouvoir était à la merci d'un coup de main, et que la nation française se laisserait prendre au collet par une bande d'obscurs meurtriers? Ils ont récolté le dégoût et l'horreur universels; ils n'ont pu effrayer personne. La France, de même que Louis-Napoléon, a le droit de croire à son étoile; elle y reconnaît l'œil de la Providence, veillant sur les destins d'un grand peuple associé à la gloire d'un grand nom. La France se dit que cette Providence, qui s'est servie de Louis-Napoléon pour tirer le pays du chaos et lui préparer un avenir prospère, ne laissera pas se briser l'instrument de sa réorganisation au milieu de l'œuvre inachevée d'une grande politique, et que l'abîme où la société tout entière a failli rouler ne se rouvrira pas après avoir été si heureusement, si miraculeusement fermé. La France sait également que le chef de l'Etat ne s'est pas contenté de rétablir l'ordre et l'autorité, mais qu'aussi il les a appuyés sur des fondements que le crime lui-même ne saurait ébranler. Grâce à la Constitution donnée au pays, la nation française est aujourd'hui organisée avec une telle force, son gouvernement est si solide, son armée est si dévouée, tous les bons citoyens sont tellement résolus à faire cause commune contre un désordre éventuel, que nulle surprise n'est possible, et que toute tentative de bouleversement retomberait nécessairement sur ses auteurs.

Assurément ce n'est à aucun des anciens partis qui divisaient la France que l'on peut attribuer la conception d'un si odieux attentat. Tous ces partis, il faut le dire à leur honneur, en ont été unanimement révoltés. Quelques misérables débris de ces ténébreuses sociétés où l'on rêvait une réorganisation sociale préparée par le pillage et le meurtre, cédant peut-être aux suggestions intéressées de ces hommes dont le bonheur de la France fait le désespoir, tels sont sans doute les seuls éléments que la justice découvrira dans ses investigations sur l'origine et les agents de ce complot avorté.

XXXVIII.

Louis-Napoléon s'était embarqué à Marseille pour se rendre à Toulon.

Toulon est plein des souvenirs de la jeunesse militaire de l'Empereur. Simple commandant d'artillerie, Bonaparte y fut envoyé, en 1793, pour concourir, dans son arme, aux travaux du siége de cette place qui venait de se livrer aux Espagnols et aux Anglais, et les avait reçus dans ses murs en qualité d'*alliés* de Louis XVII. Les troupes de ces deux nations, renforcées de quelques milliers de Piémontais et de Napolitains, formaient la garnison et préparaient une vigoureuse défense, dont les suites déplorables leur importaient fort peu, puisqu'à tout événement la mer leur était ouverte, et que tous les maux du siége allaient retomber sur une population et sur une ville française. Les habitants étaient partagés entre les opinions politiques les plus opposées, depuis le jacobinisme le plus exalté jusqu'au royalisme le plus fanatique. Mais la minorité républicaine pouvait au plus ne pas agir, tandis que la majorité, quoique la plupart de ceux qui la composaient ne se fussent qu'avec douleur enrôlés sous les drapeaux étrangers, travaillait avec une incroyable activité aux travaux de fortification de la place, parce qu'elle ne voyait de salut que dans la force des murailles, et que l'intérêt de la conservation l'emportait alors sur toute autre considération patriotique. Le siége était dirigé par le général Carteaux, posté à l'ouest avec huit mille hommes, et par le général Lapoype, campé à l'est avec quatre mille soldats tirés de l'armée d'Italie. Ces forces traçaient un blocus sans résultat, puisque les passes de la mer restaient ouvertes aux assiégés.

L'arrivée de Bonaparte changea la face des choses. Il se présente devant Carteaux, dont la fierté ne lui impose point. Le même jour, il accompagne ce général en chef, pour aller visiter la disposition des batteries françaises. A peine a-t-il découvert, des hauteurs qui dominent la ville, la fausse direction des manœuvres, qu'il réclame, en vertu des lettres du Comité de salut public, dont il est porteur, le commandement absolu de l'artillerie. Au bout de six semaines, il était parvenu à réunir cent bouches à feu, pourvues de leur approvisionnement. Des batteries nouvelles sont placées par ses ordres sur des points soigneusement étudiés. Peu de jours après, leur effet se signale par la destruction de plusieurs vaisseaux de ligne coulés bas; et la flotte anglaise est obligée de chasser sur ses ancres hors de portée des assiégeants. L'incapacité de Carteaux, qui contrariait Bonaparte, est signalée au gouvernement. Ce général est rappelé; Doppet le remplace. Mais dénué, comme son collègue, de toute capacité militaire, celui-ci fait battre la retraite au milieu même d'un assaut dirigé par Bonaparte, et perd la confiance des soldats. Dugommier, qui lui succède à son tour, pénètre, en arrivant à son poste, les rares qualités du jeune commandant d'artillerie et lui confère de pleins pouvoirs. Sa vieille expérience de la guerre ne lui faisait pas dédaigner les conseils de Bonaparte, et il se plaisait, en toute circonstance, à lui témoigner publiquement l'estime qu'il faisait de ses conceptions. Il fallut plus d'un mois de travail pour réduire les forts, qui, élevés sur la chaîne de hauteurs dont se couronne Toulon, défendaient les approches de la place. Enfin, pendant la nuit du 17 décembre 1793, une attaque générale assaillit une de ces positions les plus formidables, que les Anglais eux-mêmes avaient surnommée *le petit Gibraltar*. Ce point, d'une importance essentielle, en ce qu'il dominait la rade, fut emporté après trois assauts livrés sous le feu le plus vif. « Général, » dit Bonaparte à Dugommier, après cette victoire, « allez maintenant vous reposer; nous venons de prendre Toulon; nous y coucherons demain! »

Le lendemain, l'aurore vit Bonaparte enlever avec la même rapidité les forts de l'Eguillette et de Balaguier, que l'ennemi, consterné de la perte du petit Gibraltar, ne défendit pas longtemps. La grosse artillerie de l'armée républicaine fut sur-le-champ braquée contre la flotte anglo-espagnole qu'elle découvrait entièrement. L'amiral Hood, désespérant de se maintenir sans risquer la ruine de ses navires, ordonna l'évacuation de la place, qui fut aussitôt reprise par les Français. Dugommier rendit au commandant Bonaparte la justice due à ses éclatants services, à son courage, à ses talents, et réclama pour lui le grade de général de brigade. Ce beau siége commençait la chaîne des grandes actions militaires du futur vainqueur de l'Europe. Le petit Gibraltar reçut plus tard le glorieux titre de fort Napoléon, qu'il porte encore. Il devait recevoir, en 1852, la première visite du neveu de l'Empereur, dont les regards, en admirant la belle rade de Toulon, pouvaient encore chercher sur ces flots la trace du départ de l'immortelle expédition d'Egypte.

Toulon réclamait l'élargissement de son enceinte, trop étroite pour sa population et pour les nombreux ouvriers de l'arsenal maritime. Un décret de Louis-Napoléon l'a immédiatement ordonnée. Cette mesure, accueillie avec des acclamations enthousiastes, réunit dans le cœur des Toulonnais le souvenir de la jeune gloire de l'Empereur à la reconnaissance inspirée par la haute intelligence de l'héritier de ses grandes pensées.

Au retour de sa longue visite au fort Napoléon, le prince était rentré tard au village de la Seyne, pour y reprendre le canot qui devait le ramener à Toulon. Le soleil s'était couché; la soirée était fraîche; les officiers qui entouraient Louis-Napoléon redoutaient pour lui l'influence des brises marines. Le prince, refusant les manteaux dont on voulait le couvrir, voulut s'asseoir au banc des rameurs, et déploya dans la manœuvre des avirons une souplesse et une dextérité dont ses compagnons d'un moment le félicitèrent aux cris, mille fois répétés, de *Vive l'Empereur!*

XXXIX.

De Toulon, l'illustre voyageur se rendit successivement

à Aix, à Tarascon, à Beaucaire, à Nîmes, à Montpellier. Les mêmes ovations lui furent spontanément prodiguées sur tout le parcours de cette ligne. Il faudrait un poëme pour retracer dignement la physionomie de toutes ces fêtes improvisées ; il faudrait plusieurs volumes pour enregistrer les proclamations, les adresses communales, les devises de toute sorte, dont la pensée résumait le même vœu, celui du rétablissement de l'Empire.

Montpellier, momentanément habité par M. Michel Chevalier, président du conseil général de l'Hérault, offrit à Louis-Napoléon, par l'organe de ce célèbre écrivain, un fidèle tableau des grandes choses, qui, depuis son avénement au pouvoir, ont si éminemment justifié les espérances de la patrie.

« Monseigneur, dit M. Michel Chevalier, aimer et honorer la religion, qui est le fondement de l'édifice social ; dégager définitivement le pouvoir de l'arène de discussions tracassières où il aurait usé perpétuellement sa force et son génie à se défendre d'indignes outrages, et, après l'avoir retiré de là, le placer dans une atmosphère de dignité et d'indépendance où il ait la libre disposition de sa puissance pour faire la grandeur et la prospérité de la patrie ; adhérer avec une inébranlable fermeté aux immortels principes de 1789, et en développer graduellement toutes les conséquences, en mesurant son allure sur la marche des esprits ; concentrer l'action des forces vives de l'Etat sur un objet sacré qui est également béni du ciel et de la terre, car il est également recommandé par la religion et par la politique, je veux dire l'amélioration de la condition morale, matérielle et intellectuelle des classes souffrantes, telle est, Monseigneur, selon le témoignage de l'histoire, et d'après vos propres écrits, la substance des idées napoléoniennes.

Oui, Monseigneur, le nom glorieux dont vous vous montrez le digne héritier résume toutes ces tendances civilisatrices et bienfaisantes.

« Ce programme n'est pas seulement le meilleur pour captiver les populations de ces contrées; il est le seul qui puisse les entraîner, le seul qui ait le don de faire battre leurs cœurs, de diriger leurs élans, de régler et contenir leurs passions.

« Hors de ce programme, la politique est pour elles un dédale ou un chaos, où leur vive intelligence est désorientée, où leur imagination prompte et ardente est sujette à se troubler et à s'égarer, où le pressentiment dont elles sont travaillées des améliorations que comporte l'ordre social au dix-neuvième siècle les dispose à accueillir des rêveries insensées et les livre en proie au génie du mal. Elles auraient cessé de croire à l'autorité et de lui porter le respect et la confiance qu'il lui faut pour que l'ordre subsiste, si elles avaient continué de voir le pouvoir condamné, de par la Constitution elle-même, à des épreuves toujours renouvelées, où il était indéfiniment amoindri, humilié, frappé d'impuissance. Mais, dès que vous leur avez apporté la règle d'une meilleure hygiène politique, elles ont été comme un voyageur éperdu, égaré, qui aurait perdu son chemin au milieu des ténèbres, et sur lequel viendrait jaillir tout à coup une vive lumière. Leur émotion s'est calmée, et leurs esprits, redressés, se sont tournés vers vous avec confiance et avec amour.

« Voilà, Monseigneur, comment votre présence au milieu de nos populations excite leurs transports. Laissez dire ceux qui seraient tentés de représenter comme un caprice passager de la mobilité méridionale les acclamations qui éclatent sur votre passage; loin de là : c'est la juste appréciation par le bon sens populaire de ce que la politique, qui se personnifie en vous, a d'élevé et de noble, de généreux et de fécond. Votre résolution bien connue de persévérer dans cette politique vous garantit la durée du respect, de l'admiration et de l'affection de nos contrées et de toute la France. Avec cette politique-là, Monseigneur, vous possédez un talisman qui vous attache à jamais notre département, et vous en ferait suivre jusqu'au bout du monde. Le conseil général de l'Hérault, qui vous est tout dévoué, est heureux et fier de vous en exprimer l'assurance. »

Le prince a répondu :

« En nommant M. Michel Chevalier pour président du conseil général de l'Hérault, je savais bien que je faisais choix d'un homme éloquent; mais ce qui me touche profondément, c'est de l'entendre développer les principes de la politique dans laquelle les acclamations du peuple m'encouragent à persévérer. »

Certes, depuis longtemps cette politique n'a plus besoin de programme. Dans ce dernier voyage, Louis-Napoléon n'allait point semer des promesses sur le champ de l'avenir. Les faits accomplis depuis que ses mains ne sont plus liées par une stérile opposition parlementaire, exposent une politique complète dont les développements s'enchaînent l'un à l'autre. Ce voyage est une véritable campagne; campagne pacifique et féconde, dans laquelle le prince a fait des conquêtes précieuses. Il a révélé la France à elle-même; il lui a appris à se connaître. Elle sent maintenant quelle puissance d'ordre et de conservation elle recèle dans son sein. Elle comprend que le prestige de l'autorité est rétabli. Bien des illusions ont disparu, bien des terreurs se sont dissipées. Les fondements de la société ont été mis à nu, et l'on a pu voir qu'ils s'appuyaient sur le roc et non sur le sable mouvant. Le pays, désormais rassuré sur l'avenir, sait dans quelles mains il remet ses destinées. Il sait où est la force, la popularité, l'autorité, l'élément certain de la stabilité.

Si jamais, à aucune époque, un homme ne réunit au même degré l'adhésion, la confiance, l'admiration d'un grand peuple, c'est que jamais homme, conduit par la Providence au secours d'une société prête à périr, n'a déployé plus de prudence, plus d'habileté, plus de courage et plus de patriotique désintéressement que Louis-Napoléon.

XL.

Au sortir de Montpellier, Fabrègue, Pézénas, Béziers, Narbonne, Carcassonne, Toulouse, Agen, Montauban, grandes ou petites cités, visitées tour à tour, ont rivalisé de zèle et d'empressement pour fêter la bienvenue du souverain populaire dont le cœur devine et met en œuvre, chaque jour, quelque nouveau moyen d'agrandir la prospérité générale.

Cette popularité qui entoure Louis-Napoléon s'explique diversement, suivant les tendances particulières des esprits qui en observent le progrès. Les hommes que le besoin de hiérarchie, d'autorité, de stabilité dans le pouvoir préoccupe particulièrement, déclarent que la masse elle-même a compris ce besoin; que, fatiguée de nos stériles agitations politiques, elle voit dans le nom de Napoléon un symbole de gouvernement durable, de sécurité, une garantie pour son travail et son bien-être, pour la paix de son existence à venir. D'un autre côté, ceux qui sont persuadés que l'entraînement populaire procède toujours d'un sentiment de nationalité et de gloire, ou de ce vif désir de progrès et d'améliorations de toute nature que la condition des classes laborieuses doit toujours leur inspirer, ceux-là expliquent par des espérances moins calmes l'ascendant que s'est acquis le chef de l'Etat. Ces appréciations nous paraissent incomplètes. La popularité napoléonienne tient encore à d'autres causes.

Sans doute, les agitations que nous avons traversées, les troubles profonds qui avaient paralysé, pendant plusieurs années, le crédit, le travail et les transactions du commerce, ont ramené le courant de l'opinion générale vers les idées d'ordre et de centralisation gouvernementale. Mais ces idées ne suffisent pas à produire l'enthousiasme populaire, et le peuple a vu dans Louis-Napoléon autre chose que le défenseur de la sécurité publique. Il a trouvé en lui un souvenir, il y a placé une espérance; souvenir de gloire immortelle et de grandeur, qui s'adresse au sentiment chevaleresque de la nation et qui l'enflamme; espérance d'action et de puissance pour l'accomplissement, par une main ferme, par un pouvoir incontesté et issu de la souveraineté nationale, de ces améliorations matérielles et morales, depuis si longtemps promises aux classes les plus nombreuses, les plus pauvres, et si rarement ou si insuffisamment essayées par les autres gouvernements. Après quarante ans de polémique et de discussions verbeuses, chacun se dit que la cause du progrès doit être étudiée et jugée, que le temps de l'action est venu, et que, s'il est nécessaire de repousser les utopies dangereuses, il faut aussi faire passer enfin dans les faits les vérités pratiques nées des lumières du siècle, et qui ont pénétré les intelligences aussi bien que les instincts.

Napoléon était l'idole du peuple, même après ses revers, parce qu'il avait accompli de grandes choses, triomphé de l'Europe, laissé partout des traces sensibles, des monuments palpables de son activité, de son génie, de son amour pour la France. Aussi le peuple s'était en quelque sorte identifié à lui et il ne séparait point sa cause de celle de l'empereur. Napoléon lui payait son amour en gloire, en puissance nationale, en grandes et fortes institutions, en justice et en égalité pratiques : « On m'aime, disait-il, parce que je suis le Peuple-Empereur ! »

C'est un sentiment et une pensée de même nature, mais dont l'objet est différent, qui élèvent le neveu de l'Empereur sur le pavois d'une égale popularité. Le pays a compris que Louis-Napoléon ne pouvait mentir à son origine, qu'il devait être, en quelque sorte, l'incarnation de la nationalité, et en même temps la seule puissance assez solidement établie dans l'assentiment public pour conduire la nation régulièrement et avec certitude vers ses nouvelles et pacifiques destinées. Le gouvernement de Louis-Napoléon s'est montré, dès ses débuts, empressé de prendre une large part dans la solution du grand problème de l'émancipation progressive de la classe la plus nombreuse et la moins favorisée de la fortune. La mission qu'il s'est imposée avec un zèle qui éclate partout, est grande et magnifique au milieu de ce siècle qui a élevé si haut la production par la science, qui a dompté la vapeur, effacé les distances, soumis l'électricité, fait jaillir les eaux fécondes du plus profond des entrailles de la terre, affronté presque en maître l'immensité des cieux, et si hautement glorifié la domination de l'homme sur la nature physique.

L'Empereur a été l'épée glorieuse de la France contre la réaction de l'Europe féodale qui menaçait de rétablir tous les abus en les immobilisant. Il sera glorieux pour un autre Napoléon de réaliser l'œuvre dont l'empereur avait défendu le berceau dans cent batailles, et de réaliser, dans l'espace d'un grand règne, le perfectionnement physique et moral de tous les membres de cette famille française, qui marche, depuis tant de siècles, à l'avant-garde du monde.

Déjà les faits ont parlé, et le gouvernement a posé les larges bases de l'édifice que doit ériger l'avenir.

Nous avons tous présent à la mémoire l'état dans lequel Louis-Napoléon trouva son pays : l'agriculture languissante, la fabrication arrêtée, le commerce paralysé, les affaires en stagnation complète, les fonds publics descendus à un taux qui menaçait la ruine de millions d'individus; la religion tremblante, la société assiégée, l'ordre partout bouleversé, la guerre au sein de la paix, la terreur dans le cœur de tous. A peine le pouvoir bienfaisant du neveu de l'Empereur a-t-il fait sentir son influence, quel changement, quel contraste avec le passé frappe nos yeux! Il semble que l'œuvre de deux siècles se soit concentrée dans l'espace de quatre années. Les fonds sont au-dessus du pair, le commerce n'a jamais été plus florissant, l'agriculture prospère, les manufactures sont en pleine activité, la confiance se rétablit partout; l'ordre règne; des travaux d'utilité publique occupent des milliers de bras, pour enrichir plus tard des millions de producteurs et de consommateurs; les chemins de fer s'étendent dans d'innombrables directions pour l'avantage et la commodité de tous, et produisent en même temps pour leurs actionnaires des dividendes permanents et lucratifs; des canaux, suspendus depuis un demi-siècle, s'achèvent et sont conduits jusqu'au terme primitivement désigné; les chantiers multiplient les ressources maritimes et commerciales du pays; le crédit foncier remet sur pied les propriétaires campagnards ruinés; enfin, tandis que les impôts sur le peuple sont largement réduits, le revenu de l'Etat éprouve une grande et sensible augmentation. Le projet si important de l'institution d'une marine à vapeur, destinée à développer nos relations commerciales avec les contrées du globe les plus lointaines; la colonisation de l'Algérie et de la Guyane, voilà encore de nouveaux jalons posés dans la carrière où la France est impatiente de s'élancer, armée de tous les progrès qui agrandissent et fécondent les sillons du travail. A côté de ces éléments de prospérité publique, le pouvoir multiplie et consolide les caisses d'épargne, fonde des caisses de retraite, favorise l'institution de sociétés de secours mutuels, de colonies agricoles; il enseigne par la pratique les grands principes de la prévoyance et de l'assistance publiques; il fait pénétrer l'instruction jusque dans les campagnes les plus reculées; il active de toutes ses forces l'éclosion du bien-être et la suppression de la misère par le travail, par la moralisation des masses. Voilà le grand secret de sa popularité.

XLI.

Ces considérations, fondées sur des faits qui arrêtent tous les regards en même temps qu'ils répondent à tous les intérêts, expliquent largement cette continuité d'ovations que Louis-Napoléon n'a cessé de voir resplendir partout où il apparaissait. Mais c'est à Bordeaux, où il entra le 7 octobre, que son voyage triomphal devait acquérir la plus éclatante signification.

La ville de Bordeaux, vieille cité royaliste, n'avait recueilli, pour prix de son dévouement à la Restauration, qu'ingratitude, oubli ou promesses illusoires. Depuis cette époque, son commerce avait langui, ses intérêts s'étaient étiolés dans un douloureux abandon. Sous la monarchie de 1830, aucune grande entreprise d'utilité publique n'était venue raviver ses espérances. Le canal de la Garonne avait pu être achevé, et, tandis que le nord de la France se couvrait de chemins de fer, tandis que les autres populations du royaume jouissaient de bienfaits considérables, dus à la rapidité des communications, qui décuplait la facilité des échanges, Bordeaux végétait dans un isolement voisin de la décadence. La révolution de 1848 n'avait point amélioré cette situation. La population girondine était donc pleine de rancunes instinctives contre les gouvernements qui l'avaient délaissée. L'avénement de Louis-Napoléon au pouvoir lui rendit une vie nouvelle. Depuis cette date mémorable dans son histoire, Bordeaux a vu marcher avec une puissante activité les travaux du chemin de fer qui doit le relier à Paris ; une autre voie s'y est ouverte pour communiquer, par Cette, avec la Méditerranée, tandis qu'un double embranchement lui ouvrira les chemins de l'Espagne à travers les Pyrénées. Quand la ligne de Paris sera terminée, c'est par elle que s'effectuera en grande partie l'écoulement des produits du nord vers les régions méridionales. Il est dès lors facile de comprendre avec quelle reconnaissance le commerce, les propriétaires et les agriculteurs de la Gironde allaient acclamer la visite du bienfaiteur de cette contrée. Bordeaux ne pouvait rester en arrière de Strasbourg, qui doit à Louis-Napoléon la voie ferrée qui unit la France à l'Allemagne ; de Lyon, qui lui doit l'achèvement de la ligne entre le Havre et Marseille ; de Marseille, qui doit à l'initiative du même pouvoir le chemin qui relie Paris à la Méditerranée. Bordeaux devait offrir à son tour des fêtes éblouissantes au régénérateur de sa richesse.

Arcs-de-triomphe, députations communales de la province entière, revues étincelantes, bals féeriques, proclamations ardentes, tout était prêt pour solenniser le passage de Louis-Napoléon. La chambre du commerce lui avait préparé un banquet dans le palais de la Bourse. Le cri de *Vive l'Empereur ! Vive Napoléon III !* poussé par une immense multitude, l'y avait devancé, accompagné et suivi. L'élite de la bourgeoisie ne voulut pas se borner à cet hommage. Elle se pressait en foule sous les galeries du palais, attendant avec impatience que le prince se prononçât sur le vœu formel qui allait lui être exposé. Le président de la chambre du commerce était chargé de porter la parole ; il s'exprima en ces termes :

« Messieurs, je porte un toast au prince Louis-Napoléon, lui qui, au 2 décembre, a si courageusement arraché la France à l'abîme dans lequel elle allait infailliblement tomber.

« Au prince qui n'a usé de son pouvoir dictatorial que pour rétablir l'ordre si profondément ébranlé. Le calme, à sa voix, a succédé à la tempête, la sécurité, aux alarmes ; les affaires ont repris leur cours, le crédit s'est relevé.

« Au prince qui, portant sa sollicitude éclairée sur nos intérêts si longtemps délaissés, nous a déjà dotés de canaux, de chemins de fer, et qui ouvrira bientôt, il faut l'espérer, des voies nouvelles, à travers l'Océan, à notre activité commerciale. Mais ces bienfaits ne porteront tous leurs fruits que lorsque l'avenir sera solidement assuré, car le commerce ne vit que d'avenir.

« Je suis donc son interprète fidèle en vous sollicitant, Monseigneur, de mettre nos institutions en harmonie avec nos mœurs et nos besoins qui ne peuvent s'accommoder d'un pouvoir incertain et viager ; vous répondrez aux vœux populaires, manifestés par les acclamations unanimes du pays, en proclamant le rétablissement de l'Empire.

« *Vive Napoléon!* »

Une démarche aussi directe et aussi solennelle ne permettait plus au prince de garder le silence sur ses intentions. Sa réponse est une page digne de l'histoire. La voici :

« L'invitation de la chambre du commerce de Bordeaux, que j'ai acceptée avec empressement, me fournit l'occasion de remercier votre grande cité de son accueil si cordial, de son hospitalité si pleine de magnificence, et je suis bien aise aussi, vers la fin de mon voyage, de vous faire part des impressions qu'il m'a laissées.

« Le but de mon voyage, vous le savez, était de connaître par moi-même nos belles provinces, d'approfondir leurs besoins. Il a toutefois donné lieu à un résultat beaucoup plus important.

« En effet, je le dis, avec une franchise aussi éloignée de l'orgueil que d'une fausse modestie : jamais peuple n'a témoigné d'une manière plus directe, plus spontanée, plus unanime, la volonté de s'affranchir des préoccupations de l'avenir, en consolidant dans la même main le pouvoir qui lui est sympathique. C'est qu'il connaît, à cette heure, et les trompeuses espérances dont on le berçait et les dangers dont il était menacé.

« Il sait qu'en 1852, la société courait à sa perte, parce que chaque parti se consolait d'avance du naufrage général par l'espoir de planter son drapeau sur les débris qui pourraient surnager. Il me sait gré d'avoir sauvé le vaisseau en arborant seulement le drapeau de la France.

« Désabusé des absurdes théories, le peuple a acquis la conviction que ses réformateurs prétendus n'étaient que des rêveurs, car il y avait toujours disproportion, inconséquence, entre leurs moyens et les résultats promis.

« Aujourd'hui, la nation m'entoure de ses sympathies, parce que je ne suis pas de la famille des idéologues. Pour faire le bien du pays, il n'est pas besoin d'appliquer de nouveaux systèmes, mais de donner, avant tout, confiance dans le présent, sécurité dans l'avenir.

« Voilà pourquoi la France semble revenir à l'Empire.

« Il est néanmoins une crainte à laquelle je dois répondre. Par esprit de défiance, certaines personnes se disent : l'Empire, c'est la guerre. Moi je dis : l'Empire, c'est la paix ! C'est la paix, car la France la désire, et, lorsque la France est satisfaite, le monde est tranquille.

« La gloire se lègue bien à titre d'héritage, mais non la guerre. Est-ce que les princes qui s'honoraient justement d'être les petits-fils de Louis XIV ont recommencé ses luttes ?

« La guerre ne se fait pas par plaisir, elle se fait par nécessité. Et à ces époques de transition où, partout, à côté de tant d'éléments de prospérité, germent tant de causes de mort, on peut dire avec vérité : Malheur à celui qui, le premier, donnerait en Europe ce signal d'une collision dont les conséquences seraient incalculables.

« J'en conviens, et cependant j'ai, comme l'Empereur, bien des conquêtes à faire. Je veux, comme lui, conquérir à la conciliation les partis dissidents, et ramener dans le courant du grand fleuve populaire les dérivations hostiles qui vont se perdre sans profit pour personne.

« Je veux conquérir à la religion, à la morale, à l'aisance, cette partie encore si nombreuse de la population qui, au milieu d'un pays de foi et de croyance, connaît à peine les préceptes du Christ ; qui, au sein de la terre la plus fertie du monde, peut à peine jouir de ses produits de première nécessité.

« Nous avons d'immenses territoires incultes à défricher, des routes à ouvrir, des ports à creuser, des rivières à rendre navigables, des canaux à terminer, notre réseau des chemins de fer à compléter ; nous avons en face de Marseille un vaste royaume à assimiler à la France. Nous avons tous nos grands ports de l'ouest à rapprocher du continent américain par la rapidité de ses communications qui nous manquent encore. Nous avons enfin partout des ruines à relever, de faux dieux à abattre, des vérités à faire triompher.

« Voilà comment je comprendrais l'Empire, si l'Empire doit s'établir.

« Telles sont les conquêtes que je médite, et vous tous qui m'entourez, qui voulez, comme moi, le bien de notre patrie, vous êtes mes soldats ! »

XLII.

Une religieuse attention avait accueilli les premières paroles de ce discours si plein de véritable grandeur dans sa simplicité. Mais, à mesure que Louis-Napoléon, repoussant avec une fermeté modeste cette couronne qu'il ne voulait accepter que du suffrage universel de la France, développa ses idées sur la politique d'un grand règne, l'admiration, succédant au respect, l'interrompit, à chaque phrase, par des salves d'applaudissements redoublés. Jamais prince ne s'éleva si haut devant un peuple, car, en s'adressant à Bordeaux, la voix du neveu de l'empereur était entendue de la France tout entière.

Ce qui saisit tous les esprits dans la parole émouvante

et sympathique de Louis-Napoléon, c'est toujours le rare bonheur avec lequel il caractérise les situations et tranche les plus graves problèmes sociaux; c'est surtout ce génie éminemment pratique qui révèle les véritables besoins de l'époque et indique, avec une rare précision, les moyens les plus prompts d'y satisfaire. Le discours prononcé à Bordeaux en est une nouvelle et éclatante preuve. Jamais programme plus remarquable, jamais champ plus vaste n'a été tracé à l'activité d'un grand peuple. Jamais un gouvernement n'a exposé avec plus de netteté et de vérité son but, ses éléments d'action, ses projets les plus intimes. L'Empire, c'est la Paix, a dit l'héritier de l'Empereur; non la paix oisive et stérile, la paix où les nations s'endorment dans cette lassitude improductive qui suit presque toujours les grandes crises, mais la paix qui ouvre à l'intelligence et au labeur humains de nouveaux horizons, qui a, elle aussi, de glorieuses conquêtes à accomplir, les conquêtes du travail sur toutes les forces de la nature, dans l'intérêt du progrès et du bien-être général.

C'est vraiment une merveilleuse chose que celle qui s'accomplit sous nos yeux! Les pouvoirs précédents ne nous avaient pas habitués à ces sympathiques et expansifs échanges de pensées entre les gouvernants et les gouvernés. Une diplomatie méticuleuse à l'extérieur, une hésitation naturelle à l'intérieur, la crainte à l'égard des partis, la réserve à l'égard de tous les individus, tout concourait à enveloper d'ombre et de mystère la gestion des affaires publiques. Aujourd'hui, tout se fait au grand jour, à l'éclat du soleil, à la face du peuple, devant l'Europe entière qui écoute avec attention cette parole à la fois douce et fière, calme et énergique, simple et profonde qui remue les masses, parce qu'elle répond toujours à leurs instincts secrets, et qu'elle est l'organe imposant de la souveraineté nationale. Quand on est ainsi l'âme et l'écho d'une nation, on peut lui parler avec cette noble franchise qui est le signe caractéristique des grands législateurs.

Louis-Napoléon ne dit pas à la France que tout est pour le mieux dans la société telle que les révolutions nous l'ont faite. Il n'affirme point, comme certains hommes d'Etat, qu'il n'y a rien à faire pour améliorer les divers éléments de l'ordre social. Il signale, au contraire, toutes les conquêtes qui restent à réaliser dans la sphère des intérêts pratiques, et non seulement il promet de consacrer à cette œuvre, aussi éclatante que les plus belles campagnes militaires, ces efforts et ce dévouement qu'il a consacrés au salut de la civilisation moderne, mais encore il convie autour de lui, sans distinction de parti, sans exception et sans réserve, tous les hommes de cœur, toutes les intelligences, toutes les aptitudes. « Voilà les conquêtes que je médite, s'écrie-t-il, et vous qui m'entourez, vous êtes tous mes soldats! » Il y a dans ces paroles, dans ces franches et libres communications, quelque chose de nouveau, de saisissant, qui trouve toujours le chemin des cœurs et entraîne toutes les âmes.

Qu'elle surgisse donc à l'appel de ce chef respecté, cette armée du travail qu'il convoque sous la bannière de l'ordre rétabli à l'intérieur et de la paix assurée au-dehors. Qu'elle marche à la conquête du progrès qui est le but et la vie des sociétés, et que, repoussant sans pitié les idéologues insensés, les utopistes dangereux, elle s'avance d'un pas ferme dans la voie des améliorations pratiques qui doivent contribuer au bien-être de l'humanité. Une nouvelle impulsion est désormais donnée à l'activité de notre siècle.

Il fallait au mouvement décisif qui entraîne aujourd'hui

tous les esprits vers des entreprises considérables, deux conditions fondamentales : la sécurité dans le présent, la confiance dans l'avenir. La sécurité, nous l'avons depuis près d'une année sur tous les points de notre territoire; la vigilance du gouvernement, son énergie, sa force incontestée, lui permettent d'être partout en mesure de surveiller, de prévenir, de réprimer. Nous l'avons pour longtemps à l'extérieur, si les puissances étrangères savent comprendre que leur propre intérêt les convie à respecter notre indépendance.

XLIII.

L'Empire, c'est la paix! C'est en ces deux mots que Louis-Napoléon résume toute sa politique. Les circonstances lui permettront-elles de demeurer fidèle à ce programme? On devrait en douter, suivant certains esprits qui ne croient pas à l'Empire sans la gloire, et pour qui la gloire est dans la guerre. Mais Louis-Napoléon s'est proposé cette objection; il a entrepris de la résoudre; et jusqu'ici le sentiment général de la France est d'accord avec l'expression de sa pensée. C'est avec un grand à-propos qu'il a rappelé l'exemple des descendants de Louis XIV, et il a été plus heureux encore, quand il a mis en contraste avec les éventualités de la guerre les utiles conquêtes que le génie moderne peut accomplir dans les champs pacifiques du travail agricole, de l'industrie et du commerce. Comme il l'a si éloquemment dit, on ne fait pas la guerre par caprice, mais par nécessité; et rien de sérieux ne fait prévoir qu'il doive surgir aucune nécessité de nature à entraîner l'empire renaissant dans les entreprises formidables qui ont signalé la première période napoléonienne. La guerre doit se justifier par le besoin de la défense ou par quelque motif impérieux d'une justice réelle ou apparente. La transformation d'une République nominale en Empire s'accomplit en France, aujourd'hui, dans des conditions qui ne font craindre aucune complication extérieure.

Les organes semi-officiels de la presse étrangère ont déjà posé nettement la question, en déclarant que les puissances du nord considéraient comme abrogés de fait les traités de 1815, en ce qui concerne la famille de Napoléon, bien qu'elles les maintinssent en ce qui touche aux délimitations territoriales. Cela équivaut à dire que ces puissances sont prêtes à reconnaître le nouvel Empire français, à la condition qu'il se tiendra enfermé dans son territoire actuel. Si la France obtempère à ces arrangements, ce ne seront donc pas des menaces d'agression extérieure qui pourront mettre obstacle à l'accomplissement du programme pacifique annoncé par Louis-Napoléon. L'Angleterre même, dont l'apparente cordialité ne doit nous inspirer qu'une confiance pleine de réserve, car elle a contre elle un passé qui autorise le soupçon, l'Angleterre semble donner aux autres Etats l'exemple du bon vouloir envers le rétablissement de l'Empire français. « Certainement, disent ses organes les plus accrédités, notre position est délicate. Liée par des traités avec la Prusse, la Russie et l'Autriche, traités qui interdisent l'avénement d'aucun membre de la famille Bonaparte au pouvoir suprême, et qui n'ont pas été modifiés par les puissances contractantes, l'Angleterre a reconnu Louis-Napoléon comme président de la République française. Mais si elle a enfreint ces traités de 1815, c'est que son gouvernement n'a rien de plus précieux à conserver et à entretenir que la continuation de ses relations amicales avec la France, de même qu'il n'y a rien de plus funeste et de plus déshonorant pour elle, que la ligne d'attaques outrageantes pour la nation française et son chef, adoptée par plusieurs de ses feuilles publiques. Les prétextes de division entre les deux pays n'existent donc que dans l'imagination de quelques journaux qui ne représentent nullement l'opinion du peuple anglais, et il y a tout lieu de penser que le gouvernement britannique interviendra, s'il le faut, pour faire comprendre aux autres puissances, signataires des traités de Vienne, qu'il n'y a plus pour elles obligation de s'enfermer dans les textes de 1815. »

La France ne peut qu'applaudir à ces dispositions favorables. Mais elle n'en attendra point les effets pour leur subordonner le cours de ses destins. La révolution de 89 a suffisamment prouvé à l'Europe qu'il y aurait grave imprudence à se mêler de nos affaires. N'avons-nous pas eu cent victoires avant la trahison de Waterloo! — L'aigle est revenu sur la couronne de France.

XLIV.

Les souvenirs de son passage à Bordeaux suivirent Louis-Napoléon à Libourne, à Chalais, à Montrond, à Angoulême, à Cognac, à Saintes, à Rochefort, à La Rochelle, à Poitiers.

A Chalais, commence la Charente. Les deux Charentes se sont signalées, depuis 1815, par leur fidélité napoléonienne. La Charente fut un des premiers départements dont le suffrage, en 1848, rouvrit au neveu de l'Empereur les chemins de la France, en lui donnant le titre de représentant. Saintes le fit passer sous l'arc-de-triomphe antique élevé à Germanicus par les légions romaines. A Angoulême, le peuple entassé dans la cathédrale acheva le *Do-*

mine, salvum fac Napoleonem, par le cri unanime de *Vive Napoléon III!...* Rochefort le reçut comme il eût accueilli l'Empereur ressuscité.

Lorsque l'Empereur quitta la France pour ne plus la revoir, il s'arrêta à Rochefort, et c'est de là qu'il prépara son départ. C'est des côtes de la Saintonge qu'on vit s'éloigner et se perdre dans l'horizon le vaisseau anglais qui emportait le grand homme vers les plages de son dernier exil. Les populations qui avaient assisté à ce navrant spectacle des vicissitudes humaines, en avaient gardé l'émotion dans leurs cœurs. Souvent leurs regards s'attachaient avec tristesse sur ces flots où le Bellérophon avait tracé son sillage. Ils interrogeaient les mystérieuses étendues de l'Océan et leur demandaient si elles n'allaient pas leur rapporter le héros qui mourait sur un rocher perdu dans cette immensité. L'espoir de ce retour était resté un culte pour ces populations. Aussi, au premier appel fait au suffrage universel, s'empressèrent-elles, par deux fois, de porter leurs votes presque unanimes sur le prince héritier du nom qui leur était si cher. C'est le département de la Charente-Inférieure qui donna le premier signal de ce vaste enthousiasme qui s'est communiqué à la France entière. Au département sur lequel l'Empereur avait laissé la trace de son dernier pas était réservé, comme par une compensation de la fortune, l'honneur de recevoir, pour ainsi dire, l'empreinte du premier pas de Louis-Napoléon. L'élection de la Charente-Inférieure a été l'une des origines des grands événements qui s'accomplissent aujourd'hui. Les habitants le sentent et en sont fiers.

« Prince, » a dit le maire de Rochefort, en offrant à Louis-Napoléon les mêmes clefs qui furent présentées à l'Empereur en 1808, « cette ville est bien à vous.

« L'Empereur puisa chez nos pères ses flottes les plus vaillantes et les plus glorieusement éprouvées.

« C'est au milieu de leurs efforts, fidèles jusqu'à la dernière heure, qu'il accomplit le suprême sacrifice d'une puissance qui avait porté si haut la grandeur de la France. C'est de nos rivages que son cœur brisé reçut les derniers adieux de la patrie en deuil.

. . . .

« Les souvenirs les plus chers de notre passé militaire ou de notre prospérité pacifique s'attachent au grand nom que vous portez. Nos acclamations ne seront point ingrates, et, pour se trouver les dernières, au terme de la marche triomphale de Votre Altesse Impériale, elles ne se montreront ni moins vives ni moins sincères.

« Vous avez vu déjà, en 1848, les populations de la Charente-Inférieure, ardentes à renouer la chaîne que les désastres de 1815 avaient rompue chez elles-mêmes, faire entendre des premières à Votre Altesse l'appel de la patrie en proie au déchirement des révolutions. Que Dieu protége et conserve Louis-Napoléon ! »

Mêmes fêtes à Rochefort que sur toute la route suivie par le prince. Mais ici, comme à Lyon, comme à Grenoble, le souvenir de l'Empereur ajoute encore à l'enthousiasme excité par son noble héritier. Les devises du passé glorieux s'y mêlent aux espérances de l'avenir. Les récits des journées précédentes ont devancé l'arrivée de Louis-Napoléon. Le discours de Bordeaux est dans toutes les mémoires de la France. Partout on le répète, on le commente, on l'exalte au profit de la popularité de l'homme en qui repose la foi du pays entier. C'est au cri de *Vive Napoléon III* que se poursuit cette grande étude du vœu national, dont les manifestations grandissent et se multiplient à mesure que le prince approche du terme de son itinéraire et de l'heure du retour au centre du gouvernement. La Rochelle et Cognac sont dépassés. Voici Poitiers.

XLV.

La vieille cité des Poitevins rappelle encore, par sa physionomie monumentale, les âges reculés où des acclamations semblables accueillaient le roi saint Louis, vainqueur des Anglais au pont de Taillebourg, et Charles VII, relevant, dans ces mêmes murs, le drapeau de l'indépendance nationale; les temps plus reculés encore, où Charles-Martel arrêtait les conquêtes d'Abdéram et l'invasion des Sarrasins; elle rappelle enfin Clovis triomphant d'Alaric, roi des Huns, aux portes mêmes de Poitiers. Depuis Richard-Cœur-de-Lion, qui se plaisait à y séjourner, jusqu'à Louis XIV, qui y vint en 1650, accompagné de sa mère et de Mazarin, et qui fut harangué par le maire, les échevins et les bourgeois à genoux, Poitiers est peut-être une des villes de France qui a vu passer le plus grand nombre de personnages illustres. François Ier y fit son entrée, en 1519, avec sa mère et sa femme, et y reçut des fêtes d'une splendeur digne de mémoire. Charles-Quint, lorsqu'il traversa la France sous la sauvegarde de notre foi, avant la bataille de Pavie, s'était reposé à Poitiers.

Si nous cherchions bien loin dans l'histoire, il nous serait facile de recueillir une foule de traditions qui se rattachent à cette cité. Poitiers garde le tombeau de la reine Radegonde, épouse de Clotaire Ier, patronne de la province, vénérée comme au moyen-âge, et dont la légende raconte que son apparition miraculeuse sur les tours de la Tranchée sauva la ville d'un assaut des Anglais. Poitiers a entendu le bruit de cette bataille funeste qui livra aux mains du Prince-Noir le sort de la patrie et la personne du roi Jean. C'est dans ses murs, pendant que le sol de la France subissait l'outrage de l'invasion anglaise, que s'étaient réfugiés les derniers défenseurs de notre liberté. Le Parlement et l'Université de Paris y furent transférés par Charles VII, et Jeanne d'Arc vint y révéler sa mission divine. Plus d'un siècle après, l'armée protestante, forte de trente mille hommes, et commandée par l'amiral de Coligny, y assiégeait le duc de Guise, six semaines avant la bataille de Moncontour qui signala le terrible échec infligé au parti huguenot par le duc d'Anjou, depuis Henri III. C'est encore dans Poitiers que le pape Clément V et le roi Philippe-le-Bel avaient arrêté, de concert, la suppression de l'ordre des Templiers, mystérieux événement, iniquité sanglante ou nécessité politique, dont l'histoire n'a pas su nous révéler le secret.

C'est dans la vaste salle des gardes du vieux palais des ducs d'Aquitaine, commencé, au onzième siècle, par Guy-Geoffroy, achevé, au quatorzième, par Jean, duc de Berry, comte de Poitou, que Charles VII, dauphin de France, fut proclamé roi, en octobre 1422, alors que Paris prostituait son hommage en couronnant Henri V d'Angleterre; c'est de là qu'il partit pour affranchir la France, n'ayant d'abord d'autre soutien que son bon droit, son épée, et sa foi dans la Providence. Etrange rapprochement, singulière concordance de l'histoire! C'est dans cette même salle qu'en 1851, lors de l'inauguration du chemin de fer, Louis-Napoléon, faisant allusion à l'antique patriotisme des Poitevins, les conviait à se rallier avec lui, autour du drapeau de la France qu'il porte d'une si noble main. C'est de là qu'il partait, lui aussi, pour affranchir la France, non plus de l'invasion étrangère, mais de l'invasion des Vandales modernes, pour marcher, non plus à la conquête des villes et des provinces, mais à ce grand et magnifique triomphe de la paix, de la civilisation, dont le discours de Bordeaux a formulé le programme.

Ce qu'il faut surtout ne pas oublier, c'est que Poitiers renferme une portion considérable de cette ancienne noblesse qui fit avec tant d'acharnement les guerres de la chouannerie, sous la première révolution. Le clergé, dans ces temps de discordes civiles, avait souvent conduit au combat les populations des campagnes, pour des intérêts monarchiques dont la religion n'était que le prétexte. On se rappelle les terribles épisodes de ces luttes où des poignées de paysans mal armés, mais couverts d'un pays presque inaccessible, avaient tant de fois arrêté les armées républicaines dans un cercle de feu. On sait que la sage politique de l'Empereur parvint seule à éteindre ce foyer de désastres et à pacifier des populations égarées, dont le sang héroïque avait trop longtemps coulé sur le sol de la patrie, dans des collisions à jamais déplorables. Le souvenir de Napoléon était donc gardé précieusement dans ces contrées qu'il avait rendues au calme et ralliées sous le drapeau national. Aujourd'hui, ces mêmes populations, que le royalisme ne parviendrait plus à soulever, saluent avec une joie sincère l'héritier du grand nom que leur reconnaissance ne pouvait oublier. Le clergé du Poitou, comme celui de la Vendée, comme celui de la France entière, a répudié le drapeau des partis pour offrir l'encens au chef que la Providence elle-même appelle à régir nos destinées. Ce grand fait de l'union de l'Église avec la politique est surtout remarquable dans ces régions dont les mœurs conservent encore une si profonde empreinte des traditions du passé. C'est aux cris, mille fois acclamés de *Vive l'Empereur!* par les campagnes de la Vienne et des Deux-Sèvres, que le vénérable évêque de Poitiers, entouré d'un nombreux clergé, a fait entendre à Louis-Napoléon les évangéliques paroles que voici :

« Les livres saints ont dit, et la voix publique me répète, Monseigneur, que le langage de la flatterie ne convient pas sur les lèvres du prêtre; mais je sais aussi que le Dieu dont je suis le ministre a horreur de l'ingratitude; et nous serions ingrats envers lui comme envers vous, si nos cœurs ne le bénissaient avec effusion de tout le bien que sa miséricorde a daigné nous faire par vous. Evêque et Français, je ne puis contempler sans une profonde et religieuse émotion l'homme prédestiné que les impénétrables desseins d'en haut tenaient en réserve, pour opérer la délivrance de Rome et l'affranchissement de l'Eglise, aussi bien que le salut de la patrie et de la civilisation.

« Prince, c'est le précieux privilége du chrétien de n'envisager les choses de ce monde qu'avec les yeux de la foi. La mienne ne se lasse point d'admirer la grandeur du rôle providentiel qui vous est échu. Elle en reporte le premier mérite et la première cause à votre vertueux père. Oui, car l'Écriture m'enseigne que Dieu rend avec usure aux enfants ce qu'il a reçu des parents. Or la sainte Église de Dieu, l'unique épouse de Jésus-Christ, la vraie religion, n'a guère connu de jours propices en Hollande depuis plusieurs siècles, si ce n'est les jours trop vite écoulés du gouvernement protecteur et catholique de son roi Louis. Laissez-moi donc vous dire, prince : Les faveurs prodigieuses dont le ciel vous comble aujourd'hui sont la moisson de grâces que votre père avait semée pour vous.

« Mais il est écrit aussi qu'à celui auquel il a donné beaucoup, Dieu demandera beaucoup. Prince, votre mission n'est pas achevée. Les passions coupables, dont vous avez comprimé la fureur, ne sont point écloses tout à coup ni par hasard. Le trop long règne d'un matérialisme sceptique les avait produites et développées. Sous l'empire des mêmes causes et des mêmes influences, renaîtraient infailliblement et prochainement les mêmes effets. Prince, Dieu le veut, et ce sera votre grande œuvre : au-dessus de la morale vulgaire des intérêts et des jouissances, vous rétablirez, à tous les degrés de l'échelle sociale et politique, la sainte morale des principes et des devoirs. Que les vertus d'abnégation et de renoncement, que l'esprit de foi et de sacrifice, que les préceptes chrétiens, en un mot, redeviennent la devise et la loi de tous les hommes appelés à seconder le pouvoir, et la France, qui n'attend qu'une impulsion généreuse, redeviendra la nation incomparable qu'ont connue nos pères, le pays des grandes choses et des nobles caractères.

« Tels sont, prince, les hommages respectueux et les vœux ardents que déposent à vos pieds le clergé de cette seconde ville de mon diocèse, et celui de cette contrée célèbre que l'Empereur appelait la terre des géants. Tous nous allons invoquer pour vous, du fond de notre âme, le Dieu tout-puissant qui tient en ses mains les sorts des princes et les destinées des peuples. »

Rien n'est majestueux comme ces bénédictions de la religion qui enveloppent, pour les confier à Dieu, les puissances de la terre avec les peuples dont elles sont les pilotes sauveurs, sur la mer orageuse des révolutions ! Rien de plus touchant, dans le long pélerinage de Louis-Napoléon à travers les provinces françaises, que le respect témoigné partout à ce culte de nos pères qui a traversé tant de désastres sociaux, sans cesser de vivre au fond des âmes.

Un épisode d'une touchante délicatesse a signalé, pendant le séjour à Poitiers, les sentiments de naïve bonté qui distinguent si éminemment l'élu du peuple. Huit jeunes filles avaient été députées auprès de lui, pour le supplier de venir honorer de sa présence un bal organisé, sur l'emplacement des halles, par le petit commerce et les ouvriers de la ville. Lorsqu'elles se présentèrent dans la salle de spectacle, où avait lieu le bal offert au prince par le corps municipal de Poitiers, elles furent introduites par les commissaires de la fête. L'une d'elles, mademoiselle Eléonore Proust, portait sur un coussin une couronne de feuilles d'or et de lauriers qu'elle offrit au prince, après lui avoir adressé, au nom de ses compagnes, un compliment de fort bon goût. Une autre jeune fille, mademoiselle Fanny Chillot, lui présenta un magnifique bouquet. Le prince, avec cette grâce et cette dignité qu'il possède à un si haut degré, chargea ces jeunes filles d'exprimer à leurs familles ses regrets de ne pouvoir accepter leur invitation. Elles allaient se retirer, enchantées de son bienveillant accueil, lorsque les commissaires, sur un signe du prince, les invitèrent à rester elles-mêmes quelques instants, et à former un quadrille. Déjà l'orchestre préludait, les danseurs étaient en place; Louis-Napoléon, s'approchant de M. Thurrault, premier adjoint, et ancien président du tribunal de commerce, qui venait d'inviter mademoiselle Proust, lui dit avec un sourire plein de charme : « Voulez-vous bien, monsieur, permettre que je danse avec mademoiselle ? » Et il prit place dans le quadrille.

Ce trait de la plus gracieuse inspiration laissera de longs souvenirs parmi les classes laborieuses de Poitiers.

XLVI.

Tours et Blois furent les deux dernières étapes du voyage.

Tours est une ville consacrée par de nombreux souvenirs historiques. En 1594, elle reçut dans ses murs Henri IV qui lui accorda des lettres-patentes pour la création d'une Université. Quelques années auparavant, elle avait été le théâtre de l'entrevue de Henri III et du roi de Navarre. C'est après l'avoir visitée, comme vient de le faire Louis-Napoléon, que ce roi, par un édit du 21 juillet 1602, ordonna des plantations de mûriers autour de la ville. En 1614, Louis XIII, allant en Bretagne, fut reçu dans l'église de Saint-Martin. Le 25 janvier 1616, la cour, au retour d'un voyage à Bordeaux, séjourna à Tours. Louis XIV y convoqua, en 1651, des Etats généraux. Le 13 août 1808, l'Empereur et l'impératrice Joséphine visitèrent cette ville, où leur passage fut signalé par la création de grands travaux publics. L'inauguration du chemin de fer de Tours à Angers, et l'établissement de ports sur la Loire, sont les résultats considérables du premier voyage de Louis-Napoléon, en 1849. La cité reconnaissante l'attendait donc avec impatience, pour ajouter un triomphe de plus à cette longue chaîne d'ovations populaires que Paris devait couronner.

Blois est la dernière des trente cités qui furent témoins de ce spectacle inouï.

Tandis que, de tous côtés, les acclamations populaires révélaient à l'héritier de l'Empereur les vœux de la patrie et proclamaient la nécessité du rétablissement de l'Empire, Louis-Napoléon écoutait, paisible et recueilli, ces ovations et ces cris d'enthousiasme. Certes, s'il n'avait pas dominé par le calme de son grand caractère les impatiences de la foule, nous ne craignons pas de le dire, le peuple l'eût conduit lui-même aux Tuileries, et eût placé sur son front la couronne, dans sa main le sceptre impérial. Mais ce n'était pas de l'entraînement des esprits, de l'élan des cœurs, de l'exaltation des imaginations, que le nouvel élu voulait recevoir, avec un nouveau titre, le pouvoir souverain; c'était de la raison réfléchie, de la conscience intime du pays tout entier.

A Lyon, Napoléon hésitait encore; toutes les clameurs du dévouement qui retentissaient à ses oreilles n'avaient pas encore pour son âme une signification décisive; mais les diverses périodes de son voyage triomphal ne lui permettaient plus le doute. A Bordeaux, il savait que la reconstitution de l'Empire était le vœu des populations, du commerce, de l'industrie, de toutes les classes de la société. Cependant il n'acceptait que conditionnellement ce trône qui lui était si unanimement offert, et dans ce magnifique discours où il trace, aux applaudissements de la France et du monde, le programme de l'empire pacifique, il disait : « Voilà comment je comprendrais l'Empire, si l'Empire doit se rétablir. »

Enfin, il arrive à Paris. Paris, tête, âme, résumé de la patrie entière, réclame avec une indicible ardeur cette hérédité impériale qui est la condition de la stabilité et la garantie de l'avenir. Paris fait plus, il prépare le trône où le nouvel Empereur siégera dès que ses pieds auront foulé le sol de la capitale. Mais, par un geste plein de dignité et de réserve, Louis-Napoléon, s'éloignant de ce siége éblouissant, se mêle simplement à la foule des magistrats, des sénateurs, des députés, des fonctionnaires de tout rang qui l'entourent et l'acclament. Que fallait-il donc attendre encore ? L'armée était là, frémissante et dévouée, depuis longtemps avide de saluer le retour de l'astre impérial ; la représentation nationale, par ses conseils généraux et municipaux, par l'organe de ses députés au Corps législatif, demandait la proclamation de l'Empire ; toutes les forces actives et intellectuelles de la société se groupaient, pour porter à la puissance suprême l'élu de huit millions de suffrages ; et, au-dessus de tout, on entendait, sur les places publiques, les retentissements de la voix populaire qui faisait de ses acclamations un cortége splendide au futur Empereur !.... Eh bien, toutes ces ovations triomphales auxquelles l'histoire de nos rois n'offre rien de comparable, ne troublèrent point l'intelligence de Louis-Napoléon ; elles ne firent point dévier ses pas du chemin qu'il s'était tracé. S'il entre un instant aux Tuileries, il en ressort presque aussitôt pour retourner à son palais présidentiel, et laisser s'accomplir, si Dieu le veut, dans la spontanéité de l'élan du peuple, les grands événements d'un avenir qu'il refuse de devancer.

Plusieurs fois déjà, Louis-Napoléon avait pu mettre sur sa tête la couronne de l'Empire. Au 2 décembre, il aurait pu la saisir, du droit de la victoire remportée par lui sur les factions. Au 13 août, au retour de son premier voyage, il était déjà maître d'entrer empereur aux Tuileries, sacré par le vœu d'une immense population. Mais il comprenait et il avait dit, plus d'une fois, que l'Empire ne pouvait renaître que de la volonté nationale sincèrement consultée et librement exprimée. Fidèle à cette haute pensée, il a voulu prémunir la France contre ses propres enivrements. Elle acclame, ce n'est point assez, il veut qu'elle vote. Il veut que chaque citoyen s'interroge dans le calme de sa conscience ; il veut que le peuple fixe lui-même ses destinées. C'est au suffrage universel qu'il en appelle pour trancher l'immense question politique que le pays vient de poser. Et pour qu'aucune surprise du cœur, de l'enthousiasme, du sentiment passionné, ne soit possible, il ajourne de quelque temps encore l'expression de ce vote souverain. Le Sénat est convoqué pour le 4 novembre ; il délibérera dans le silence de ses convictions, et, s'il lui est démontré qu'il y a lieu de modifier la nature et le nom du gouvernement de la France, sa décision sera soumise à l'appréciation du peuple. Pendant ce temps, la question s'agitera dans tous les esprits ; elle sera débattue par tous les intérêts, et, au jour du scrutin, tout citoyen raisonnable et sincère pourra voter en pleine connaissance de cause, et dans toute la liberté de son inspiration.

Le décret qui sanctionne ce grand principe de notre droit public va plus loin encore. Il ne faut pas que les résultats du scrutin puissent être l'objet d'un doute dicté par les passions de l'esprit de parti ; c'est le Corps législatif, c'est-à-dire une autre émanation du suffrage universel, qui recensera les votes, vérifiera leur sincérité, et en proclamera le résultat.

Certes, le pouvoir qui sort d'une épreuve si solennelle est véritablement l'incarnation de cette souveraineté nationale devant laquelle tout doit courber la tête. L'Empire ne sera donc pour personne une surprise, une contrainte ; il sera le résultat des votes du pays tout entier. Louis-Napoléon ne sera point dans l'histoire un de ces ambitieux vulgaires qui saisissent imprudemment un sceptre que le hasard leur offre ; ce sera un sage et habile législateur, qui n'agit point sans consulter cette infaillible Egérie que l'on nomme l'opinion, et qui ne veut tenir sa puissance et sa majesté que de la volonté populaire. Cette noble conduite, tout en étant un nouvel hommage rendu au droit national, aura, sans doute, ce grand et fécond résultat de réconcilier et de réunir tous les partis. Orléanistes, légitimistes, républicains, il n'y aura pour personne ni humiliation ni défaite à se ranger sous la bannière du suffrage universel.

XLVII.

La rentrée de Louis-Napoléon, le 16 octobre, à Paris, restera dans l'histoire comme une de ces dates immortelles qui commencent un grand siècle. C'est une journée toute française. On avait vu tous les représentants de la puissance publique, de l'industrie, du commerce, des sciences et des arts, associés dans le même élan de patriotisme et de reconnaissance; une population immense de tous les rangs, de toutes les professions, n'ayant qu'une seule pensée et ne poussant qu'un seul cri. Paris, cette cité magnifique, foyer de lumières, fournaise de révolutions; Paris qui a si souvent dominé et entraîné la nation, s'identifiait avec elle par les sentiments les plus généreux, par les enthousiasmes les plus spontanés et les plus vrais; Paris a couronné son titre de la capitale de la France. Aujourd'hui, pour la première fois depuis bien des années, il y a accord complet entre la France et Paris. C'est un fait immense et nouveau, qui montre combien est radicale et profonde la transformation qui s'est accomplie dans les esprits. Paris ne s'impose plus à la France; il ne demande plus qu'à vivre de sa vie; il ne cherche plus son importance et son ascendant que dans la concentration de toutes les forces morales et matérielles de la nation dont il est la tête; il prête l'oreille à ce qui se pense et à ce qui se dit à Bordeaux, à Lyon, à Marseille, à Grenoble, à Toulouse, partout; et, quand il entend les acclamations de tout le peuple monter vers un homme, il reconnaît, à son tour, la mission providentielle de cet homme, et il le reçoit comme un libérateur.

L'héritier de l'Empereur, rentrant dans la capitale au retour de son voyage triomphal à travers la France n'a pu faire aucune différence entre les populations qu'il venait de quitter et celle qu'il revoyait. Partout il n'a trouvé que le cœur du pays pour le remercier et le glorifier. Le retour de Louis-Napoléon au palais des Tuileries eut donc un caractère tout particulier, qu'il importe de constater et d'apprécier. Avant d'y entrer comme empereur, l'élu national a voulu y rentrer d'abord comme le chef adoptif du peuple, escorté par le droit, non par la force; non comme un dictateur imposé par une crise et sacré par une victoire, mais comme un sauveur donné par Dieu et reconnu par une nation tout entière. D'autres sont entrés avant lui dans le palais de nos rois. Paris en a souvent forcé les portes; mais, avant et depuis Napoléon-le-Grand, jamais elles ne s'étaient ouvertes, comme le 16 octobre, aux cris de joie d'un peuple unanime.

Toutes les anarchies, tous les despotismes qui ont passé devant nous et devant nos pères depuis soixante années se sont définitivement évanouis. Ces temps funestes, il est permis de l'espérer, ne reparaîtront plus. La force démagogique est épuisée. La puissance organisatrice lui succède. Désormais tous les citoyens sont co-intéressés au maintien de la puissance sociale. Cette vulgarisation de la vie politique a eu pour résultat de substituer la souveraineté de la nation aux dictatures accidentelles de la capitale. Il n'est pas de si humble hameau, aux extrémités les plus reculées du territoire, dont les habitants ne sachent qu'ils ont élu Napoléon. Ce nom, c'est celui qu'ils ont appris, qu'ils ont aimé, et dans lequel la gloire nationale leur est apparue comme une légende. Ils avaient pris ce nom en 1848, comme un souvenir et comme une espérance ; ils l'ont salué de nouveau en 1851, comme une force de salut social et de réparation ; ils l'acclament pour la troisième fois, en 1852, comme un symbole d'avenir, comme le type le plus complet de la grandeur, du progrès, de la stabilité ; et, après avoir vu et connu l'homme qui le porte, ils lui donnent tout ce que ce nom rappelle et tout ce qu'il promet, et ils s'élèvent ainsi, par un vœu unanime, à la consécration de l'Empire. On ne pourra donc pas dire du nouveau pouvoir qui s'élève ce que l'on disait de ceux qui se sont écroulés ; on ne pourra pas dire : C'est un gouvernement de la dictature ou du caprice de Paris. L'Empire est une pensée française dans l'esprit du peuple tout entier. C'est là le caractère de sa grandeur et de sa légitimité ; c'est là aussi la garantie de sa force et de sa durée.

XLVIII.

La capitale de la France a sanctionné les acclamations unanimes des départements, et cette imposante harmonie de toutes les classes de la population a porté le dernier coup aux espérances liberticides de la démagogie européenne. La bienvenue donnée à Louis-Napoléon dans la solennelle journée du 16 octobre n'a pas été seulement impériale dans sa nature, elle a été encore universelle dans son extension ; elle n'a été limitée à aucune classe, militaire ou civile, lettrée ou illettrée, aristocratique ou plébéienne. Toutes les classes ont applaudi, et les politiques de toutes nuances ont fait écho. C'était bien la vive image d'un peuple fort, fatigué de changements incessants et de luttes souvent sanglantes pendant soixante années, saluant avec ravissement l'avénement d'un prince qui accepte pour mission la grande tâche de fermer l'ère des révolutions, et qui aspire, comme glorification de son règne, non aux trophées de la justice, mais aux triomphes de la paix.

Quoi d'étonnant à ce que la perspective d'un tel Empire puisse sourire à la pensée de tout Français et de tout ami de la paix européenne? Qui peut mettre en doute le droit de la France de régler elle-même la nature de ses institutions? Sont-ce les Français, sont-ce les citoyens d'un autre Etat, dont les intérêts seraient gravement lésés par l'établissement d'une monarchie forte et permanente en France? Non, ce sont des hommes de la classe des partis turbulents qui vivent des tempêtes par eux soulevées, qui se réjouissent des désordres et du mal, parce qu'ils n'ont rien de commun avec l'ordre et le bien. Ces gens-là préféreraient la continuation d'une république en France, à la restauration de l'Empire. Pour leur plaire et tenir leurs ambitions en haleine, il faudrait élire un président à époques périodiques. Or, en Amérique (où les institutions républicaines peuvent être considérées comme aussi parfaites que possible), nous voyons que de mal font les élections continuelles, tant aux intérêts de l'Etat qu'au caractère des hommes publics. L'aigreur sociale et les luttes civiles sont au nombre des moindres maux que les élections infligent aux masses. Mais qu'arriverait-il en France, où les habitudes du peuple, sa condition sociale et ses souvenirs historiques sont tous monarchiques? N'est-il pas clair que l'orléaniste, le légitimiste et le démagogue concevraient de nouvelles espérances, recruteraient de nouveaux partisans et ourdiraient de nouveaux complots pour l'occasion qui leur serait offerte de chercher à faire prévaloir leurs prétentions? Les flots de cette agitation ne seraient pas encore apaisés que la confusion recommencerait, et les factions, sans cesse en lutte ouverte, tiendraient la nation dans un état de fièvre perpétuelle. Dans un tel état de choses, s'il était possible, pourrait-on poursuivre les progrès du commerce et de l'agriculture, l'amélioration des communications par terre et par eau, en un mot tous les actes de paix auxquels se rattachent nos intérêts généraux? Nous ne le pensons pas. L'histoire des dernières années du règne de Louis-Philippe et du régime parlementaire qui a suivi la révolution de 1848 ne fournit que des preuves trop évidentes du contraire.

Rien d'étonnant donc à ce que la France désire vivement et que l'Europe reconnaisse volontiers la restauration de l'Empire. Il importe au bonheur de notre patrie et à la tranquillité du continent que le gouvernement français repose sur une base reconnue et solide, qui ne soit plus exposée aux ébranlements périodiques de toutes les factions et à l'intervention perpétuelle de prétendants rivaux.

Le comte de Chambord a échoué en 1848, parce que son parti a dormi quand il fallait agir, et parce qu'il s'est bercé de songes creux au lieu de se dévouer à des réalités. En conséquence, la France n'en veut pas. La faute n'est donc pas à la France ni aux amis européens de l'ordre; elle est aux légitimistes seuls, qui doivent expier leur oisiveté et leur folie.

Les partisans de la famille d'Orléans ont échoué, parce que ni la France ni l'Europe n'ont confiance dans leur désintéressement. Que ce soit à tort ou à raison, ce n'est pas la question, le fait existe.

En conséquence, le choix de la France entière s'est arrêté sur le neveu de l'Empereur. Il s'est formulé avec une ferveur et une unanimité sans exemple dans l'histoire des nations. D'un bout du pays à l'autre, toute province, tout canton et toute ferme même, a été représenté et a parlé sans hésitation. Paris, le point de la France où, de temps immémorial, les meneurs de toutes les oppositions ont établi leur foyer d'intrigues, Paris a rivalisé avec la plus enthousiaste des moindres municipalités, dans l'expression de ses sympathies pour la confirmation à perpétuité du pouvoir napoléonien.

XLIX.

La civilisation française peut donc développer désormais tous les germes de progrès et de prospérité publique que nos secousses politiques avaient comprimés depuis si longtemps. L'agriculture, l'industrie, le commerce, peuvent s'élancer vers de nouvelles régions ; tout le monde sait aujourd'hui que le gouvernement est décidé à seconder leur élan, et qu'il ne sacrifiera jamais leurs grands intérêts au souci égoïste de son utilité personnelle. Il est permis d'affirmer qu'avant peu de temps, et sous l'influence de ces considérations essentielles d'ordre et de paix générale, il s'accomplira d'immenses opérations dans le monde industriel et commercial. C'est ainsi, par exemple, que nous allons, sans doute, voir se développer sur une grande échelle la colonisation de ces fertiles contrées africaines que les armes de nos soldats ont conquises à la France, et dont les capitaux semblaient s'éloigner, parce que l'incertitude du pouvoir, les chances d'une guerre maritime, la possibilité d'un abandon, les empêchaient de se risquer hors de France, à la merci d'une foule d'éventualités désastreuses. C'est ainsi qu'en peu de temps notre réseau de chemins de fer se terminera, et que notre patrie, retenant le transit de la Méditerranée à l'Océan et au Nord, prêt à lui échapper, verra s'accroître chaque jour sa richesse commerciale. C'est ainsi que la marine au long cours, qui, pendant ces dernières années, était presque exclusivement exercée par les puissances neutres, va prendre une nouvelle vie et se livrer à ces lointaines explorations, à ces riches et lucratifs voyages qui établissent des relations utiles entre toutes les contrées du globe, et contribuent si fort à la prospérité des peuples. C'est ainsi que, libres de préoccupations hostiles, les divers gouvernements vont se livrer à l'étude des traités de commerce, à l'établissement de grandes voies de communication internationale, par lesquelles circuleront, avec les échanges de leurs produits, ces rapports intellectuels qui doivent, par une assimilation sympathique, fonder l'unité du genre humain.

Tous ces résultats, toutes ces espérances, tout cet avenir, sont en germe dans les paroles éloquentes que Louis-Napoléon a adressées au commerce de Bordeaux. La société française commence donc aujourd'hui cette grande campagne qui a pour but les conquêtes fécondes du travail. L'armée pacifique a pour armes la bêche du cultivateur, le marteau de l'ouvrier, et ces deux forces gigantesques qui se nomment la vapeur et l'électricité. Elle a pour soldats tous ceux qui mettent le bien-être du plus grand nombre au-dessus des passions éphémères et des ambitions étroites de l'esprit de parti. Elle a pour chef Louis-Napoléon qui, après avoir sauvé la France de l'anarchie, veut développer tout ce qu'il y a en elle de puissance créatrice, de progrès intelligent et de prospérité nationale. Nation prédestinée, elle n'avait jamais perdu ses aspirations vers un meilleur destin. Son passé lui répondait de l'avenir; sa foi vive la soutenait pour traverser les abîmes.

L.

Mais ce n'est pas seulement la vieille France qui préoccupe les hautes pensées de Louis-Napoléon. Le nouvel Empire possède une magnifique annexe qui s'étend à deux journées de nos ports du Midi. Cet immense territoire, conquis par le sang de nos valeureux soldats, occupe une surface de 10,000 lieues carrées. Sa longueur s'étend sur un espace de 250 lieues de 4,000 mètres; sa largeur moyenne est de 40 lieues. C'est l'Algérie, l'antique grenier de Rome et de l'Italie.

Cette zone, d'une prodigieuse fertilité, peut recevoir trois millions de Français. Nous ne répéterons pas en détail tout ce que les géographes et les voyageurs anciens et modernes racontent de son climat et de ses richesses naturelles. Un écrivain distingué, à qui sa position et un long séjour parmi les Arabes ont permis d'étudier à fond ces vastes contrées, M. P. Christian, ancien secrétaire-particulier du maréchal duc d'Isly, gouverneur général de l'Algérie, a récemment exposé, dans un travail historique qui éclaire toutes les faces de la question d'Afrique, l'ensemble des germes de puissante prospérité que la France peut féconder sur le terrain de cette glorieuse conquête.

« Grâce à une température élevée pendant l'été, sans être brûlante, et douce en hiver comme notre printemps, l'Algérie, » dit M. P. Christian, « est propre à recevoir tous les genres de culture. Suppléant par ses propres forces aux soins de l'industrie humaine, la végétation y étale, autour des champs cultivés, les splendides richesses de la nature sauvage. Les plantes des tropiques et celles de l'Europe tempérée croissent au milieu des productions indigènes, déjà si nombreuses et si diversifiées ; et, quoi qu'on en ait dit, la force étonnante des végétaux d'Afrique suppose assez que l'eau ne peut manquer à cette terre. L'humidité, sous toutes ses formes, y tempère la chaleur du climat et celle du sol. Sur la pente des montagnes, au fond des vallons creusés entre les collines et à la surface des champs, ce sont des rivières, des sources d'eau vive, des ruisseaux, que la constitution physique du terrain tend à multiplier, à entretenir et à partager comme autant de canaux d'irrigation, puisque partout des courants circulent dans l'intérieur des terres, à quelques mètres du sol, et y répandent la fraîcheur cachée sous cette superficie aridifiée. Enfin, outre les grandes pluies qui tombent de novembre au mois de mai, l'air, pendant le jour, est souvent imprégné de vapeurs légères, qui, à l'approche de la nuit, se résolvent en abondantes rosées.

« L'Algérie possède, au premier aperçu, plus de quatre-vingt mille hectares de bois de haute futaie. On y trouve le cèdre, le pin, le chêne, l'orme, le hêtre, l'olivier, le figuier, le lentisque, le frêne, l'aulne, l'oranger. Ses richesses minérales doivent offrir aussi, dans un avenir peu éloigné, des découvertes précieuses. Les preuves de leur existence se montrent à nu sur les flancs ravinés des montagnes. Les grès, les marbres blancs, l'ardoise, les terres à briques, l'argile à poterie, se rencontrent autour d'Alger. Les marbres statuaires, l'ocre jaune, la terre de pipe, le blanc d'Espagne y abondent. L'exploitation du plâtre est peut-être, pour la colonie, un des objets les plus importants ; elle tournerait aussi au profit de l'agriculture, car on sait quelle force de végétation le plâtre communique aux prairies artificielles. On a reconnu des traces de mines d'or à Frendah. Les montagnes des environs de Bougie sont remplies de mines de fer. A cinq ou six lieues de Maskara, il existe une mine de cuivre presque à fleur de terre, et, en plusieurs endroits, si rapprochée du sol, qu'elle lui prête une teinte verdâtre. Il y a, en outre, non loin de là, une mine de plomb, aussi abondamment pourvue de métal; de très-grosses calcédoines, disposées par lits étroits dans une terre pyriteuse, et un ravin où l'on aperçoit des masses énormes de cristal de roche. La chaîne de montagnes dont l'extrême point se rattache au port de Kollo, recèle également du cuivre et du cristal de roche ; mais nulle part on n'a trouvé le minerai de cuivre en aussi grande quantité que sur la route de Médéah, à une lieue au-dessus des gorges de Mouzaïa ; le principal filon s'y développe sur une longueur de plus de cent mètres. Toutes les régions de l'Atlas renferment des mines inépuisables du plus beau sel. Toute la côte du territoire d'Alger est parsemée de fragments de sel blanc d'une excellente qualité, produit par l'évaporation de la mer. La même substance forme une couche si épaisse dans les lagunes d'Arzew, quand elles sont desséchées par l'active chaleur du soleil, qu'on extrait des rochers, à coups de pioche, un sel assez pur. Les districts maritimes renferment des lacs salés. Les eaux d'un grand nombre de ruisseaux, de sources et de puits, dans la province d'Oran, sont plus ou moins imprégnées de particules salines. Enfin les observations météorologiques ont constaté, en Algérie, que la vapeur d'eau répandue dans l'atmosphère tient constamment en dissolution une certaine quantité de sel marin. C'est une des causes probables de l'excessive fécondité des régions situées entre la Méditerranée et les chaînes du grand Atlas. »

Depuis vingt ans, l'Angleterre nous envie cette magnifique possession. Un de ses publicistes, ancien consul général aux Etats-Unis, M. William Shaler, écrivait : « Il n'est pas donné à la prévision de l'homme de calculer les avantages immenses que retirerait le genre humain de l'établissement d'une colonie anglaise dans le pays d'Alger, si cette colonie recevait les institutions de sa métropole, et une organisation qui lui laissât le privilége d'une certaine indépendance, sans autre obligation à remplir que celles qui résulteraient d'une affection naturelle et d'une communauté d'intérêts. Quand on emploie des moyens dignes de l'objet qu'on se propose, l'expérience a fait voir que les effets dépassent toutes les espérances. Si le surplus de la population de la Grande-Bretagne, qui est déjà pour elle un fardeau insupportable, y était transféré graduellement, en suivant un système régulier, enfin, si ses capitaux étaient employés au développement des ressources naturelles de ce pays, il est probable que, dans l'espace d'un siècle, ce nouvel empire pourrait devenir une seconde Angleterre. Le seul concurrent réel que l'Angleterre puisse avoir sur la Méditerranée, c'est la France. La France a maintenant deux royaumes qui se font face, et qui sont à deux journées l'un de l'autre. La côte africaine se hérisse de forts. Que serait-ce si un des fleurons de l'Orient allait compléter une couronne déjà si riche? La Méditerranée serait alors interdite au pavillon britannique, à moins qu'il ne se résignât à y paraître sous des conditions d'abaissement. Si Toulon menace notre supériorité maritime, Marseille ne compromet pas moins notre prépondérance commerciale. Qu'il survienne une guerre, et voyez où nous en sommes. L'amirauté anglaise envoie des forces imposantes dans la Méditerranée; elle fait de Malte le rendez-vous d'une flotte formidable. Admettons les chances les plus belles : cette flotte maîtrise les escadres qui sortent de Toulon, elle les réduit à la défensive. Mais les paquebots français, qui les arrêtera?... La vapeur se rit de la voile ; elle est destinée à changer, sous peu d'années, tout le système naval. Que le gouvernement français embarque sur ses pyroscaphes dix mille hommes de bonnes troupes, et l'Egypte est à lui. Excitées par des communications plus fréquentes, les sympathies des Orientaux iront au-devant d'une nation préférée, et, pour ne pas tomber entre les mains de l'Angleterre, ces peuples se donneront spontanément à la France. La clef des Indes écherra à nos ennemis. L'Orient, qui aurait pu être, si le calme eût prévalu, une succession longtemps vacante, décidera de lui-même au premier choc, et s'adjugera, pour ainsi dire. Qu'on juge alors du rôle qui resterait à l'Angleterre. Maîtresse de l'Egypte et des régions algériennes, la France reproduirait sur le littoral de l'Afrique les splendeurs de l'occupation romaine, et nous n'aurions gardé, nous autres Anglais, quelques stations militaires ou de méchants îlots sans territoire, que pour assister en victimes au spectacle de ce triomphe et aux gloires de cette double colonisation. »

LI.

Tels sont les regrets, telles sont les appréhensions de l'Angleterre. Nous ne discuterons point ici les éventualités de conflit qui pourraient surgir entre nous et cette puissance. Nous disons, avec Louis-Napoléon : « Malheur au peuple qui, le premier, donnerait en Europe le signal d'une collision dont les conséquences seraient incalculables ! » Mais nous ne pouvons nous empêcher de constater que, en 1844, lorsqu'une agression de l'empereur de Maroc occasionna le bombardement de Tanger et de Mogador, si le gouvernement de Louis-Philippe avait gardé Tanger, l'occupation de cette place, clef de l'Océan atlantique et de la Méditerranée, et qui balance l'importance de Gibraltar, nous eût précisément assuré cette supériorité d'influence maritime dont l'Angleterre se montre si jalouse. On sait toutes les négociations auxquelles le cabinet de Londres eut recours à cette époque, pour obtenir que Tanger ne restât pas en notre pouvoir. Un orateur de la Chambre des Communes avait même saisi cette occasion de demander une enquête sur les droits de la France à occuper l'Algérie, et sur le préjudice que cette occupation causait aux intérêts britanniques. Lord Palmerston intervint auprès du cabinet français pour stériliser nos victoires, et, dans ces temps d'abaissement, dont la maison d'Orléans nous imposait le joug, les lauriers de nos soldats, les intérêts de notre commerce et la dignité de notre pavillon furent tristement sacrifiés à la politique de paix *à tout prix* qui servait les intérêts égoïstes de la monarchie de 1830. La France actuelle n'a plus à redouter ces avilissantes intrigues, et, sans rechercher ni même prévoir les événements à venir, il est permis d'affirmer que nos drapeaux ne s'inclineront plus devant les prétentions illégitimes des politiques rivales ou envieuses.

Sous le règne d'une paix énergique et féconde, l'Algérie doit devenir le grenier de la France, comme elle fut celui de l'empire romain. Ce sol, où l'on retrouve, à chaque pas, les vestiges de la plus puissante civilisation de l'antiquité, ne demande que des bras pour recueillir ses trésors. De grandes choses y ont été faites. La colonisation industrielle s'en est largement emparée; mais la véritable force des nations, l'agriculture, attend l'heure d'y installer ses bataillons pacifiques, et cette conquête ne sera pas la moindre gloire du grand organisateur qui préside aux destinées de notre patrie. Nous avons l'espoir que le gouvernement bannira complétement de nos possessions africaines le système d'accaparement des terres entre les mains de grands concessionnaires, tel qu'il se pratiquait sous le règne de Louis-Philippe. Pour que la colonisation marche avec rapidité, il faut que le sol arrive aux véritables producteurs. Le système des fermes ne réussira point en Algérie. Il n'y a que l'appât de la propriété qui puisse y attirer des laboureurs. De trompeuses illusions entraînent, chaque année, en Amérique, des convois de pauvres paysans qui, une fois à deux mille lieues de chez eux, ne peuvent plus revenir sur leurs pas. Mais, aux portes de la France, l'illusion est impossible; il faut de la réalité. Il faut, pour qu'Alger prospère, que le laboureur y soit propriétaire, et non fermier. Mais, dira-t-on, où trouvera-t-il des capitaux? La question pourrait se résoudre sans énormes difficultés. Le travail de l'homme a une valeur qui peut être évaluée en argent. Que l'on forme donc des sociétés de laboureurs et de capitalistes où cette valeur sera la base des actions. Chaque membre de la société prendra des actions selon ses facultés, et les paiera, soit en argent, soit en travail, soit en terre. Les produits se partageront par actions. Pour fixer cette idée, évaluons à 500 fr. le travail annuel d'un homme. Le laboureur qui mettra dans la société ses bras et un champ de 500 fr., aura deux actions; le capitaliste qui mettra 500 fr. aura une action. Avec les 500 fr., la société achètera ce qui est nécessaire à la culture, et les produits se partageront également entre les trois actions. Maintenant on peut établir sur une plus grande échelle. Si les laboureurs avaient quelques avances, ils pourraient, ce qui vaudrait mieux, s'associer seulement entre eux, pour cultiver à frais communs. Ces frais deviendraient alors, pour chacun, bien moins considérables ; car, au lieu d'avoir, par exemple, une charrue, une herse, une paire de bœufs, ou toute autre chose par lot, ils en auraient deux seulement pour trois lots, ou pour plus, selon la nature de l'objet. Personne n'ignore la puissance de l'association pour produire de grands effets avec de petits moyens. Le gouvernement, en favorisant ces associations sous une surveillance protectrice, attirerait les laboureurs en foule dans la nouvelle colonie.

L'Algérie est appelée un jour à doter nos intérêts commerciaux d'une prodigieuse amélioration. La France reçoit annuellement de l'étranger pour *dix-huit millions* de francs d'huiles d'olive qui nous arrivent de Naples, de Sardaigne ou de Piémont. Ne serait-il pas plus avantageux, au lieu de contribuer à être les tributaires de l'étranger, de recevoir cette matière première d'une colonie française placée à deux jours de nos côtes? Lyon reçoit, tous les ans, pour plus de *trente millions* de soie. Si nous ne possédions pas l'Algérie, où la culture du mûrier obtient un succès merveilleux, nous verrions l'Angleterre s'emparer entièrement de notre commerce de soieries. La France consomme annuellement pour *quatre-vingts millions* de francs de coton. Les cotons nous viennent de l'Egypte et de l'Amérique ; ceux-ci nous coûtent fort cher, parce que le transport augmente leur prix. A Alger, les cotons ont admirablement réussi ; les échantillons obtenus sont d'une valeur égale à celle des plus beaux produits de la Louisiane. Faudrait-il rester tributaires de l'étranger pour ces quatre-vingts millions, lorsque nous pouvons ne l'être que de nous-mêmes, et continuer à recevoir les cotons de l'Amérique, lorsque cette importante matière première peut être placée à nos portes, et arriver sur nos marchés de Marseille en quarante-huit heures? Quand nous récolterons tous nos cotons à Alger, nous les fournirons à bas prix à nos fabriques; celles-ci nous livreront leurs tissus au même prix que l'étranger, et nous n'aurons plus de concurrence à craindre. Enfin, l'Algérie peut devenir le dépôt de remonte de notre cavalerie, et la pépinière des chevaux de luxe de l'Europe. Elle peut enfin nous livrer les blés que nous tirons de la Mer-Noire, les vins exquis que produit l'Espagne, et le sucre de canne qui nous vient à grands frais de nos colonies atlantiques.

Ces richesses de l'agriculture africaine ont obtenu l'attention particulière de Louis-Napoléon. Sa haute intelligence embrasse, d'un même coup d'œil, les destinées de l'Algérie au point de vue économique et politique. Devant l'énergie de son gouvernement, la sécurité règne sur l'immense espace où flottent nos drapeaux. Après les victoires de la guerre, il organisera les conquêtes du travail, qui doivent ajouter à nos forces une imposante position à l'entrée de cette mer dont l'Empereur voulait faire un lac français.

La France ne renoncera jamais aux fruits des sacrifices qu'elle s'est imposés pendant vingt ans pour fonder sa domination sur la côte africaine. Louis-Napoléon l'a déclaré à l'Europe, dans sa visite au château d'Amboise, comme il avait annoncé, à Bordeaux, que l'Algérie serait bientôt assimilée à la France. La mise en liberté d'Abd-el-Kader que le maréchal Bugeaud comparait si judicieusement au Jugurtha des anciens Numides, vient de constater que nos établissements n'ont plus à redouter l'influence d'aucun ennemi sérieux, et que cette race arabe, si belliqueuse et si longtemps antipathique à nos mœurs, a compris enfin les avantages qui naîtront pour elle de son concours à nos travaux civilisateurs. Louis-Napoléon, en délivrant Abd-el-Kader de sa longue captivité, n'a pas seulement fait un acte digne de son grand cœur, il a prouvé, une fois de plus, que la France est, envers des ennemis vaincus, la plus généreuse des nations.

LII.

Abd-el-Kader, dernier émir des Arabes algériens, est né vers 1806. Sa taille est médiocre ; il a peu d'embonpoint. Sa physionomie, douce, spirituelle et distinguée, ressemble assez à celle qu'on nous a retracée traditionnellement de Jésus-Christ. Ses yeux, fort expressifs, sont d'un bleu sombre ; sa barbe est rare et noire ; ses mains sont jolies, et il en a un soin particulier. Il porte sa tête un peu penchée vers l'épaule gauche. Ses manières sont affectueuses et pleines de politesse et de dignité. Dans les cas rares où il ressent un mouvement de colère, il se possède assez pour en voiler l'éclat. Sa conversation est animée, et quelquefois brillante ; toute sa personne séduit ; il est difficile de le voir sans l'aimer. Tel est le portrait qu'en faisaient en Afrique les officiers français qui avaient eu l'occasion de l'approcher dans les deux intervalles de trêve qui ont suspendu nos luttes contre ce courageux et habile adversaire. Toujours vêtu très-simplement, son costume est celui d'un pur Arabe ; au temps de sa puissance, il n'avait d'autre luxe que ses chevaux et ses armes.

Elevé dans les pratiques religieuses et les exercices militaires, il donnait de bonne heure de riches espérances. Sa famille vénérée faisait remonter son origine à la race des khalifes Fatimites, proches descendants du prophète Mahomet, premier législateur des Arabes. A l'âge de huit ans, il fit, avec son père Mahi-Eddin, un premier pèlerinage à la Mecque. Au retour, Mahi-Eddin, qui rêvait déjà pour lui l'honneur d'affranchir les Arabes du joug des Turcs, répandit imprudemment le récit de prétendues révélations sur la gloire future de cet enfant. Le gouverneur turc d'Oran les fit arrêter tous deux, et ils n'échappèrent à la mort que par l'intervention d'amis puissants, qui achetèrent à prix d'or leur liberté, sous la condition d'un exil immédiat. Les deux proscrits retournèrent à la Mecque, et ne revinrent d'Orient qu'en 1828. Vivant dans la retraite avec une grande austérité, Abd-el-Kader partagea bientôt la vénération que les tribus arabes d'Algérie témoignaient à son père. Lorsque le moment fut arrivé de le mettre en évidence, Mahi-Eddin raconta aux Arabes que, pendant son second pèlerinage, il avait visité, à Bagdad, un vieux fakir qui lui donna trois pommes en lui disant : « La première est pour toi; la seconde est pour ton fils aîné que voilà; la troisième est pour *le sultan.* — Quel est ce *sultan?* » demanda Mahi-Eddin. — « C'est l'enfant que tu as laissé dans ta maison, » reprit le fakir. Cet enfant était Abd-el-Kader, fils cadet de Mahi-Eddin. Les Arabes, amis du merveilleux, avaient accepté cette tradition comme article de foi.

Les Arabes des régions occidentales de l'Algérie avaient offert, en 1832, à Mahi-Eddin, le commandement de leurs tribus guerrières qui voulaient résister à la conquête française. Mahi-Eddin refusa cet honneur en s'excusant sur son grand âge, mais il signala Abd-el-Kader à la confiance de ses compatriotes. Le jeune chef reçut du suffrage universel le titre *d'émir*, qui signifie *prince*, et fut proclamé dans la ville de Maskara, qui, depuis l'expulsion des Turcs par notre armée, se gouvernait en république.

Le 3 mai 1832, cette élection fut inaugurée par une attaque vigoureuse dirigée contre la ville d'Oran. Après sept jours de combats successifs et d'infructueuses tentatives d'assaut, les Arabes furent contraints de battre en retraite. Abd-el-Kader s'était distingué par sa valeur, et, plus d'une fois, pour encourager les Arabes que démoralisait l'effet de notre artillerie, il avait lancé son cheval contre les obus et les boulets qu'il voyait ricocher, et il saluait de ses plaisanteries ceux qui sifflaient à ses oreilles.

LIII.

Les Arabes sont les adorateurs du courage. Celui d'Abd-el-Kader exerçait un prestige immédiat qui devait s'accroître avec les événements. Le jeune émir sut imprimer aux opérations de la guerre une si prodigieuse activité, que, sous le commandement du général Voirol, il fut jugé convenable de lui offrir un traité, pour ne pas engager la France dans les dépenses d'une guerre de conquête générale, dont les fruits n'étaient pas encore clairement appréciés par le gouvernement de Louis-Philippe. Abd-el-Kader mit à profit cette heureuse circonstance, pour donner tous ses soins à l'organisation politique des Arabes. Son désir de connaître nos usages, notre législation et notre système militaire, lui faisait adresser chaque jour de nouvelles questions aux officiers de la légation française établie près de lui à Maskara. Tous les renseignements qu'il obtint, à la faveur de la paix, servirent puissamment son dessein d'étendre sa souveraineté sur tous les Arabes de l'Algérie. Économe dans sa vie privée, il entoura sa dignité d'un appareil extérieur imposant, créa des fabriques d'armes, fit battre monnaie, et devint rapidement, sous nos yeux, le représentant d'une centralisation nationale qui devait, pendant de longues années, nous livrer d'héroïques combats.

Nous n'entrerons pas ici dans l'historique de cette guerre. Quand Abd-el-Kader fut devenu trop puissant pour que la sûreté de nos établissements ne parût point compromise, il fallut de nouveau tirer l'épée, et augmenter les forces de notre armée. Les Arabes sont un peuple mobile contre lequel on ne pouvait agir d'après les règles de la tactique ordinaire. Un camp arabe n'est pas retranché comme un camp de troupes européennes. Il n'occupe jamais un point stratégique dont l'occupation puisse infliger à l'ennemi une perte irréparable. On n'y trouve ni nombreuses provisions de guerre et de bouche, ni un matériel saisissable. C'est tout simplement une réunion de tentes mobiles, établies sur le bord d'un ruisseau ou d'une fontaine. Dix minutes suffisent pour tout charger sur des chameaux; le camp s'en va, et les cavaliers se présentent pour combattre, s'ils se croient assez forts. Les talents des plus grands généraux, concentrés en un seul, ne forceraient pas les Arabes à combattre quand ils n'en ont pas l'intention. Rien ne les oblige à vous attendre; ils n'ont rien à garder, rien à protéger, parce que leur force consistant en cavalerie irrégulière, ils ne peuvent défendre un point fixe contre une armée régulière dont la principale force se compose d'infanterie. En Afrique, les choses, les armées étant toutes différentes de ce qui existe en Europe, la guerre doit donc différer également. Il n'y a pas de clef d'une contrée, il n'y a pas à prendre de ces positions qui commandent au loin le pays, militairement parlant. On ne tourne pas les Arabes, tous les points de l'horizon leur sont indifférents; on ne s'empare pas de leurs lignes de communication, tous les chemins leur sont bons; on ne menace pas leurs dépôts, ni le cœur de leur puissance, leurs dépôts sont des puits invisibles, le cœur de leur puissance est aussi mobile que leur camp.

L'Arabe ayant partout une existence aussi belliqueuse que nomade, Abd-el-Kader, malgré ses défaites, retrouvait partout des soldats ; les masses que nous avions dispersées se reformaient plus loin ; nos ennemis semblaient sortir de terre. Il eût fallu mettre en campagne des forces suffisantes, mais les crédits étaient limités par l'opposition parlementaire, et l'effectif de notre armée était réduit, au moment même où son augmentation devenait le plus impérieux besoin.

Cette situation des choses avait nécessité un second traité, conclu le 30 mai 1837, sous le nom de traité de la Tafna. Les hostilités recommencèrent en 1840, sous le gouvernement du maréchal Valée. Après de brillants combats, on reconnut enfin que la grande guerre serait sans résultat et qu'il fallait rayonner autour de soi, en partant d'une position permanente. On annonça aux Arabes que la France ne ferait plus ni trêve ni traité avec Abd-el-Kader ; mais le maréchal Valée ne possédait pas assez de troupes pour procéder à un système d'occupation partielle et progressive. Il céda la place au général Bugeaud, qui parvint à faire enfin comprendre la nécessité d'adopter une inflexible résolution d'accomplir la conquête, et d'ordonner toutes les mesures capables d'atteindre ce but. La guerre, sous la direction de cet illustre capitaine, dont les talents militaires et les glorieux services sous l'Empire avaient été signalés dans les mémoires du maréchal Suchet, obtint en peu de temps des résultats inespérés.

LIV.

Le général Bugeaud avait conquis sur le champ de bataille le bâton de maréchal de France, et, maintenant d'une main la paix armée, il travaillait de l'autre au développement physique du territoire soumis par son épée. Pendant les repos de la guerre, nos soldats avaient tracé des routes, construit des ponts, fortifié des camps, élevé des magasins. Derrière eux, l'agriculture d'Europe demandait déjà à s'installer, et le moment paraissait venu de laisser gronder le fracas des armes aux extrêmes limites du sol ennemi, pour semer, dans la zone dont la conquête était consommée, les éléments depuis si longtemps désirés d'une colonisation féconde et durable.

Mais Abd-el-Kader, vaincu dans la plaine, et à bout de ressources, avait entraîné dans sa cause toutes les populations montagnardes, connues sous le nom de *Kabyles*, race indomptée depuis douze siècles, et dont l'irruption pouvait créer des périls incalculables. Le maréchal Bugeaud ne les attendit point; il porta nos drapeaux sur les crêtes de leurs montagnes. Mais ses premières victoires ne suffirent point pour réduire les Kabyles. Il fallut, pendant plusieurs années, renouveler sans cesse les luttes et les châtiments, pour triompher des uns et pour punir la révolte des autres. Peu à peu, cependant, Abd-el-Kader, refoulé sur tous les points, fut acculé aux frontières de l'empire de Maroc. Son prestige avait duré longtemps, mais les maux de la guerre avaient découragé les Arabes. Le vaillant émir faisait tête à sa mauvaise fortune, sans pouvoir échapper à ses derniers revers. Cerné dans les montagnes de la province d'Oran, il courba enfin la tête sous sa destinée, et offrit de mettre bas les armes, à la condition qu'il serait libre et qu'il pourrait quitter l'Algérie pour se retirer en Orient, sous serment de ne plus rallumer la guerre. Le duc d'Aumale, qui reçut sa soumission, prit, au nom du gouvernement de Louis-Philippe, l'engagement solennel d'accorder et de faire ratifier cette capitulation. Mais le gouvernement de Louis-Philippe ne se crut pas engagé par la parole d'un fils du roi. Abd-el-Kader fut transporté en France et enfermé dans une prison d'Etat.

Il était réservé à Louis-Napoléon de réparer noblement, au nom de la nation, la conduite peu généreuse de la monarchie de 1830. S'il ne l'a point fait plus tôt, c'est qu'il fallait peut-être attendre, à la suite de notre dernière révolution, que l'Algérie fût assez calme pour apprendre sans secousse et sans inquiétude la délivrance du héros arabe. Aujourd'hui que la France est plus forte que jamais, elle manifeste sa grandeur en montrant à ses nouveaux sujets qu'elle honore le caractère d'un ennemi vaincu, et qu'elle a foi dans ses serments ; elle illustre cet acte de justice en le couvrant du beau nom de Napoléon. C'est rouvrir l'ère impériale sous les auspices de cette générosité qui est la première vertu des races chevaleresques.

LV.

Louis-Napoléon n'a donc pas voulu terminer son voyage sans aller consoler l'illustre captif, qui lui avait adressé le serment de n'être plus l'ennemi de la France. Il se souvenait de ce témoignage rendu à Abd-el-Kader, par le maréchal Bugeaud, en 1843 : « Abd-el-Kader dispute les restes de sa puissance avec autant d'énergie qu'en déploya Napoléon dans la campagne de 1814. Les Turcs n'avaient pas rencontré en Algérie un tel adversaire, et cependant ils ont mis plus de cent cinquante ans à s'y établir. » Ce jugement, porté par un homme qui savait si bien apprécier la valeur d'un ennemi, répand sur la personne d'Abd-el-Kader un éclat qui survivra, dans l'histoire, au rôle joué par cet Arabe presque merveilleux. Louis-Napoléon était curieux de connaître l'émir, et sa visite au château d'Amboise lui a inspiré les nobles paroles que voici :

« Abd-el-Kader, je viens vous annoncer votre mise en
« liberté. Vous serez conduit à Brousse dans les États du
« sultan, dès que les préparatifs nécessaires seront faits,
« et vous y recevrez du gouvernement français un traite-
« ment digne de votre ancien rang.

« Depuis longtemps, vous le savez, votre captivité me
« causait une peine véritable, car elle me rappelait sans
« cesse que le gouvernement qui m'a précédé n'avait pas
« tenu les engagements pris envers un ennemi malheu-
« reux, et rien à mes yeux de plus humiliant pour le gou-
« vernement d'une grande nation que de méconnaître sa
« force au point de manquer à sa promesse. La générosité
« est toujours la meilleure conseillère, et je suis con-
« vaincu que votre séjour en Turquie ne nuira pas à la
« tranquillité de nos possessions d'Afrique.

« Votre religion, comme la nôtre, apprend à se sou-
« mettre aux décrets de la Providence. Or, si la France
« est maîtresse de l'Algérie, c'est que Dieu l'a voulu, et la
« nation ne renoncera jamais à cette conquête.

« Vous avez été l'ennemi de la France, mais je n'en
« rends pas moins justice à votre courage, à votre carac-
« tère, à votre résignation dans le malheur; c'est pourquoi
« je tiens à honneur de faire cesser votre captivité, ayant
« pleine foi dans votre parole. »

Abd-el-Kader tiendra cette parole, car la fidélité au serment est une des qualités essentielles de l'Arabe, et le caractère religieux de l'émir en offre une garantie aux yeux de tous les hommes qui ont observé de près la foi vive et profonde qui anime cette belle race. La liberté rendue à ce prince musulman est encore un hommage rendu à de grands souvenirs historiques. Nous ne pouvons oublier que l'empire arabe fut longtemps le foyer des lumières, quand elles étaient éteintes dans notre Occident; que les Arabes, venus de cette même Afrique, après avoir conquis l'Espagne, lui rendirent les plus beaux jours de la civilisation romaine; qu'à Cordoue, il y avait des savants, quand, chez nous, les clercs seuls savaient lire et copier; que les Arabes d'Afrique, les Kabyles eux-mêmes, étaient jadis un peuple ami des arts, qui a laissé des traces magnifiques de son passage, et à qui les mathématiques, l'astronomie, la médecine, la chimie n'étaient pas étrangères, puisque nos aïeux les étudièrent dans leurs livres et dans leurs écoles. Ne soyons point injustes ou aveugles; les Romains et les Grecs avaient été leurs maîtres en science; ils furent les nôtres à leur tour. Le moyen-âge leur doit la plus grandiose de ses institutions, la chevalerie. Leurs mœurs étaient polies, quand nous étions aussi barbares qu'ils le sont devenus depuis la chute de leur empire.

LVI.

Les Arabes (que l'on nous permette cette digression) n'étaient, dans l'origine, qu'une tribu de pasteurs vivant à l'ombre de quelques palmiers. Lorsque les empires de l'antiquité se formèrent, le puissant voisinage de l'Assyrie, de la Perse et de l'Égypte, ne changea point les mœurs de ces enfants du désert. L'Arabe, passionné pour son indépendance, méprisa l'éclat d'une existence achetée au prix de la liberté. Son ardente organisation et sa vie peu occupée le disposaient surtout à ces contemplations mystiques où l'esprit de l'homme, se dégageant des liens matériels, s'égare avec délices dans le monde des rêves. Heureux de son insouciance, ayant pour lit les fleurs de l'oasis sous un dôme d'azur, et pour spectacle les splendeurs infinies de l'espace et des cieux, il s'endormait bercé par sa pensée vagabonde, sans souci de la veille, sans appréhension du lendemain. Quand, plus tard, les expéditions d'Alexandre projetèrent au loin, sur l'Asie, un reflet de la civilisation grecque, l'Arabie sembla reculer dans ses déserts pour en éviter le contact, et les aigles de Rome conquérante s'arrêtèrent devant sa limite. Mais les événements du passé ne devaient pas rester sans influence sur le développement de ce petit peuple en qui germait un immense avenir. Des caravanes d'émigrants chassés par l'effroi des dominations étrangères descendirent, un jour, des régions de la haute Asie, et vinrent successivement chercher sur le sol arabe un asile pour leurs dieux exilés, une patrie pour leur liberté fugitive. Ces familles apportaient avec elles les traditions de leur pays natal, en échange de l'hospitalité du désert; elles y trouvèrent un accueil fraternel. Les hommes simples qui les accueillaient écoutèrent avec ravissement les récits de la terre lointaine. L'aspect des restes d'une opulence inconnue leur révéla des besoins nouveaux, et ils comprirent alors qu'on pouvait combattre pour autre chose que la possession d'un puits dans les sables, ou d'un pâturage découvert dans le pli d'une double colline. La tribu voyageuse admira aussi les filles des exilés; les joies naïves du mariage primitif rapprochèrent par des liens sympathiques ceux qui pleuraient la patrie perdue, et ceux pour qui les horizons sans fin et le changement de lieux étaient la condition du bonheur. Les années passèrent sur cette alliance et confondirent peu à peu les races diverses en une race unique, dont le type a traversé les siècles sans s'altérer.

Les mœurs des émigrés de la haute Asie, transplantées chez les tribus nomades, introduisirent l'usage des villes au milieu des campagnes solitaires. La dispersion des Juifs par les Romains rejeta en Arabie, au commencement de l'ère chrétienne, quelques débris de ce peuple qui gardait le culte d'un seul Dieu; mais cette religion se mêla, sans les détruire, aux superstitions importées d'Orient par l'émigration. Le commerce et l'industrie se développèrent par ce contact, mais bientôt la rivalité en fut le fruit. Les populations errantes prirent en aversion celles qui s'entouraient de murailles, et formèrent une ligue offensive qui propagea tous les maux de l'état de guerre enfanté par une imparfaite civilisation. Ainsi vivaient les Arabes, lorsque le fameux prophète Mahomet parut au milieu d'eux, vers la fin du sixième siècle. Cet homme de génie fonda leur nationalité, sans nuire à leur indépendance, et leur laissa, sous le titre de Koran, un code de législation civile et religieuse suffisant aux besoins d'un peuple simple et libre. Il prêcha l'unité de Dieu, et soit qu'il se crût réellement inspiré, ou qu'il ait agi dans un but purement humain, la pensée de rattacher par le lien religieux les éléments épars d'un peuple, suffirait pour le placer au premier rang des grands hommes, lors même que le succès n'aurait pas couronné ses desseins. Après sa mort, l'ardeur du prosélytisme entraîna ses disciples sur les chemins de la conquête. La domination des Arabes s'étendit, comme un torrent, des plaines de l'Asie aux grèves atlantiques. Huit années leur suffirent pour occuper presque toute l'Espagne; et, si une pareille rapidité leur fut permise, si leurs émirs purent pénétrer même en France, en laissant derrière eux un immense territoire, c'est qu'ils soumirent les peuples par la politique autant que par la guerre. Amenés par une invasion, ils adoucirent la barbarie des races qu'ils avaient domptées; rendus maîtres d'une terre heureuse, ils s'appliquèrent à l'enrichir de tout ce qui peut augmenter le bien-être humain. Des lois rigides, mais justes, des arts utiles parce qu'ils créaient des jouissances, l'agriculture encouragée et devenue le premier état qui anoblit l'homme, produisirent, avec l'aide du temps, une prospérité qui devait faire envie à plusieurs États chrétiens.

LVII.

Passés, presque sans transition, de la barbarie envahissante à la civilisation la plus raffinée, les Arabes se ruèrent vers l'étude avec la même ardeur que vers la conquête. Arrivés trop tard pour créer, ils prirent les sciences toutes faites aux mains des peuples qu'ils avaient vaincus, et imitèrent ce qu'ils ne pouvaient plus inventer. De là cette rapide croissance, et ce déclin non moins rapide de leur civilisation éclose à la hâte, sans culture préalable, et trop vite développée pour ne pas se faner bientôt. Toutes leurs connaissances sont des emprunts. L'alchimie, cultivée par eux avec tant de crédulité et d'amour, leur vint de l'Égypte; la géométrie et l'astronomie des Grecs, la philosophie et l'histoire naturelle d'Aristote, qui régna sur eux comme sur le moyen-âge européen; la médecine des Hébreux, et l'algèbre de l'Inde; la boussole, imparfaite, il est vrai, des Chinois, qui la possédaient dès le premier siècle de l'ère chrétienne; enfin le papier de l'Asie, et la poudre à canon des Mongols. Avides de toute espèce de connaissances, les Arabes, à défaut d'invention, semblent avoir été doués de la faculté de s'approprier, pour les perfectionner, les découvertes des autres peuples, et d'en faire, en les propageant dans leur vaste empire, le patrimoine du genre humain. La seule chose qui leur appartienne en propre, dans toute cette culture de seconde main, c'est leur littérature, produit indigène de leur sol et de leur génie, et qui est à eux par ses qualités et surtout par ses défauts. Mais le grand et réel service qu'ils ont rendu au monde, ce n'est pas d'avoir créé les sciences, c'est de ne pas les avoir laissé périr. On subissait des examens dans leurs écoles, comme, de nos jours, dans nos universités; ces séances étaient des fêtes solennelles, et, grâce à l'esprit de tolérance qui animait ce peuple, en même temps que les émirs admettaient des chrétiens dans leur garde, on voyait des juifs figurer avec éclat au sein du corps enseignant. « L'encre du docteur, » dit une sentence musulmane, « vaut le sang du martyr; le monde est soutenu par quatre colonnes : la science du savant, la justice des grands, la prière des bons, et la valeur des braves. »

En s'entourant des pompes orientales, les Arabes contribuèrent à développer, dans l'Europe encore sauvage, les goûts de la vie confortable et les besoins du bonheur matériel que peut réaliser l'opulence. Les artistes chrétiens venaient apprendre des choses merveilleuses au sein des populations musulmanes. Les écoliers de tout pays accouraient en foule aux universités de Tolède, de Cordoue, de Séville et de Grenade, pour y puiser les trésors de science que renfermaient ces villes célèbres, et les guerriers du

Nord s'y formèrent, dans les premiers tournois, aux vertus des temps héroïques. Aussi ce ne fut point l'amour irrésistible de la liberté, mais le fanatisme religieux des Espagnols qui renversa ce bel empire, à la fin du quinzième siècle. Ferdinand-le-Catholique souilla ses victoires par de honteuses cruautés. Trompés par des capitulations déloyales, les Arabes virent bientôt leur culte proscrit, leurs enfants baptisés par violence, et le sanctuaire du foyer domestique odieusement profané. Les malheureux vaincus cherchèrent un vain abri dans les montagnes. La chasse aux hommes s'organisa contre eux, et les derniers fugitifs demandèrent à l'Afrique une retraite où l'horreur du nom chrétien a longtemps prévalu, chez les héritiers de ce souvenir, contre nos efforts et nos protestations.

Mais aujourd'hui, ces préjugés s'effacent heureusement. Tout étranger qui se présente dans une tribu arabe est reçu en ami, gratuitement, sans acception de race ni de religion; l'antipathie a disparu, et l'histoire du passé, comme celle du présent, prouve que la fusion des deux peuples s'accomplira tôt ou tard.

LVIII.

Abd-el-Kader, qui doit être conduit en Asie par les soins du gouvernement français, ne voulait pas quitter la France sans emporter le souvenir d'une visite à Paris. Ce vœu a été rempli. Par ordre du chef de l'État, le voyage de l'émir fut entouré de toutes les prévenances qui pouvaient donner à l'illustre musulman la plus haute idée de la puissance, de la générosité, de la splendeur et de l'hospitalité de notre nation. L'ancien chef souverain des Arabes a reçu dans la capitale de la France l'accueil dû à son nom et au rôle éclatant qu'il a joué dans l'histoire. Il emporte dans sa retraite un touchant souvenir de son passage parmi nous; il nous laisse des impressions vraies, qui détruiront les préjugés trop vulgaires dont beaucoup de gens, qui ne connaissent point l'Afrique, étaient encore imbus au sujet des Arabes.

En arrivant à Paris, Abd-el-Kader a voulu que sa première démarche eût pour but un hommage religieux envers la Providence qui venait de terminer ses malheurs. Il visita plusieurs églises, et entre autres la cathédrale. A défaut de temples de son culte, il demandait une *maison de prière*, et son pieux recueillement fut admiré de tous ceux qui en furent les témoins.

Le 30 octobre, il se rendit au palais de Saint-Cloud, pour déposer lui-même, entre les mains de Louis-Napoléon, l'acte écrit par lequel il confirme son serment de ne jamais reparaître en Algérie. Cette pièce officielle se traduit en ces termes :

« Louange au Dieu unique !

« Que Dieu continue à donner la victoire à Napoléon, à
« notre seigneur, le seigneur des rois. Que Dieu lui vienne
« en aide et dirige ses actions.

« Celui qui est actuellement devant vous est l'ancien pri-
« sonnier que votre générosité a délivré, et qui vient vous
« remercier de vos bienfaits, Abd-el-Kader, fils de Mahhi-
« ed-Din.

« Il s'est rendu près de Votre Altesse pour lui rendre
« grâce du bien qu'elle lui a fait, et pour se réjouir de sa
« vue; car, j'en jure par Dieu, le maître du monde, vous
« êtes, Monseigneur, plus cher à mon cœur qu'aucun de
« ceux que j'aime. Vous avez fait pour moi une chose dont
« je suis impuissant à vous remercier, mais qui n'était pas
« au-dessus de votre grand cœur et de la noblesse de votre

« origine. Vous n'êtes point de ceux qu'on loue par le men-
« songe et que l'on trompe par l'imposture.

« Vous avez cru en moi, vous n'avez pas ajouté foi aux
« paroles de ceux qui doutaient de moi, vous m'avez mis
« en liberté, et moi je vous ai juré solennellement par le
« pacte de Dieu, par ses prophètes et ses envoyés (*c'est le
« plus grand serment que puisse faire un musulman*) que je
« ne ferai rien de contraire à la confiance que vous avez
« mise en moi, que je ne manquerai jamais à mes pro-
« messes, que je n'oublierai jamais vos bienfaits, que jamais
« je ne remettrai le pied en Algérie.

« Lorsque Dieu a voulu que je fisse la guerre aux Fran-
« çais, je l'ai faite ; j'ai fait parler la poudre autant que je
« l'ai pu, et quand il a voulu que je cessasse de com-
« battre, je me suis soumis à ses décisions et je me suis
« retiré.

« Ma religion et ma noble origine me font une loi de te-
« nir mes serments et de repousser toute fraude. Je suis
« *chérif* (descendant du prophète), et je ne veux pas qu'on
« puisse m'accuser d'imposture. Comment cela serait-il
« possible quand votre bonté s'est exercée sur moi d'une
« manière si éclatante ? Les bienfaits sont un lien passé au
« cou des gens de cœur.

« Je suis le témoin de la grandeur de votre empire, de la
« force de vos troupes, de l'immensité des richesses de la
« France, de l'équité de ses chefs et de la droiture de leurs
« actions. Il n'est pas possible de croire que personne
« puisse vous vaincre et s'opposer à votre volonté, si ce
« n'est le Dieu tout-puissant.

« J'espère de votre bienveillance et de votre bonté que
« vous me conserverez une place dans votre cœur, car
« j'étais loin, et vous m'avez placé dans le cercle de vos

« intimes; si je ne les égale pas par mes services, je les
« égale du moins par l'amitié que je vous porte.

« Que Dieu augmente l'amour dans le cœur de vos amis
« et la terreur dans le cœur de vos ennemis.

« Je n'ai plus rien à ajouter, sinon que je me confie à
« votre amitié. Je vous adresse mes vœux et vous renou-
« velle mon serment.

« Écrit par Abd-el-Kader-ben-Mahhi-ed-Din (30 octo-
« bre 1852). »

Lorsque l'émir, accompagné du ministre de la guerre et
du général Daumas, directeur des affaires arabes, est arrivé
à Saint-Cloud, Louis-Napoléon, averti de sa présence, se
trouvait au conseil des ministres. Il fit introduire son illustre visiteur dans le grand salon d'attente, où on lui offrit
le café selon la coutume orientale. La conversation s'animait, lorsque tout à coup le timbre de la pendule sonna
une heure. C'est l'heure de la prière, et jamais Abd-el-Kader,
en quelque lieu qu'il se soit trouvé, ne l'a laissé sonner
sans se recueillir et invoquer la bonté du Très-Haut. Par un
geste d'une noble simplicité, il s'est excusé auprès du ministre et du général, a étendu à terre son burnous, sur lequel il s'est agenouillé; ses deux compagnons en ont fait
autant. En ce moment, la physionomie si vive de l'émir a
revêtu un caractère ascétique d'une douceur infinie, et qui
a provoqué l'émotion et le respect de toutes les personnes
présentes. La prière terminée, les étrangers sont revenus
à leurs siéges, et modestement, sans affectation aucune,
ils ont repris la conversation interrompue.

Bientôt le prince a informé les visiteurs qu'il était prêt à
les recevoir. Arrivés au haut de l'escalier, ils ont aperçu
dans la vaste salle précédant la galerie d'Apollon, Louis-
Napoléon entouré de ses officiers d'ordonnance, et ayant à

ses côtés M. le comte de Persigny, ministre de l'intérieur, M. Fould, ministre d'État, M. Abbatucci, ministre de la justice, M. Ducos, ministre de la marine, et M. Drouyn de Lhuys, ministre des affaires étrangères.

Abd-el-Kader s'est approché, présenté par M. le ministre de la guerre, et a voulu porter à ses lèvres la main que lui offrait le prince. Louis-Napoléon a ouvert les bras, et l'émir s'y est jeté avec effusion. Une vive émotion s'est spontanément manifestée sur sa physionomie, puis, après quelques secondes de recueillement, il s'est adressé au prince en ces termes :

« Prince, je ne suis pas accoutumé à vos usages, mais je
« désire vous dire quelques mots qui dépeignent à vous et
« à tous les seigneurs assemblés l'état de mes sentiments. »

Puis, sur un signe d'approbation du prince, il a continué ainsi :

« En France, je le sais, on ne croit pas à mes serments ;
« mais vous, prince, vous y croyez et vous y croirez tou-
« jours. J'ai juré sur le Koran de ne jamais retourner en
« Afrique. Ce serment, je le renouvelle. D'autres avaient
« fait des promesses et ils ne les ont pas tenues ; vous,
« vous avez réalisé des engagements que vous n'aviez pas
« contractés.

« Prince, je dépose entre vos mains cette pièce signée
« de moi. Les paroles s'envolent au souffle du vent, mais
« les écrits restent ineffaçables et éternels. La pièce que je
« vous remets constate et renouvelle les serments que je
« vous ai faits et que je maintiens solennellement. »

A ces nobles paroles, prononcées d'une voix ferme et accentuées par des gestes très-expressifs, une vive émotion s'est peinte sur tous les visages. Le prince partageait l'émotion générale. Il a ainsi répondu à l'émir :

« Abd-el-Kader,

« Je n'ai jamais douté de toi. Je n'avais nul besoin de
« cette pièce écrite que tu m'offres si noblement. Je ne t'ai
« demandé, tu le sais, ni serment ni promesse écrite. Tu as
« voulu cependant me transmettre cet écrit ; je l'accepte, et
« la spontanéité que tu mets à dévoiler tes sentiments est
« la preuve que j'ai eu raison d'avoir confiance en toi. »

Louis-Napoléon a alors offert à l'émir de lui montrer les
magnificences du palais. La grande galerie d'Apollon, ornée
des chefs-d'œuvre de Lebrun, la chapelle, l'orangerie et les
grands appartements, ont été successivement visités. Puis,
l'abandon succédant peu à peu au caractère officiel qu'avait
présenté jusqu'alors la réception, les conversations particulières s'établirent, et Abd-el-Kader fut entouré de mille at-
tentions prévenantes. M. le ministre de la guerre ayant présenté à l'émir M. Abbatucci, ministre de la justice :

« Un gouvernement fort s'appuie sur deux choses : sur
« la justice, » a dit l'émir en saluant M. Abbatucci, « et
« sur l'armée, » a-t-il ajouté, en se tournant vers M. de
Saint-Arnaud.

LIX.

Le grand acte qui vient de s'accomplir envers Abd-el-
Kader se justifierait encore, s'il en était besoin, par un touchant épisode de sa vie, la délivrance en 1841, de cent
trente-huit prisonniers français, accordée sur la demande
de Mgr. Dupuch, premier évêque d'Alger. En arrivant à
Paris, l'émir voulut revoir celui qu'il appelait son vieil
ami. L'évêque s'empressa d'accourir ; car elle date de douze
années, cette intimité aussi étrange qu'admirable qui les
honore tous les deux, et que des circonstances plus admi-

rables encore ont cimentée entre le prélat chrétien et le chef des musulmans de l'Algérie. C'est une page d'histoire que la magnanimité et la justice de Louis-Napoléon nous permettent d'écrire aujourd'hui, et les documents authentiques qu'on va lire seront une preuve de plus que l'émir est digne à tous égards de la liberté qui lui est enfin rendue. Laissons un moment la parole au témoin oculaire de cette rencontre.

« L'année 1840 fut une époque fameuse dans les annales de l'Algérie. Une guerre terrible ensanglantait alors les plaines et les montagnes. De nombreux prisonniers gémissaient en effet dans les fers arabes ; et c'était pour le pieux évêque une source intarissable de réflexions amères, de généreux projets, de secrets et ardents désirs, de saintes espérances. Oh ! s'il lui était donné de faire entendre à ces infidèles les enseignements sublimes d'une religion d'amour, d'arracher à leur main le glaive meurtrier, de briser les fers des captifs, de reconduire lui-même aux tribus étonnées ceux de leurs guerriers et de leurs frères qui regrettaient si amèrement, dans nos prisons, la liberté et leurs montagnes !... Son âme agitait ces grandes et religieuses pensées, lorsqu'une jeune femme éplorée, tenant sa petite fille entre les bras, se présente devant lui, et le conjure avec larmes de redemander à l'émir son mari, le père de son enfant, qui venait d'être enlevé aux portes de Douéra, dans le Sahel d'Alger. Et le soir même, au bruit d'un orage effroyable, il écrivait au fier disciple du Prophète :

« Tu ne me connais pas, mais je fais profession de servir Dieu, et d'aimer en lui tous les hommes mes frères. Si je pouvais monter à cheval sur-le-champ, je ne craindrais ni l'épaisseur des ténèbres, ni les mugissements de ta tempête ; je partirais, j'irais me présenter à la porte de la tente, et je te dirais, d'une voix à laquelle, si on ne me trompe point sur ton compte, tu ne saurais résister : Donne-moi, rends-moi celui de mes frères qui vient de tomber entre tes mains guerrières !.. Mais je ne puis partir moi-même.

« Cependant laisse-moi dépêcher vers toi l'un de mes serviteurs, et suppléer, par cette lettre écrite à la hâte, à ma parole que le ciel eût bénie, car je l'implore du fond du cœur.

« Je n'ai ni or, ni argent, et ne peux t'offrir en retour que les prières d'une âme sincère et la reconnaissance la plus profondément sentie de la famille au nom de laquelle je t'écris : Bienheureux les miséricordieux, car, un jour, il leur sera fait miséricorde à eux-mêmes ! »

« La réponse d'Abd-el-Kader ne se fit pas attendre ; la voici :

« J'ai reçu ta lettre, je l'ai comprise, elle ne m'a pas surpris d'après ce que j'avais entendu raconter de ton caractère sacré... Pourtant, permets-moi de te faire remarquer qu'au double titre que tu prends de serviteur de Dieu et d'ami des hommes tes frères, tu aurais dû me demander non la liberté d'un seul, mais bien plutôt celle de tous les chrétiens qui ont été faits prisonniers depuis la reprise des hostilités.

« Bien plus, est-ce que tu ne serais pas deux fois digne de la mission dont tu me parles, si, ne te contentant pas de procurer un pareil bienfait à deux ou trois cents chrétiens, tu tentais encore d'en étendre la faveur à un nombre correspondant de musulmans qui languissent dans vos prisons ? Il est écrit : Faites aux autres ce que vous voudriez qu'on vous fît à vous-même. Je t'envoie vingt chèvres, avec leurs petits qui tettent encore leurs mamelles pendantes. Avec elles, tu pourras nourrir les petits enfants que tu as adoptés au nom de Dieu, et qui n'ont plus de mères.

Daigne excuser le peu de valeur de ce présent ; tu sais que le don ne se mesure pas à son prix, mais au bon cœur qui l'offre. »

« Et quelques mois plus tard, grâce à cette irrésistible provocation d'Abd-el-Kader, aux sympathies, aux encouragements du maréchal Bugeaud, ce glorieux échange de prisonniers était accompli au milieu des scènes les plus émouvantes, et à l'éternel bonheur de la religion et de la France.

« Les nobles aspirations de l'évêque avaient trouvé de l'écho dans le cœur du chef des Arabes. Un grand acte d'humanité jetait au sein de ces peuplades barbares des sentiments jusqu'alors inconnus, des idées généreuses que le temps devait féconder ; les prisonniers arabes racontaient dans leurs montagnes les bienfaits et les tendresses du grand marabout des chrétiens ; les femmes et les enfants montraient avec une joie naïve les vêtements dont il avait couvert leur nudité et leur misère ; et tandis que nos temples retentissaient du cantique joyeux de la délivrance, le nom du libérateur était béni, répété avec amour au sein des tribus ennemies, à l'ombre même des minarets.

« Depuis ce jour mémorable, Abd-el-Kader voua en quelque sorte à Mgr. Dupuch un culte de vénération et d'amour ; son âme si délicate, si profondément religieuse, comprit et admira l'âme si pieuse et si tendre de ce pasteur ; et à Pau comme à Amboise, les plus beaux jours de sa vie, comme il aime à le redire, furent ceux où il lui fut permis de le voir et de l'entretenir.

« Un seul jour fut plus beau pour lui : le jour où le prince qui préside aux destinées de la France lui apparut avec la liberté. Aussi ce n'est qu'avec une émotion dont on ne peut se faire une idée, si l'on n'en a pas été témoin, que l'ex-émîr parle de ce grand acte de justice qui a comblé ses vœux.

« Aujourd'hui, vers midi, on lui annonça que Mgr. Dupuch venait lui rendre visite, et quoiqu'il fût à table, il demanda aussitôt à le voir. A peine furent-ils en présence l'un de l'autre que leurs bras s'ouvrirent, et leur joie fut si vive, qu'elle ne put s'épancher d'abord que dans un long et muet embrassement. C'était un spectacle attendrissant que celui de ces deux hommes éprouvés par le malheur et constants dans l'amitié, se contemplant en silence avec des yeux mouillés de larmes ; un religieux recueillement régnait autour d'eux, tandis que leurs cœurs se parlaient dans une mutuelle étreinte.

« Abd-el-Kader était si profondément ému qu'il ne put d'abord prononcer une seule parole : ce fut de la main qu'il pria Mgr. Dupuch de s'asseoir près de lui, et il lui offrit, ainsi qu'aux prêtres qui l'accompagnaient, une tasse de café et des gâteaux. Enfin l'évêque lui dit : « Depuis longtemps je désirais te voir et me réjouir avec toi de ta liberté : j'ai beaucoup prié pour qu'elle te fût rendue, et je bénis la main qui a brisé ta captivité. »

« Abd-el-Kader lui répondit : « C'est toi le premier Français qui m'aies compris, le seul qui m'aies toujours compris : ta prière est montée vers Dieu ; c'est Dieu qui a éclairé l'esprit et touché le cœur du grand prince qui m'a visité et rendu libre. »

« Durant plus d'un quart d'heure que dura cette visite, Abd-el-Kader tenait étroitement serrée entre ses mains la main de Mgr. Dupuch, et il témoigna à plusieurs reprises le vif désir de le revoir encore, de le revoir bientôt.

« Quand tu seras de retour à Amboise, » lui dit l'évêque, « je demanderai à passer quelques jours avec toi. »

« Oui, » répondait l'émir, « mais viens me revoir ici. Je ne te verrai jamais assez.

« Et lorsque le moment de se séparer fut venu, des larmes brillèrent de nouveau dans ses yeux, et dans un dernier embrassement il semblait redire à l'évêque cette parole qu'il avait dite à Amboise en se séparant de lui la dernière fois : *Il me semble que mon âme s'arrache de mon corps quand tu t'éloignes de moi.*

« Durant toute cette entrevue si touchante, une pensée semblait pénétrer ceux qui en furent les heureux témoins : c'est que la religion et la piété sincère ont un bien grand empire sur les âmes, puisqu'elles ont gagné à un évêque Français le cœur du plus fier des musulmans et de notre ennemi le plus redoutable, et en présence de ce noble caractère, de cette tendresse généreuse, qui brillent dans le regard et les paroles d'Abd-el-Kader, chacun se disait qu'en le rendant à la liberté, Louis-Napoléon avait suivi l'inspiration d'une grande âme, honoré son pouvoir et glorifié sa patrie. »

Abd-el-Kader a choisi, pour lieu de sa retraite, la ville de Brousse, dans l'Asie-Mineure. Cette cité musulmane, bâtie au pied du mont Olympe, est un des plus délicieux séjours de l'Orient. Deux grands ravins, bordés d'arbres superbes la divisent en quatre parties, dont chacune est occupée par une des quatre nations qui l'habitent. Sur toutes ses places, dans tous ses quartiers, s'élèvent de charmantes fontaines peintes en arabesques. Ses nombreux bazars étalent avec un luxe merveilleux les plus riches produits de l'Asie. Ses rues larges, que lavent sans cesse des eaux vives, offrent le mélange pittoresque du turc, de l'arménien, du grec et du juif, dans toute la pureté de ce beau costume oriental que les races musulmanes d'Europe abandonnent peu à peu. La population se compose d'environ quatre-vingt-dix mille Turcs, trois mille Arméniens, cinq mille Grecs et deux mille Juifs. Les familles de ces derniers datent de l'époque où leur race fut expulsée d'Espagne au seizième siècle. Brousse fut la capitale des Turcs jusqu'à la conquête de Constantinople en 1453, par Mahomet II. Elle se glorifie de posséder les tombeaux des six premiers souverains de l'empire ottoman. Elle n'est pas moins célèbre par ses sources d'eaux chaudes minérales, qui jaillissent sur un espace de trois cents toises carrées, et alimentent quatre grands bassins de marbre construits dans des thermes de la plus élégante architecture. C'est le rendez-vous, sous le beau ciel d'Asie, des voyageurs d'élite de tous les pays et des personnages les plus distingués de l'Orient. L'ancien chef arabe, dont la fortune a été dévorée par la guerre, y jouira des largesses de la France qui ne permet point qu'un homme qui a eu l'honneur de combattre ses armées pendant quinze ans et de n'être vaincu que par elles, soit réduit à une indigne détresse sur la terre étrangère.

LX.

La délivrance de cet illustre prisonnier d'Etat n'est point le seul acte de générosité souveraine qui ait signalé le grand voyage de Louis-Napoléon. Dans chaque département qui avait fourni son tribut à l'insurrection de décembre 1851, le prince s'est fait présenter la liste des hommes que la justice avait dû frapper. Il a recueilli toutes les pétitions, toutes les prières des familles que l'égarement de leurs chefs ou de leurs enfants avaient privées d'un soutien. L'amnistie, comme il l'a dit lui-même, est encore plus dans son cœur que sur les lèvres de ceux qui la réclament au nom de la politique. Mais les impérieux devoirs que lui impose encore l'affermissement de la sécurité sociale ne lui permettent point de se livrer sans réserve aux entraînements de la clémence. Il a signé, sur sa route, un nombre considérable de décrets, accordant grâce entière ou commutation de peine aux condamnés dont le repentir et les antécédents offraient des garanties de conversion sincère aux principes de l'ordre. Le moment approche, espérons-le, où par les satisfactions du temps présent, un passé douloureux s'effacera de toutes les mémoires. La France serait heureuse de voir tous ses enfants réconciliés sur le terrain du dévouement à la commune patrie. Elle sait, et Louis-Napoléon le sait aussi, que les soldats des guerres civiles ne sont pas tous coupables au même degré. La plupart d'entre eux, fascinés par des doctrines subversives dont leur ignorance les empêchait de reconnaître le venin, se sont jetés dans les rangs des émeutes, sans se rendre compte de tout le mal qu'ils allaient faire au profit unique de quelques conspirateurs ambitieux. A mesure que les événements dessillent leurs regards, ils abdiquent le rôle auquel les chefs de la démagogie n'ont pas craint de les sacrifier, et, déplorant leurs fatales erreurs, ils se soumettent successivement à l'autorité tutélaire qui a préservé la patrie des catastrophes. Rentrés dans leurs foyers, ils deviennent, par conviction autant que par reconnaissance, les soutiens dévoués de cette société dont ils avaient rêvé la destruction. Leur exemple est un enseignement pour les hommes que pourraient séduire, à leur tour, les mêmes mensonges, les mêmes excitations au désordre. En usant avec mesure du droit de grâce, ce sublime apanage du pouvoir souverain, Louis-Napoléon ne ferme point, à ceux qui attendent encore, les chemins de l'espérance. Il leur demande, au nom de la patrie, des engagements solennels dont la loyauté soit au-dessus de tous les doutes. Son cœur souffre en ajournant, pour quelques-uns, l'heure du pardon ; mais il est prêt à les faire rentrer dans la grande famille, aussitôt qu'elle pourra leur ouvrir son sein, sans redouter de nouveaux déchirements.

LXI.

Nous avons vu que, par une modestie sans égale dans l'histoire, Louis-Napoléon, en rentrant à Paris, s'était tenu, sans affectation, loin du trône que la ville avait fait ériger au débarcadère du chemin de fer. Cependant, les représentations départementale et municipale lui avaient offert, au nom de la capitale, des adresses de félicitation qui le suppliaient en quelque sorte de prendre l'initiative du rétablissement de l'Empire.

« Monseigneur, » avait dit le conseil général de la Seine, « la ville de Paris, votre fidèle capitale, est heureuse de vous voir aujourd'hui rentrer dans ses murs.

« Depuis un mois, elle vous suivait du cœur et de la pensée dans votre marche triomphale, et attendait avec impatience le jour où, elle aussi, pourrait saluer votre retour de ses acclamations.

« Ces triomphes pacifiques valent bien des victoires, et la gloire qui les accompagne est également durable et féconde.

« Cédez, Monseigneur, aux vœux d'un peuple tout entier ; la Providence emprunte sa voix pour vous dire de terminer la mission qu'elle vous a confiée, en reprenant la couronne de l'immortel fondateur de votre dynastie. Ce n'est qu'avec le titre d'Empereur que vous pourrez accomplir les promesses du magnifique programme que, de Bordeaux, vous venez d'adresser à l'Europe attentive.

« Paris vous secondera dans les grands travaux que vous méditez pour le bonheur du pays, et, de même qu'à la voix de l'Empereur, nos pères se sont levés pour défendre l'indépendance de la patrie, ainsi, prince, dans les conquêtes pacifiques auxquelles vous appelez la France, nous serons tous vos soldats.

« *Vive l'Empereur !* »

Louis-Napoléon a répondu :

« Je suis d'autant plus heureux des vœux que vous m'exprimez au nom de la ville de Paris, que les acclamations qui me reçoivent ici sont la continuation de celles dont j'ai été l'objet pendant mon voyage.

« Si la France veut l'Empire, c'est qu'elle pense que cette forme de gouvernement garantit mieux sa grandeur et son avenir.

« Quant à moi, sous quelque titre qu'il me soit donné de la servir, je lui conserverai tout ce que j'ai de force, tout ce que j'ai de dévouement. »

Le président de la commission municipale de Paris a ensuite donné lecture au prince de l'adresse suivante, votée à l'unanimité par la commission :

« Prince, le conseil municipal de Paris vient, avec empressement, saluer votre retour ; il vient se féliciter avec vous du triomphe dont chacun de vos pas a été marqué dans ce glorieux voyage.

« Si la plus noble jouissance, après celle de sauver son pays, est de le trouver reconnaissant, quel bonheur a rempli votre cœur ! Partout le sentiment du service rendu ! partout l'applaudissement et les acclamations du peuple! Où les discordes civiles avaient semé le désespoir et la mort, vous avez porté la consolation, l'espérance et la vie.

« Prince, la France vous remettait, il y a quelques mois, le droit suprême de lui donner des lois ; aujourd'hui, la voix du peuple, après avoir consacré le 2 décembre, demande que le pouvoir qui vous a été confié s'affermisse, et que sa stabilité soit la garantie de l'avenir.

« La ville de Paris est heureuse de s'associer à ce vœu, non dans votre intérêt, prince, et pour ajouter à votre gloire, il n'y en a pas de plus grande que d'avoir sauvé la patrie, mais dans l'intérêt de tous, et pour que la mobilité des institutions ne laisse désormais à l'esprit de désordre ni espérance ni prétexte.

« Vous avez devancé la France quand il s'est agi de l'arracher au péril ; maintenant que, guidée par ses souvenirs, inspirée par son amour, elle vous ouvre une voie nouvelle, suivez-la. »

Ces paroles ne sont point adulatrices ; elles résument toute une situation dont notre histoire offre deux exemples analogues dans l'espace d'un demi-siècle. En effet, l'étude attentive des faits dont se composent les annales de la France prouve, de la manière la plus évidente, que nos différentes périodes historiques représentent les différentes modifications de la société, et que chacune de ces modifications a toujours inévitablement, ou, pour mieux dire, providentiellement trouvé un organe, un instrument, un chef. Aux époques guerrières, il faut de valeureux capitaines, d'illustres épées, pour défendre le sol ou pour l'agrandir. Aux époques civiles et pacifiques, il faut des hommes d'État, des orateurs politiques. Aux révolutions, il faut un bras qui les contienne, les calme, les réprime et les dirige. Or, en tout temps, les circonstances ont créé les hommes, et les hommes créés par ces circonstances ont dominé leur époque. C'est à ce cachet de supériorité sur les faits que se reconnaît leur prédestination.

La révolutions de 1789 a changé chez nous les antiques bases du gouvernement. Un principe nouveau a pris possession du pouvoir ; ce principe, c'est celui de la souveraineté nationale. Substitué à celui que l'ancienne monarchie empruntait au droit divin, il a donné une âme et un corps à cette puissance, jusque-là occulte et désavouée, qui s'appelle en tout pays l'opinion publique. La France, pendant une monarchie de quatorze siècles, avait acquis une incontestable grandeur ; mais, en 89, ses institutions n'étaient plus en harmonie ni avec son esprit, ni avec ses besoins. La Révolution fut donc l'imposante et légitime manifestation de la société moderne ; mais, ainsi que Saint-Just le disait de la liberté, elle est sortie du sein des orages et des douleurs, comme un monde qui sort du chaos, et comme l'homme qui pleure en naissant. Ses excès ont effrayé l'Europe ; mais, dégagée du sombre horizon où elle a pris naissance, elle s'est levée sur l'univers comme un astre radieux, elle l'a éclairé de ses rayons et vivifié de sa chaleur féconde. Ses principes, hautement proclamés par la conscience humaine, eurent à soutenir de longues luttes contre les préjugés. Aucune lutte n'arrive au triomphe sans occasionner autour d'elle quelque bouleversement. Dans l'ordre politique, l'effervescence de la liberté avait engendré une période transitoire de licence et d'anarchie. L'empereur Napoléon eut pour mission de réparer le passé et d'organiser l'avenir. Il comprima la licence, il enchaîna l'anarchie, mais il conserva de la Révolution tout ce qu'elle avait fait éclore de bon et de vrai. C'est même à cette force de compression sous laquelle tout plia, qu'il faut attribuer une partie de la popularité magique de ce grand homme; car il sut, dominateur suprême des passions, maîtriser les écarts de la pensée sans l'étouffer, et la gouverner sans l'anéantir. La souveraineté nationale incarnée en lui a reçu tout à la fois de son génie l'impulsion qui développe et le frein qui modère. Méconnu par une partie de ses contemporains, plus préoccupés des illusions de la liberté que des réalités de l'ordre social, il fut, pendant quelque temps, considéré comme le représentant du despotisme. Mais depuis que les stériles agitations de la monarchie constitutionnelle ont prouvé, par leurs résultats de 1830 et de 1848, que cette forme politique n'avait pour corollaire qu'un retour périodique à des révolutions menaçantes, l'esprit public a compris et hautement proclamé que la France ne pouvait retrouver l'équilibre et le repos que sous l'énergique protection d'un pouvoir ferme et incontesté.

En effet, de 1815 à 1848, la monarchie constitutionnelle avait été plus ou moins soumise aux oscillations du système parlementaire, qui précipitaient le mouvement de la société, tantôt vers le principe d'autorité, tantôt vers celui des révolutions. Le parlementarisme était une puissance nouvelle, qui aspirait au gouvernement des choses. C'était un produit des conquêtes de la bourgeoisie française, et surtout de la bourgeoisie parisienne; ce n'était point le fruit du consentement universel. Arrivé au pouvoir en 1848, le parlementarisme, qui avait renversé deux monarchies, se trouva, à son tour, attaqué et brisé par les masses, qui ne pouvaient reconnaître dans son despotisme confus l'unité nécessaire du principe gouvernant. Le peuple avait reconnu que les excès d'une assemblée souveraine constituent la révolution en permanence. L'expérience du passé comme celle du présent concluait contre ce régime dissolvant, et précipita sa destruction.

C'est alors que la France fut heureuse de rattacher ses espérances à un nom qui promettait la réparation de ses malheurs. En effet, comme l'Empereur, Louis-Napoléon a reçu le gouvernement à une époque de périls, et, comme l'Empereur, il a préservé et raffermi la société chancelante.

Pour cette œuvre, il a eu le triple concours des circonstances, du caractère personnel, et de l'assentiment national le plus enthousiaste.

Il a eu le concours des circonstances ; en effet, chacun sait si le prince qui nous gouverne aujourd'hui semble investi par la Providence elle-même de sa grande mission, et si, par une curieuse coïncidence qui s'établit entre l'attentat du 3 nivôse et la découverte de la machine infernale de Marseille, il ne serait pas autorisé à dire aussi, comme l'Empereur : « Au temps des conspirations, on voulait m'effrayer de Georges Cadoudal ! Ce misérable devait tirer sur moi ; eh bien, il aurait tué mon aide-de-camp tout au plus ; mais, me tuer, moi, c'est impossible ! Avais-je donc accompli les volontés du destin ? Je me sens poussé vers un but que je ne connais pas ; quand je l'aurai atteint, dès que je ne serai plus utile, alors un atôme suffira pour m'abattre. Mais, jusque-là, tous les efforts humains ne pourront rien contre moi !... Les jours sont écrits (1) ! »

(1) On a généralement remarqué qu'en faisant sa rentrée à travers Paris, Louis-Napoléon était seul à une distance d'au moins huit à dix pas de son escorte. « Il n'a pas peur, celui-là ! » s'écriait-on sur son passage. En arrivant au débarcadère du chemin de fer d'Orléans, M. de Maupas, ministre de la police générale, avait dit au prince qu'il n'y avait aucun danger à appréhender mais que, cependant, il prendrait la liberté de l'engager à se faire entourer. Le prince a répondu : « Je ne crains rien ; mais s'il y avait quelque chose à craindre, je ne souffrirais pas que personne exposât sa vie pour préserver la mienne. » Il ordonna en même temps que personne ne le suivît à moins de dix pas de distance.

Il a eu le concours du caractère personnel, car nul chef d'Etat n'a déployé autant de sagacité, autant de vigueur, autant de confiance en lui-même, que Louis-Napoléon dans la longue lutte qu'il a soutenue contre les partis hostiles à son gouvernement. Aucun n'a justifié d'une manière plus éclatante l'inspiration nationale qui est allée le chercher dans l'exil pour lui remettre les destins d'un grand peuple.

Il a eu le concours de l'assentiment public, car la souveraineté nationale fait aujourd'hui l'acte le plus complet de son omnipotence, en remettant à Louis-Napoléon le dépôt de toutes ses volontés, pour n'avoir plus qu'à vivre dans le repos qui procède d'un gouvernement libre, fort et stable. Ce titre d'Empereur que la nation décerne à son élu n'est pas une abdication des immortels principes de 89 ; il en est le couronnement et la consécration la plus élevée, puisqu'il émane d'une ovation populaire qui précède l'épreuve désormais accessoire du vote individuel. Il en est la consécration la plus légitime, car a-t-il existé, depuis les désastres de 1815, un gouvernement qui ait donné à la France autant de sécurité, de progrès moral, de prospérité matérielle? Y en a-t-il un autre qui puisse mieux maintenir l'ordre à l'intérieur, source du travail, et la dignité nationale à l'extérieur, source de la paix du monde? Y en a-t-il un autre qui puisse mieux rallier les partis sans les humilier, en les conviant sous le drapeau de la volonté nationale? Y en a-t-il un autre qui puisse mieux réaliser ces institutions populaires qui, en calmant les douleurs des classes souffrantes, détruisent, dans son germe primitif, le principe des révolutions? Y en a-t-il un autre assez fort, assez respectable, assez sympathique au peuple, pour ranimer en aussi peu de temps et pour maintenir les éléments de la richesse nationale à un niveau qu'ils n'avaient jamais atteint aux meilleures époques de la monarchie? Et, si toute conscience impartiale doit répondre négativement, ne faut-il pas rendre grâces à la nation tout entière, lorsqu'elle acclame, d'un bout de la France à l'autre, ce règne providentiel qui, après avoir rendu l'ordre moral à la société, lui ouvre les horizons sans limites d'une prospérité qu'elle n'espérait plus ressaisir?

LXII.

Dans quelques jours, toute la France, depuis la capitale, la cité industrielle et le port de mer, jusqu'au plus humble village, aura confirmé, par un vote réfléchi, l'expression spontanée de ses vœux universels. Convoqué pour le 4 novembre, et appelé à délibérer sur le caractère des pétitions nationales qui réclament, de tous les points du pays, la consécration définitive du pouvoir entre les mains qui l'ont sauvé, le Sénat a reçu de Louis-Napoléon le message suivant :

« Messieurs les sénateurs,

« La nation vient de manifester hautement sa volonté de rétablir l'Empire. Confiant dans votre patriotisme et vos lumières, je vous ai convoqués pour délibérer légalement sur cette grave question, et vous remettre le soin de régler le nouvel ordre de choses. Si vous l'adoptez, vous penserez sans doute, comme moi, que la Constitution de 1852 doit être maintenue, et alors les modifications reconnues indispensables ne toucheront en rien aux bases fondamentales.

« Le changement qui se prépare portera principalement sur la forme, et cependant reprendre le symbole impérial est, pour la France, une immense signification. En effet, dans le rétablissement de l'Empire, le peuple trouve une garantie à ses intérêts et une satisfaction à son juste orgueil. Ce rétablissement garantit ses intérêts en assurant l'avenir, en fermant l'ère des révolutions, en consacrant encore les conquêtes de 1789. Il satisfait à son juste orgueil, parce que, relevant avec liberté et avec réflexion ce qu'il y a trente-sept ans l'Europe entière avait renversé par la force des armes, au milieu des désastres de la patrie, le peuple venge noblement ses revers sans faire de victimes, sans menacer aucune indépendance, sans troubler la paix du monde.

« Je ne me dissimule pas, néanmoins, tout ce qu'il y a de redoutable à accepter aujourd'hui et à mettre sur sa tête la couronne de Napoléon ; mais mes appréhensions diminuent par la pensée que, représentant, à tant de titres, la cause du peuple et la volonté nationale, ce sera la nation qui, en m'élevant au trône, se couronnera elle-même.

« Fait au palais de Saint-Cloud, le 4 novembre 1852. »

Nous n'ajouterons rien pour faire ressortir la grandeur de ce manifeste napoléonien. Pensée et style, tout ici rappelle l'Empereur, tout inspire à la nation un légitime orgueil !

Dans quelques jours, l'Empire sera proclamé, et les tristes souvenirs du passé auront disparu dans cette magnifique réhabilitation de nos gloires et de nos espérances. Toutes les formes politiques qui avaient suivi les malheurs de 1815 n'étaient, ou que des gouvernements imposés par l'invasion étrangère, et, par conséquent, anti-nationaux, ou des fantômes de liberté substitués au pouvoir par le triomphe momentané des factions, c'est-à-dire des gouvernements précaires et personnels que le souvenir des temps napoléoniens devait renverser tôt ou tard. Aucun de ces gouvernements, qu'il fût monarchique ou républicain, n'était la manifestation des idées d'ordre, de discipline et d'autorité qui règnent aujourd'hui sur la France.

Et, qu'on le remarque bien, à la différence des souverains qui l'avaient précédé, Louis-Napoléon, dans son langage d'une si éminente majesté, promet la paix au monde, sans que cependant on puisse apercevoir, sous cette promesse, la moindre concession à des intérêts qui compromettraient la dignité du grand peuple auquel il va commander. Le neveu de l'Empereur déclare que, de l'héritage du héros du dix-neuvième siècle, il ne veut que ce rayonnement de gloire qui resplendit sur la nation tout entière. Il déclare qu'il ne veut pas la guerre, mais ce n'est pas un homme qui capitule avec les puissances étrangères; c'est en souverain tout-puissant, qui comprend avec sa haute raison ce que réclame l'état actuel de la civilisation et de l'Europe. Ce n'est pas parce que la France est faible, impuissante, dégénérée, que l'étranger doit accueillir avec confiance le rétablissement de l'Empire; c'est parce que, l'Empire fondé et l'Empereur couronné, la France sera satisfaite; c'est parce que, dans le libre épanouissement et la complète extension de ses facultés progressives, la France elle-même maintiendra la paix du monde, à l'ombre de son drapeau. Assise sur le sentiment de notre force et sur le respect de nos droits, cette paix sera féconde autant que solide. Sa durée reposera sur les intérêts les plus élevés et les plus universels de l'Europe, où le moindre ébranlement pourrait amener d'effroyables désastres et des catastrophes inattendues, en mettant le feu à une mine encore chargée du salpêtre des commotions anarchiques. Bien différente de la paix du régime orléaniste, qui n'a jamais désarmé les défiances ni réduit les armées, et qui, tout en supprimant les gloires de la guerre, tenait l'Europe sur une défensive soupçonneuse, la paix napoléonienne rassurera toutes les puissances sans abaisser l'orgueil du peuple français. Après l'éclat des victoires qui ont illustré la première période impériale, elle nous donnera, elle donnera au monde les victoires non moins glorieuses et les richesses durables de l'industrie et du commerce.

L'Empire français ne sera pas acclamé seulement en France ; il sera salué par tous les Etats du continent comme une ère de rénovation sociale, à laquelle tous les peuples viendront rallier leurs intérêts avec une égale confiance.

Lorsque Napoléon Ier reçut de la France le titre de consul à vie, il répondit au sénat qui lui présentait cette déclaration solennelle :

« La vie d'un citoyen est à sa patrie. Le peuple français veut que la mienne tout entière lui soit consacrée ; j'obéis à sa volonté.

« En me donnant un nouveau gage, un gage permanent de sa confiance, il m'impose le devoir d'étayer le système de ses lois sur des institutions prévoyantes.

« Par mes efforts, par votre concours, sénateurs, par le concours de toutes les autorités, par la confiance et la volonté de cet immense peuple, la liberté, l'égalité, la prospérité de la France seront à l'abri des caprices du sort et de l'incertitude de l'avenir. Le meilleur des peuples sera le plus heureux, comme il est digne de l'être, et sa félicité contribuera à celle de l'Europe entière.

« Content alors d'avoir été appelé, par l'ordre de celui de qui tout émane, à ramener sur la terre la justice, l'ordre et l'égalité, j'entendrai sonner la dernière heure sans regret et sans inquiétudes sur l'opinion des générations futures. »

Par le patriotique dévouement qui signale tous les actes

de son passé, par l'infatigable activité qu'il déploie dans la réalisation de tous les progrès auxquels aspire la France, Louis-Napoléon peut aujourd'hui répéter devant le peuple les mêmes paroles que son oncle immortel adressait au sénat de l'an X.

Heureuses les nations auxquelles il est permis de se donner un chef dont les actes vivants sont le gage de l'avenir.

Heureux les princes qui reçoivent une couronne décernée par trente-cinq millions d'âmes reconnaissantes.

Heureux le siècle que la Providence conduit elle-même au-devant des prospérités infinies dont l'enfantement laborieux est trop souvent accompagné de convulsions si douloureuses.

Humble historien de la première page d'une époque à jamais mémorable, puissions-nous vivre assez pour raconter un jour les longues annales de la félicité promise à notre belle patrie! Trente-sept ans s'effacent des souvenirs de la France, comme l'impression fugitive que laisse le réveil d'un songe accablant. L'horizon s'épure, l'avenir s'illumine de clartés fécondes, et Napoléon III replace au front de la France la couronne impérissable des nations prédestinées.

Vive Napoléon III!

FIN.

TABLE DES MATIÈRES.

INTRODUCTION. — La France et l'Empire.

I. Coup d'œil sur les résultats de la Révolution de 1789. . . 1
II. Napoléon général, consul, empereur. 5
III. Caractère national des guerres de l'empire. 11
IV. Grandeur des Cent-Jours. 17
V. La mission de l'Empereur et celle de Louis-Napoléon. . . 22
VI. Puissance des institutions de l'empire. 30
VII. Cause du retour de la France aux idées napoléoniennes. . 35

Histoire du gouvernement de Louis-Napoléon. 1848 — 1852.

I. Premières années de Louis-Napoléon. 45
II. Strasbourg, Boulogne, Ham. 48
III. Révolution de 1848. — Louis-Napoléon proscrit par l'Assemblée constituante. 51
IV. Louis-Napoléon rappelé en France par le suffrage universel. 56
V. Le 10 décembre 1848. — Louis-Napoléon président de la République. 62
VI. Agitations du parti démagogique. — Conspiration de la *Solidarité républicaine.*—Journée du 29 janvier. — Fermeté du pouvoir. — Arrestation des meneurs. 65
VII. Expédition de Rome. — Assemblée législative. — Attentat du 13 juin 1849. — Paris en état de siège. — Popularité croissante de Louis-Napoléon. 70
VIII. Prise de Rome par l'armée française. — Rétablissement de Pie IX sur le trône pontifical. — Conspiration monarchique au sein de l'Assemblée législative. — Suspension du suffrage universel par la loi du 31 mai 1850. 74
IX. Voyage de Louis-Napoléon, de Paris à Lyon et à Cherbourg, au milieu des acclamations publiques. — Les chefs des factions royalistes à Claremont et à Wiesbaden. 79
X. Manœuvres de l'Assemblée législative contre le Président de la République. — Prétendu complot de la *Société du 10 décembre.* — Confusion des intrigants. — Message présidentiel du 12 novembre. 82
XI. Affaire Mauguin. — Alliance du général Changarnier avec les factions législatives. Il est révoqué de ses fonctions de général en chef de l'armée de Paris.—Consternation des partis. — Message présidentiel du 24 janvier 1851. — Pétitions des départements pour la révision de la Constitution. — La Montagne, réunie aux camps royalistes, fait repousser cette question 86
XII. Vacances de l'Assemblée législative. — Changement de ministère. — Message présidentiel du 4 novembre. — Louis-Napoléon réclame du pouvoir législatif le rétablissement du suffrage universel. — L'Assemblée législative gagne du temps pour préparer un coup d'État parlementaire. — Le vote législatif du 13 novembre maintient la loi du 31 mai 1850. — Mécontentement de la nation. — Le Président se décide à briser les factions. 91
XIII. M. de Persigny. — Le général de Saint-Arnaud. — M. de Morny. — M. de Maupas. — Journée du 2 décembre. . . 96
XIV. Arrestation des représentants factieux et des chefs de sociétés secrètes. 99
XV. Proclamations de Louis-Napoléon au peuple et à l'armée. — Dissolution de l'Assemblée législative et du conseil d'État. — Rétablissement du suffrage universel. 105

XVI. Réunions des membres de l'Assemblée dissoute à la mairie du 10ᵉ arrondissement. — Prudence, vigueur et générosité du pouvoir. 10
XVII. Proclamations insurrectionnelles de la Montagne. — Aspect de Paris. — Le peuple applaudit le coup d'État. . . . 11
XVIII. Journées des 3 et 4 décembre. — Tentatives des démagogues, immédiatement réprimées sur tous les points. — Triomphe de la souveraineté nationale. — Proclamation de Louis-Napoléon. 11
XIX. Adhésion unanime de 72 départements aux événements du 2 décembre. — Insurrections partielles dans 14 autres. — Dévouement de l'armée au salut public. — Louis-Napoléon décrète la transportation à Cayenne des repris de justice et des membres des sociétés secrètes. 12
XX. Journée du 20 décembre. — Le suffrage universel proclame par huit millions de votes que Louis-Napoléon a bien mérité de la patrie. 12
XXI. Réorganisation de la société française d'après les idées napoléoniennes. 12
XXII. Esprit de la Constitution de 1852. 13
XXIII. La France devant l'Europe. 13
XXIV. Conséquences du 2 décembre. 14
XXV. Institution du ministère de la police générale. 14
XXVI. De la composition du nouveau Corps législatif. . . . 14
XXVII. Résultats féconds de quatre mois de dictature. 15
XXVIII. Voyage de Louis-Napoléon dans l'Est de la France. . . 15
XXIX. Louis-Napoléon à Strasbourg. 16
XXX. Causes de l'enthousiasme populaire 16
XXXI. Adresses des départements, qui réclament le rétablissement de l'Empire dans la personne de Louis-Napoléon. — Caractère imposant de ces manifestations. 16
XXXII. Voyage triomphal de Louis-Napoléon, pendant les mois de septembre et d'octobre 1852. — Fêtes de Bourges. . . . 16
XXXIII. Fêtes de Nevers, Moulins, Roanne, Saint-Etienne. . . . 17
XXXIV. Fêtes de Lyon. 17
XXXV. Inauguration de la statue équestre de l'Empereur, à Lyon. — Discours de Louis-Napoléon. 17
XXXVI. Fêtes de Grenoble, Valence, Avignon, etc. 18
XXXVII. Fêtes de Marseille. 18
XXXVIII. Fêtes de Toulon. 18
XXXIX. Louis-Napoléon à Aix, à Tarascon, Beaucaire, Nîmes, Montpellier. 18
XL. Fêtes et ovations de Montpellier à Bordeaux. — Parallèle entre la popularité de l'empereur et celle qui acclame Louis-Napoléon. 19
XLI. Fêtes de Bordeaux. — Discours de Louis-Napoléon. — L'Empire, c'est la paix ! 19
XLII. Grandeur du programme impérial tracé à Bordeaux par Louis-Napoléon. 20
XLIII. Présages de paix européenne. 20
XLIV. Suite du voyage triomphal de Louis-Napoléon. — Fêtes de Rochefort. 20
XLV. Fêtes de Poitiers. 20
XLVI. Fêtes de Tours et de Blois. — Retour de Louis-Napoléon à Paris. — Acclamations de la capitale. 21
XLVII. Pourquoi l'Empire est réclamé par le vœu national. . . 21

Message du Président au Sénat pour le rétablissement de l'Empire.

FIN DE LA TABLE.

Paris. — Imprimerie de Pommeret et Moreau, 17, quai des Augustins.

www.ingramcontent.com/pod-product-compliance
Lightning Source LLC
Chambersburg PA
CBHW070822170426
43200CB00007B/872